榎本淳一・吉永匡史・河内春人［編］

中国学術の東アジア伝播と古代日本

勉誠出版

中国学術の東アジア伝播と古代日本

榎本淳一・吉永匡史・河内春人［編］

II　中国学術の東アジアへの伝播

III　日本における中国学術の受容と展開

序言

榎本淳一

学術（学問・芸術・技術）は、文化のみならず、その時代の社会、支配のあり方を規定する力を持っており、歴史研究において重要な視点となりうるものである。各時代・各地域の学術の動向・内実を知ることにより、その時代・地域の歴史の本質に迫ることも可能と考える。本書は、そのような学術が、中国で生み出された後に、如何にして東アジア地域に広がり、とりわけ日本においてどのように受容され展開したかを明らかにしようとするものである。言い換えるならば、日本を中心に、中国文化を共有する「東アジア文化圏」の実態解明を目指すものとも言えるだろう。

西嶋定生氏は、漢字・儒教・漢訳仏教・律令制という四つの中国文化を共有する地域（中国・朝鮮・日本・ヴェトナム）を「東アジア文化圏」と規定し、この文化圏には完結した政治構造があるとした。その政治構造とは、中国皇帝と周辺地域の国王・族長が君臣関係を取り結ぶ国際的政治体制＝「冊封体制」であったとする。「東アジア文化圏」は中国文化圏、漢字文化圏とも言い換え可能であるが、特に文化圏と政治圏の一致に着目して「東アジア世界」という歴史的世界としても捉えている。西嶋氏の「東アジア文化圏」論、「東アジア世界」論、「冊封体制」論は、日本の歴史展開を国際的環境から捉える理論として、また東アジアの歴史を総体的に描く手法として、戦後の日本史研究、東洋史研究を牽引する役割を果たした。

現在では、西嶋氏の諸理論は様々な批判を受け、東アジアより広い領域から歴史を把握するという「東部ユーラシア」論が提唱されている。「東アジア世界」は完結した歴史的世界であると西嶋氏は主張されたが、実際にはその外部との交流・衝突が大きな作用・影響を及ぼしていたことは明らかであり、その点大きな見直しは必要であり、「東部ユーラシア」論が台頭したことも理解できる。しかしながら、中国文化を共有するという東アジア地域の特殊性は無視することはできず、「東アジア文化圏」という概念は今なお有効であると考える。

なぜ、東アジア地域のみが長らく中国文化を共有し続けたのか、中国文化を共有することにどのような歴史的意義があったのか、「東アジア文化圏」という概念は東アジア地域の特殊性を明らかにすると共に、中国・朝鮮・日本・ヴェトナムの歴史的関係性を考える上で最も重要な視点となり得るものと信じる。なお、西嶋氏は、共有された中国文化を漢字・儒教・漢訳仏教・律令制の四つに限定されたが、史学・文学・兵学・暦学・医学などの諸学、音楽・囲碁・製紙・建築・絵画などの諸芸・諸技術という、広く中国文化が共有されたと考えるべきであろう。本書ではその全てを取り上げることはできず、日本を中心に据えることになるが、中国文化の内容をより広く捉え、その共有の実態を考えることにしたい。

本書は十六本の個別研究から成り、三部構成をとっている。第一部では中国における学術の形成と展開、第二部では中国学術の東アジアへの伝播、第三部では日本における中国学術の受容と展開というテーマを取り上げ、中国の学術の生成から展開、その東アジアへの伝播、影響を歴史的に捉えうる構成としている。扱っている学術は、礼・小学・正史・職官・簿録・儒・雑・兵・別集・総集（以上は、『隋書』経籍志の分類による）のほか経済・仏教などにも及び、「東アジア文化圏」論では漏れ落ちた学術にまで視野を広げている。個別の学術を対象とするもの、時代を代表する学者やその学術の全体像を対象とするもの、中国文化受容・展開の具体相を対象とするものなど切り口も多彩であり、中国学術の歴史的展開を多面的に捉え得るようになっている。また、ヴェトナムは欠くが、中国・朝鮮・日本と「東アジア文化圏」を意識したフィールドを設定している。執筆は、若手からベテランまで年齢層に幅をもたせ、それぞれのテーマで現在考え得る最適の方々にお願いした。本書が、東アジアの歴史を総体的に捉える研究の一助となり、「東アジア文化圏」論の再評価・再検討につながることを願うものである。編者の意図は以上の通りであるが、本書にも不足・不備するところが少なくないと思われる。それは全て編者の責任であり、厳しいご批判・ご指摘をお願いしたい。

本書の執筆者の大半は、「学術と支配」研究会のメンバーである。先に、『古代中国・日本における学術と支配』（同成社、二〇一三年）として研究成果を問うているが、本書はそれに次ぐものである。今回は研究会メンバーではカバーできない部分について、河野貴美子氏と梶山智史氏、楯身智志氏に助力を仰いだ。極めてご多忙の中、ご寄稿頂いた三氏には心から感謝申し上げたい。また、出版情勢の厳しい中、本書の出版を快くお引き受け下さった勉誠出版、編集事務を取り仕切って頂いた同社編集部部長の吉田祐輔氏にお礼申し上げる。

編者を代表して

二〇一九年十一月

佚名『漢官』の史料的性格
——漢代官制関係史料に関する一考察

楯身智志

たてみ・さとし——早稲田大学文学学術院非常勤講師、中央大学文学部兼任講師。専門は中国古代政治史・制度史。主な著書・論文に『前漢国家構造の研究』（早稲田大学出版部、二〇一六年）、「前漢における「諸侯」の復活——復封・紹封の政治的背景」（『中央大学アジア史研究』第四〇号、二〇一六年）、「前漢諸侯王墓よりみた王国支配の実態——満城漢墓と中山靖王劉勝」（『東洋史研究』第七六巻第三号、二〇一七年）などがある。

本稿では、中国古代、とりわけ後漢時代の官僚制度の内実を伝える佚名『漢官』なる史料の性格について検討し、そこから中国正史たる『続漢書』百官志の編纂プロセスとソースについて探った。その結果、漢代に「官簿」なる公文書が存在し、後世の人々がその「官簿」をもとに漢代の官僚制度に関する書籍を編纂していたことを指摘した。

はじめに

前近代中国を特徴づける皇帝支配体制を支えたのが官僚制度であったことは言うまでもないが、中国古代におけるその一つの到達点が漢代に求められることもまた、疑念のないところであろう。漢代官僚制度の内実については、後漢時代に編まれた班固ら『漢書』巻十九百官公卿表（以下、百官表）、胡広『漢官解詁』、応劭『漢官儀』などに詳しいが、[1] その後も西晋・司馬彪が『続漢書』百官志（以下、百官志）を撰述し、[2] また南朝梁・劉昭がそれに詳細な注釈を加えるなど、[3] 後代の人々に参照され続けた。漢代官僚制度とは、まさに中国前近代の官僚制度のプロトタイプと言い得よう。[4]

ところで、現代のわれわれが漢代の官僚制度を復元しようとするとき、真っ先に参照すべきなのが正史たる百官表・百官志であることは言を俟たない。そこには大臣クラスの三公九卿や、地方長官たる郡守・県令などに関する基本的な情報がまとめられているが、それより下位の官職について情報を得ようとするならば、さらに別の史料が必要となる。その際に参照されてきたのが『漢官六種』なる佚書輯本の集成である。そこには、清・孫星衍らの編んだ漢代官制関係の輯本、例えば『漢旧儀』・『漢官儀』などが収められており、百官表・百官志のみからでは得られない貴重な情報が多く含まれている。(5)

その『漢官六種』の劈頭には、孫星衍によって編まれた佚名『漢官』なる佚書の輯本が収められている。その主たる内容は後漢時代の各官庁に属する下級官吏の人員構成を列記するというもので、百官表・百官志の内容を補完し得る貴重な史料と言える。ところが、その史料的性格については一切不明である。一応、『隋書』巻三十三経籍志は「漢官五巻　応劭注」と言う。応劭が「注」したとあるからには、『漢官』を撰した人物が別にいるはずであるが、そもそもこの『漢官』は百官志（および郡国志）に付された劉昭の注釈にしか引用されておらず、肝心の劉昭注は撰者について何も語ってはいない。またその佚文を見ても、確かに注文らしきものは見えるものの、基本的には各官の属吏の員数などをひたすら列記するだけの無味乾燥な記述となっている。

では、この『漢官』はいかなる性格の史料なのか。本稿ではこの問題を手がかりに、漢代官制関係史料、とりわけ正史たる百官志がいかなるプロセスで編纂されたのか、その点について若干の考察を行ってみたい。

一、孫星衍輯本の問題点

佚名『漢官』の史料的性格を探るにあたって、まず注意しておくべきは孫星衍の輯本に内在する問題点である。(6)輯本には九十四条の佚文が収録されており（**表1**参照）、それらはすべて百官志および郡国志の劉昭注からの引用である。一つ一つの佚文は断片的で、それだけではどの官について述べたものなのかが分からないため、孫星衍は『続漢書』の原文を参考に見出し語を付している。一つ例を挙げれば、以下のごとくである（以下、引用史料中に付されたアラビア数字はすべて筆者によるもので、**表1**と対応）。

大行員吏四十人。其四人四科、五人二百石、文学五人百石、九人斗食、六人佐、六人学事、十二人守学事。(46)

大鴻臚に所属する大行令の属吏について、その人員構成を示している。これによると、大行令には四十人の属吏がおり、その内訳が「四科」以下の者たちより構成されているごとくである。ところが、その人数を総計してみると四十七人となり、冒頭の「四十人」と合わない。その理由は、冒頭の「員吏四十人」と「其四人四科」以下とが、それぞれ別の箇所に引用された佚文であるためである。百官志二および劉昭注の原文を見てみよう（便宜上、中華書局標点本の書式にのっとる）(7)。

大行令一人、六百石。本注曰、主諸郎〔一〕。丞一人。治礼郎四十七人〔二〕。

〔一〕『漢官』曰、「員吏四十人」。(46a)

〔二〕『漢官』曰、「其四人四科、五人二百石文学、五人百石、九人斗食、六人佐、六人学事、十二人守学事」。…（下略）…(46b)

「大行令一人、六百石」、「丞一人。治礼郎四十七人」とあるのが百官志本文、「本注曰、主諸郎」がそれに対する司馬彪の注釈であり、〔一〕・〔二〕が劉昭注である。これによると、「員吏四十人」とは大行令直属の属吏の人数、「其四人四科」以下は治礼郎四十七人の内訳を示していることになる。治礼郎とは文字通り礼に通じた郎のことで、種々の祭祀や式典にて司会や先導・呼出などの業務に携わったと見られるが(8)、「四科」（推薦組）・「文学」（試験合格組）などのキャリアに応じて待遇が異なっていたと見られる(9)。

このように孫星衍の輯本には、本来それぞれ別の箇所に引用されていたはずの二つの佚文が一文にまとめられてしまっている、という問題点が指摘できる。『漢官』を利用するに際しては、必ず輯本と『続漢書』百官志および劉昭注とを同時に参照する必要があるということになる。以下、同様の事例から輯本の問題点をさらに析出しつつ、『漢官』と百官志を同時に参照することで何が分かるのか、探ってみたい。

二、『漢官』を利用するにあたっての注意点

まず少府に所属する守宮令に関する記事から見ていく。

守宮員吏六十九人。外官丞二百石、公府吏府也。(59)

属吏六十九人の他に外官丞がおり、それが「公府の吏府」であったとある。「公府」とは国家の中枢を担う三公のオフィスを意味するが(10)、「吏府」という語は他に見えない。おそらく「府」は衍字で、「公府の吏」とは公府の属吏のことを意味するのであろう。他方、百官志三および劉昭注を見ると、

守宮令一人、六百石。本注曰、主御紙筆墨、及尚書財用諸物及封泥〔一〕。丞一人〔二〕。

〔一〕『漢官』曰、「員吏六十九人」。(59a)

〔二〕『漢官』曰、「外官丞二百石、公府吏府也」。(59b)

とあり、外官丞に関する『漢官』佚文が「丞一人」のところに付されたものであったことが分かる。守宮令に丞は一人しかいないから、それが外官丞とも呼ばれ、そこに公府の属吏が充てられていたということであろう。「外官」とは「(守宮の)外の官」の意であろうか。この場合、百官志に見える

「丞一人」という情報を『漢官』が補っていることになる。

同じく少府属下の永巷令に関する佚文を見てみる。

永巷 員吏六人。吏従官三十四人。右丞一人。暴室一人。(63)

永巷令属下に右丞と暴室が一人ずついたとあるが、出典たる百官志三・劉昭注には、

永巷令一人、六百石。本注曰、宦者。典官婢侍使〔一〕。丞一人。本注曰、宦者〔二〕。

〔一〕『漢官』曰、「員吏六人、吏従官三十四人」。(63a)

〔二〕『漢官』曰、「右丞一人、暴室一人」。(63b)

とあるように「丞一人」しか見えない。これが『漢官』に言う「右丞一人」にあたるのであろうが、それでは「暴室一人」をどう考えるのか、この点が問題となる。

ここで同じ少府属官の御府令条も見てみたい。

御府 員吏七人。吏従官三十人。右丞一人。(64)

続けて百官志三・劉昭注。

御府令一人、六百石。本注曰、宦者。典官婢作中衣服及補浣之属〔一〕。丞・織室丞各一人。本注曰、宦者〔二〕。

〔一〕『漢官』曰、「員吏七人、吏従官三十人」。(64a)

〔二〕『漢官』曰、「右丞一人」。(64b)

こちらの場合、百官志の「丞」が『漢官』で言う「右丞一人」にあたると見られるが、右丞がいるからには左丞もいたはずで、あるいはそれが織室丞にあたるのかもしれない。御府令の職掌には衣服作成の他に修繕・洗濯もあったようであるから、丞を二名置いて役割を分担した可能性が考えられる。

すると、先に見た永巷令条の「暴室一人」も暴室丞を指し、右丞と何らかの役割を分担していた可能性が出てくる。そうなると、百官志の「丞一人」と齟齬することになるが、あるいは『漢官』は暴室丞が置かれていた時期、百官志は置かれていなかった時期をそれぞれ反映しているのかもしれない。(11) 百官志と『漢官』がそれぞれ別の時期の官制を反映した史料であるとすれば、両者の史料的性格を考える上で注意しておく必要がある。

以上、『漢官』輯本と百官志・劉昭注を対照させつつ、両者の関係について探った。孫星衍の輯本に問題のあることは先述の通りであるが、個々の佚文を百官志および劉昭注と対照させつつ、それらが説かんとする当該官署全体の構造や注釈の論理を把握する必要のあることが、あらためて了解される。無論、これは『漢官』に限らず、他の佚文についても指摘し得ることではある。しかし『漢官』に関して言えば、その内容が員数や各官の内訳などを列挙しただけの無味乾燥な

ものであるがゆえに、これを有効活用するには上記のような手続が必須となろう。

三、百官志と『漢官』が齟齬する事例

先に永巷令属下の「暴室一人」のところで指摘したように、百官志の反映する官制と『漢官』の反映するそれとは、微妙に異なる可能性がある。次にそれを窺わせる箇所について検討してみよう。

百官志には定員がないことを示す「無員」の語が散見するが、劉昭が『漢官』を引用して人数を補っている箇所がある。百官志二・光禄勲条中の八条（17～24）がそれに当たるが、ここでは議郎条（24）のみを挙げる（以下、孫星衍の輯本は引用せず、百官志および劉昭注のみを引用する。アラビア数字は**表1**と対応）。

議郎、六百石。本注曰、無員〔一〕。

〔一〕『漢官』曰、「五十人、無常員」。（24）

見られるように、司馬彪本注が「無員」とするのに対し、劉昭は逐一『漢官』を引用して人数を補足している。「無常員」とあることから明らかなように、その人数はある特定の時期に当該官職に就任していた者の数であろう。劉昭が言いたかったのは、定員は存在しないが、各時期におおよそこれくらいの人数の者が当該官職に就任していた、ということではないか。『漢官』には各官職の定員のみならず、ある特定の時期の就官状況までもが記されていたことになる。

同じく定員については、次の百官志三・諸公主条に注目すべき事例が見える。

諸公主、毎主家令一人、六百石。丞一人、三百石。本注曰、其余属吏増減無常〔一〕。

〔一〕『漢官』曰、「主簿一人、秩六百石。僕一人、秩六百石。私府長一人、秩六百石。家丞一人、三百石。直吏三人、従官二人」。（49）『東観書』曰、「其主薨無子、置傅一人守其家」。

公主の官属について、司馬彪本注が「其の余の属吏は増減して常無し」、すなわち家令・家丞以外の属吏は時期によって変動したとするのに対し、劉昭は『漢官』・『東観漢記』を引用して官属を補っている。ここからも、『漢官』や『漢官儀』がある特定の時期の官制を反映したものであったことが窺える。

四、郡国志と『漢官』が齟齬する事例

郡国志の劉昭注に引用された『漢官』にも、本文と齟齬する記述が確認できる。郡国志・劉昭注では、州刺史の治所が

表1　『続漢書』百官志（郡国志）・佚名『漢官』対照表

『続漢書』					『漢官』	備考
百官志一	太傅			1	太傅、長史一人、秩千石、掾属二十四人、令史・御属二十二人。	
	太尉	掾史属		2	建武十二年八月乙未詔書、「三公挙茂才各一人、廉吏各二人。光禄歳挙茂才四行各一人、察廉吏三人。中二千石歳察廉吏各一人、廷尉・大司農各二人。将兵将軍歳察廉吏各二人。監察御史・司隷・州牧歳挙茂才各一人」。	『漢官目録』
	司徒	掾属		3	三十人。	『漢官目録』 百官志「三十一人」
	司空	掾属		4	二十四人	『漢官目録』 百官志「二十九人」
百官志二	太常			5	員吏八十五人、其十二人四科、十五人佐、五人仮佐、十三人百石、十五人騎吏、九人学事、十六人守学事。	
		太史令		6	太史待詔三十七人、其六人治暦、三人亀卜、三人廬宅、四人日時、三人易筮、二人典禳、九人籍氏・許氏・典昌氏、各三人、嘉法・請雨・解事各二人、医一人。	
			明堂及霊台丞	7	霊台待詔四十一人、其十四人候星、二人候日、三人候風、十二人候気、三人候晷景、七人候鍾律、一人舎人。	
		太祝令		8	員吏四十一人、其二人百石、二人斗食、二十二人佐、二人学事、四人守学事、九人有秩。百五十人祝人。宰二百四十二人。屠者六十人。	
		太宰令		9	明堂丞一人、二百石。員吏四十二人、其二人百石、二人斗食、二十三人佐、九人有秩、二人学事、四人守学事。宰二百四十二人。屠者七十三人。衛士二十五人。	
		大予楽令		10	員吏二十五人、其二人百石、二人斗食、七人佐、十人学事、四人守学事。楽人八佾舞三百八十人。	
		高廟令		11	員吏四人。衛士一十五人。	
		世祖廟令		12	員吏六人。衛士二十人。	
		先帝陵毎陵食官令		13	毎陵食監一人、秩六百石。監丞一人、三百石。中黄門八人、従官二人。	
	光禄勲			14	員吏四十四人、其十人四科、三人百石、一人斗食、二人佐、六人騎吏、八人学事、十三人守学事、一人官医。衛士八十一人。	
		虎賁中郎将	左右僕射 左右陛長	15	陛長、墨綬銅印。	
		羽林左監		16	孝廉郎作、主羽林九百人。二監官属史吏、皆自出羽林中、有材者作。	
		奉車都尉		17	三人。	百官志「無員」
		駙馬都尉		18	五人。	百官志「無員」
		騎都尉		19	一十人。	百官志「無員」
		光禄大夫		20	三人。	百官志「無員」
		太中大夫		21	二十人、秩比二千石。	百官志「千石」「無員」
		中散大夫		22	三十人、秩比二千石。	百官志「六百石」「無員」
		諫議大夫		23	三十人。	百官志「無員」
		議郎		24	五十人、無常員。	百官志「無員」

志	官	属官	属官	番号	内容	備考
百官志二	光禄勳	謁者僕射	常侍謁者	25	謁者三十人、其二人公府掾、六百石持使也。	
	衛尉			26	員吏四十一人、其九人四科、二人二百石、文学三人百石、十二人斗食、二人佐、十二人学事、一人官医。衛士六十人。	
		南宮衛士令		27	員吏九十五人。衛士五百三十七人。	
		北宮衛士令		28	員吏七十二人。衛士四百七十一人。	
		左右都候		29	右都候員吏二十二人、衛士四百一十六人。左都候員吏二十八人、衛士三百八十三人。	
		宮掖門毎門司馬	南宮南屯司馬	30	員吏九人。衛士百二人。	
			宮門蒼龍司馬	31	員吏六人。衛士四十人。	
			玄武司馬	32	員吏二人。衛士三十八人。	
			北屯司馬	33	員吏二人。衛士三十八人。	
			北宮朱爵司馬	34	員吏四人。衛士百二十四人。	
			東明司馬	35	員吏十三人。衛士百八十人。	
			朔平司馬	36	員吏五人。衛士百一十七人。	
				37	凡員吏皆隊長佐。	
	太常〜衛尉			38	右三卿、太尉所部。	『漢官目録』
百官志三	太僕			39	員吏七十人、其七人四科、一人二百石、文学八人百石、六人斗食、七人佐、六人騎吏、三人仮佐、三十一人学事、一人官医。	
		考工令		40	員吏百九人。	
		車府令		41	員吏二十四人。	
		未央厩令		42	員吏七十人。卒騶二十人。	
			長楽厩丞	43	員吏十五人。率騶二十人。苜蓿苑官田所一人守之。	
	廷尉			44	員吏百四十人、其十一人四科、十六人二百石廷吏、文学十六人百石、十三人獄史、二十七人佐、二十六人騎吏、三十人仮佐、一人官医。	
	大鴻臚			45	員吏五十五人、其六人四科、二人二百石、文学六人百石、一人斗食、十四人佐、六人騎吏、十五人学事、五人官医。	
		大行令		46a	員吏四十人。	『漢官六種』は一条に統合
			治礼郎	46b	其四人四科、五人二百石、文学五人百石、九人斗食、六人佐、六人学事、十二人守学事。	
	太僕〜大鴻臚			47	右三官、司徒所部。	『漢官目録』
	宗正			48	員吏四十一人、其六人四科、一人二百石、四人百石、三人佐、六人騎吏、二人法家、十八人学事、一人官医。	
		諸公主毎主家令	丞	49	主簿一人、秩六百石。僕一人、秩六百石。私府長一人、秩六百石。家丞一人、三百石。直吏三人、従官二人。	百官志本注「其余属吏増減無常」
	大司農			50	員吏百六十四人、其十八人四科、九人斗食、十六人二百石、文学二十人百石、二十五人佐、七十五人学事、一人官医。	
		太倉令		51	員吏九十九人。	
		平準令		52	員吏百九十人。	

志	官	官名	属官	番号	本文	備考
百官志三	大司農	導官令		53	員吏百一十二人。	
		廩犧令		54	丞一人、三百石。員吏四十人、其十一人斗食、十七人佐、七人学事、五人守学事。皆河南属県給吏者。	百官志本注「中興皆属河南尹」
		雒陽市長		55	市長一人、秩四百石。丞一人、二百石、明法補。員吏三十六人、十三人百石嗇夫、十一人斗食、十二人佐。又有檝櫂丞、三百石。別治中水官、主水渠、在馬市東、有員吏六人。	百官志本注「中興皆属河南尹」
	少府			56	員吏三十四人、其一人四科、一人二百石、五人百石、四人斗食、三人佐、六人騎吏、十三人学事、一人官医。	
		太医令		57	員医二百九十三人。員吏十九人。	
		太官令		58	員吏六十九人。衛士三十八人。	
		守宮令		59a	員吏六十九人。	『漢官六種』は一条に統合
			丞	59b	外官丞二百石、公府吏府也。	
		上林苑令		60	員吏五十八人。	
		黄門令		61	員吏十八人。	
		掖庭令		62	吏従官百六十七人。待詔五人。員吏十人。	
		永巷令		63a	員吏六人。吏従官三十四人。	『漢官六種』は一条に統合
			丞	63b	右丞一人。暴室一人。	
		御府令		64a	員吏七人。吏従官三十人。	『漢官六種』は一条に統合
			丞・織室丞	64b	右丞一人。	
		祀祠令		65	従官吏八人。騶僕射一人。家巫八人。	
		鉤盾令		66a	吏従官四十人。員吏四十八人。	『漢官六種』は一条に統合
			苑中丞・果丞 鴻池丞・南園丞	66b	又有署一人。胡熟監一人。	
		中蔵府令		67	員吏十三人。吏従官六人。	
		内者令		68	従官録士一人。員吏十九人。	
		尚方令		69	員吏十三人。吏従官六人。	
		符節令	尚符璽郎中	70	当得明法律郎。	
	宗正～大司農			71	右三卿、司空所部。	『漢官目録』
百官志四	執金吾			72	員吏二十九人、其十人四科、一人二百石、文学三人百石、二人斗食、十三人佐学事、主緹騎。	
		緹騎		73	執金吾緹騎二百人、（持戟）五百二十人。	中華書局本校勘記参照
	太子少傅			74	員吏十二人。	
		太子舎人		75	十三人。選良家子孫。	
		太子門大夫		76	門大夫二人。選四府掾属。	
		太子洗馬		77	選郎中補也。	
	北軍中候			78	員吏七人、候自得辟召、通大鴻臚一人、斗食。	
		屯騎校尉		79	員吏百二十八人。領士七百人。	
		越騎校尉		80	員吏百二十七人。領士七百人。	
		歩兵校尉		81	員吏七十三人。領士七百人。	

出典	項目		郡国志の記載	番号	内容	備考
百官志四	北軍	長水校尉		82	員吏百五十七人。烏桓胡騎七百三十六人。	
百官志四	中候	射声校尉		83	員吏百二十九人。領士七百人。	
百官志五	州郡	郡太守	諸曹掾史	84	河南尹員吏九百二十七人、十二人百石、諸県有秩三十五人、官属掾史五人、四部督郵吏部掾二十六人、案獄仁恕三人、監津渠漕水掾二十五人、百石卒吏二百五十人、文学守助掾六十人、書佐五十人、修行二百三十人、幹小史二百三十一人。	
百官志五	県郷	県令	各諸曹掾史	85	雒陽令秩千石。丞三人四百石。孝廉左尉四百石。孝廉右尉四百石。員吏七百九十六人、十三人四百石、郷有秩・獄史五十六人、佐史・郷佐七十七人、斗食・令史・嗇夫・仮五十人、官掾史・幹小史二百五十人、書佐九十人、修行二百六十人。	
百官志五	県郷	郷有秩		86	（有秩、郡所署、秩百石）郷戸五千、則置有秩。	
郡国志	二・沛国譙		雒陽東南千二百里	87	（刺史治）去雒陽千二十里。	予州
郡国志	二・常山国高邑			88	（刺史治）去雒陽一千里。	冀州
郡国志	四・武陵郡漢寿		雒陽南二千一百里	89	（刺史治）去雒陽三千里。	荊州、劉昭注は『漢官儀』に作る
郡国志	四・九江郡寿春		雒陽東一千五百里	90	刺史治。去雒陽千三百里。	揚州、郡国志は歴陽を刺史の治所とする
郡国志	五・漢陽郡隴		雒陽西二千里	91	（刺史治）去雒陽二千一百里。	涼州
郡国志	五・太原郡晋陽			92	（刺史治）南有梗陽城。中行献子見巫皋。	并州
郡国志	五・広陽郡薊			93	（刺史治）雒陽東北二千里。	幽州
郡国志	五・蒼梧郡広信		雒陽南七千一百里	94	刺史治。去雒陽九千里。	交州、郡国志には刺史の治所が明記されず

置かれた県の項で『漢官』を引用し、その県が洛陽から何里離れているか、記すことがある。例えば郡国志二・沛国条に次のようにある（〔九〕以外の注釈は省略）。

沛国　秦泗水郡、高帝改。雒陽東南千二百里。二十一城、戸二十万四百九十五、口二十五万一千三百九十三。

相　蕭本国。　沛有泗水亭。　豊西有大沢、高祖斬白蛇於此。有枌楡亭。　酇有鄍聚。　穀陽

譙刺史治。〔九〕…（下略）…

〔九〕『漢官』曰「去雒陽千二十里」。(87)

一行目に沛国に関する諸情報（沿革・県城数・戸口数）が記された後、二行目以降で所属する諸県が列挙され、その県ごとに名勝や故事などが注記されている。譙県のところに「刺史治」とあって予州刺史の治所が置かれていたことが分かるが、劉昭はそこに付注して『漢官』を引用し、洛陽との距離（「去雒陽千二十里」）を示している。その距離は沛国の下に記された距離（「雒陽東南千二百里」）と異なっているが、そちらの方は沛国の国都たる相県と洛陽との距離を示したものであろう。このように、『漢官』は刺史の治所に関する情

報を補完する役割を果たしているが、一方で郡国志四・九江郡条には次のような事例が見える（〔一〕以外の注釈は省略。波線・二重傍線は筆者）。

九江郡 秦置。雒陽東一千五百里。…（中略）…
陰陵 寿春〔一〕…（中略）… 歴陽侯国、刺史治。
…（下略）…
〔一〕『漢官』云「刺史治、去雒陽千三百里」。与志不同。(90)

郡国志が歴陽を揚州の「刺史治」とするのに対し（波線部）、『漢官』は寿春を「刺史治」としており（二重傍線部）、齟齬が生じている。銭大昕・馬与竜によると、揚州刺史の治所が歴陽に置かれていたのは献帝初平四年（一九三）までで、以降は寿春に移されたという。(12) これが正しいとすれば、『漢官』は後漢最末期の状況を反映していることになるが、(13) その是非はともかく、郡国志の述べる揚州の状況と『漢官』のそれとが時期的に異なることは間違いない。

また郡国志五では、郡国志本文に交州刺史の治所が記されず、劉昭注引『漢官』の中でのみ、その位置が示される事態が生じている。郡国志五・蒼梧郡条に（〔一〕以外の注釈は省略）、

蒼梧郡 武帝置。雒陽南六千四百一十里。…（中略）…
広信〔一〕…（中略）…
〔一〕『漢官』曰、「刺史治、去雒陽九千里」。(94)

とあり、交州刺史の治所が蒼梧郡広信県にあったことが『漢官』で述べられる。対して郡国志本文では、交州所属郡のいずれの条にも「刺史治」が見えない。他方、郡国志五後段「右交州刺史部、郡七、県五十六」の劉昭注は次の西晋・王範『交広二州春秋』を引く。

交州は羸𨻻県に治す。元封五年、治を蒼梧郡広信県に移す。建安十五年、番禺県に治す。

これによれば、治所は前漢武帝元封元年（前一一〇）以来、広信県に置かれ続けていたことになる。ところが馬与竜が指摘するように、(14)『宋書』巻三十八州郡志四・交州条に、

交州刺史。漢武帝元鼎六年、百越を開き、交趾刺史は竜編に治す。漢献帝建安八年、改めて交州と曰い、蒼梧郡広信県に治す。

とあり、治所が広信県に置かれるようになった時期を献帝建安八年（二〇三）としている。いずれが正しいのかは不明であるが、『漢官』がある一時期の交州の状況を反映しており、劉昭がそれを承知で『漢官』と『交広二州春秋』を併用したことは指摘し得よう。小林岳氏が指摘するように、劉昭が諸書の矛盾に明確な回答を示さず、読者の判断に委ねる事例

は他にも見えるが、(15)そうした姿勢はここからも窺い得る。

以上、百官志と『漢官』の内容が齟齬する事例について検討した。その結果、『漢官』が後漢のある一時期における官制や州郡の状況を反映した史料であり、劉昭もそれを承知で『漢官』を引用していたことが窺えた。では、『漢官』とはいかなる史料で、劉昭がそれを『続漢書』百官志に注記した意図はどこにあったのであろうか。

五、『漢官』引用の意図と百官志の構造

(一)『漢官』引用の意図

先述の通り『漢官』の撰者は不明であるが、劉昭がこの史料を引用した意図については、次の百官志二・太常条の劉昭注より窺うことができる。

臣昭曰く、凡そ『漢官』の載する所の列職の人数、今悉く以て注す。頗る繁と為ると雖も、蓋し『周礼』の列官は、人役を前に陳べ、以て民極と為す。寔に国制を観るに、此れ則ち宏く模りて闕くべからざる者なり。

この中で劉昭は、『漢官』に掲載されている官職については、多少「繁」になろうともことごとく注記し、それによって治民の要を示し、国制の模範とすべきことを述べている。「繁」というのは、これまで見てきたように百官志(ないし郡国志)と『漢官』との間に内容の齟齬があり、『漢官』を引用することで百官志の内容読解が煩瑣になってしまうことを意味するのであろう。小林氏によれば、劉昭は注釈作成に際して本文の読み込みに力点を置かず、異聞・異事の集録に徹したというが、(16)異聞・異事の蒐集に「繁」はむしろつきものである。にもかかわらずこうしたコメントを残したのは、百官志だけでなく『漢官』を注記しなければ、後漢の官制を完全に復元することはできないと考えたためではなかったか。少なくとも劉昭にとって、『漢官』は正史たる百官志の欠を補うに足るほどの内容を備えた史料であったということになる。

そもそも百官志とは、後漢時代の「官簿」に司馬彪が本注を付してできた書籍である。百官志・序文に、

世祖の節約の制は、宜しく常憲と為すべし。故に其の官簿に依り、粗ぼ職分を注し、以て百官志を為る。

とあり、「官簿」に「職分を注」して「百官志を為」ったとある。『続漢書』劉昭注(=『集注後漢』)の自序にあたる「後漢書注補志序」にも、(17)

司馬の続書は、摠て八志為り。律暦の篇は、(劉)洪・(蔡)邕の構する所に仍り、車服の本は、即ち董(巴)・蔡(邕)の立つる所に依る。儀・祀は往制より得、百官

は故簿に就く。

とあり、百官志が「故簿」に基づいて作成されたとする。

（二）百官志の構造

ただし、劉昭の目にした百官志は現行のそれとは異なっていたらしい。『続漢書』百官志・序文の劉昭注に以下のようにある。

臣昭曰く、本志既に久しく是れ注して百官簿に曰う。今昭も又異同を採りて倶に細字と為さんとするも、如し相冒し兼ねて応に本注に注すべきこと或らば、尤も須らく分顕すべし。故に凡そ是の旧注は通じて大書と為し、「本注に曰く」と称して以て其の異を表すなり。

いささか難解な文章ではあるが、劉昭の見た百官志は冒頭に「百官簿」なる文章があって、そこに司馬彪の本注が「細字」で記されていたと目される。「細事」とはおそらく割注のことであろう。百官志二・太常条を例にとれば、このようになっていたと推測される（便宜上、標点を付す）。

太常、卿一人、中二千石。掌礼儀祭祀、毎祭祀、先奏其礼儀。及行事、常賛天子。

これに劉昭が「異同を採」って注釈を付けようとしたとき、もしそれを割注のかたちで記せば、司馬彪本注と混同してしまいかねない。そこで両者を「分顕」するために、司馬彪本注（旧注）を「大書」した上で、その冒頭に「本注曰」と書したのではないか。つまり、

太常、卿一人、中二千石。本注曰、掌礼儀祭祀、毎祭祀、先奏其礼儀。及行事、常賛天子。『漢旧儀』曰、「賛饗一人、秩六百石、掌賛天子」。

このようなかたちに書き換えたということであろう。(18) つまり、百官志とはもともと「百官簿」に対する司馬彪の注釈という形態を採っており、それに劉昭がさらに注釈を付して体裁を整えた結果、現在のような姿になったと考えることができる。

六、「百官簿」と『漢官』の史料的性格

では、「百官簿」とはいかなる史料であったのか。試みに、先に例示した百官志二・太常条から本注を削除して並べてみると、左記のようになる。

太常、卿一人、中二千石。丞一人、比千石。
太史令一人、六百石。丞一人。明堂及霊台丞一人、二百石。
博士祭酒一人、六百石。博士十四人、比六百石。

官名・人数・官秩を列挙する書式は、『漢官』のそれと非常によく似ている。また、前漢末期の上計関係文書とされる尹湾漢墓簡牘「東海郡吏員簿」とも類似している。(19)

海西吏員百七人。令一人、秩千石。丞一人、秩四百石。

> 尉二人、秩四百石。官有秩一人。郷有秩四人。令史四人。獄史三人。官嗇夫三人。郷嗇夫十人。游徼四人。牢監一人。尉史三人。官佐七人。郷佐九人。亭長五十四人。凡百七人。
> （正面四行）

尹湾漢墓簡牘中の文書が東海郡の上計簿そのものであるのか否かについては議論があるが、[20]それが私的なメモなどではなく、官吏が業務の過程で利用していた、限りなく公文書に近いものであったことは確かであろう。

あるいは、司馬彪が百官志撰述に際して参照した「百官簿」、そして劉昭がその百官志に付注する際に参照した『漢官』は、いずれも後漢時代の各官庁の人員構成を記録した公文書――仮に官簿と呼称しておく――であったのではないか。官制の改変のたびに官簿も改訂されたはずで、司馬彪が参照した「百官簿」と、劉昭が参照した『漢官』は、それぞれ別バージョンの官簿であったのであろう。

司馬彪は泰始年間（二六五～二七五）に秘書郎・秘書丞となり、「衆書を討論し、其の聞く所を綴」って『続漢書』を撰述した。[21]他方、劉昭は通直郎として南朝梁の武帝に近侍していたころ、すなわち天監十～十七年（五一一～五一八）のころに、南朝宋・范曄『後漢書』の帝紀・列伝に司馬彪『続漢書』八志を補綴し、それらすべてに注釈を伏して『集注後漢』を撰述した。[22]両者ともに、宮中の機密文書にアクセスし得る地位（秘書郎・秘書丞、通直郎）を経ているところに共通点が認められる。「百官簿」・『漢官』はいずれも、西晋・南朝梁の宮中に保管された機密文書であったのではないか。先述のごとく『漢官』の撰者・撰述時期などは一切不明であるが、前引の劉昭のコメント、そして司馬彪本注に張り合うかのように逐一『漢官』を引用する彼の姿勢からは、その史料的価値の高さを窺うことができよう。

おわりに

以上、本稿では佚名『漢官』の史料的性格を探るとともに、その佚文が引用された百官志および劉昭注の構造と、それらのソースになったと見られる「百官簿」なる公文書の存在について論じた。『漢官』については関連史料が皆無に近く、それゆえに劉昭の視点からその史料的価値を論ずるより他になかった憾みがある。しかし、それは『漢官解詁』や『漢官儀』などの他の漢代官制関係史料についても同様である。佚書輯本は確かに便利ではあるが、しかし一方で個々の佚文がどの書籍の中で、誰によって、いかなる意図の下に引用されたのか、この点にも注意を払わなければ、大きな誤読・誤解を引き起こす可能性もあり得る。この点は自戒を込めて申し添えておきたい。

また本稿ではあまり言及できなかったが、後漢滅亡後、魏晋南北朝時代の人々が漢代官制に関する「記憶」にいかなる価値を認め、それをどう活用したのかという問題にも留意する必要がある。この点については、つとに佐藤達郎氏が『漢官解詁』・『漢官儀』を手がかりとして詳論しているが、[23] それらの漢代官制関係書籍がいかなる史料をソースとして作成されたのか、この点を考える上で、本稿で言及した「百官簿」の存在は一つの手がかりになるように思われる。漢代官制は両漢約四百年の中で積み上げられた貴重な「遺産」の一つと言えるが、それがいかなる形態で保存され、受け継がれたのか。この問題は魏晋南北朝の文化史・学術史、あるいは交流史の一つの重要なテーマになり得るように思われる。今後の課題としたい。

注

(1) 佐藤達郎「胡広『漢官解詁』の編纂——その経緯と構想」(『史林』第八六巻第四号、二〇〇三年)、同氏「応劭『漢官儀』の編纂」(『関西学院史学』第三三号、二〇〇六年)参照。

(2) 渡邉義浩「司馬彪の修史」(『大東文化大学漢学会誌』四五号、二〇〇六年)など。

(3) 小林岳『後漢書劉昭注李賢注の研究』(汲古書院、二〇一三年)など。

(4) 漢代官僚制度を総覧するのに有用な書籍として、安作璋・熊鉄基『秦漢官制史稿』(斉魯書社、二〇〇七年)がある。

(5) 孫星衍等輯・周天游点校『漢官六種』(中華書局、一九九〇年)。もっとも厳密に言うと、『漢官六種』なる書籍じたいは孫星衍によって編まれたものではない。彼の手になる漢代官制関係の佚書輯本は、清・嘉慶十七年(一八一二)に刊行された『平津館叢書』甲集所収のものが初出である。その後、成都の存古書局が民国二年(一九一三)にその一部をまとめて刊行しているが、管見の限りこれこそが『漢官六種』なる書籍の初出である。

(6) 以下、本稿で『漢官』佚文輯本を利用する場合には、すべて注5前掲『漢官六種』によるが、場合に応じて『平津館叢書』甲集所収輯本も利用した。なお、孫星衍は『漢官』佚書輯本に『漢官目録』なる書籍の佚文も収録してしまっており、『漢官』とは別物と見なすべきであろうが、表1作成に際してはひとまず孫星衍輯本に従って『漢官目録』佚文も取り上げた。

(7) (宋)范曄撰・(唐)李賢等注『後漢書(全十二冊)』(中華書局、一九六五年)。

(8) 『史記』巻九九叔孫通列伝に「謁者の礼を治むるもの」が見えるが、これが治礼郎の前身であろう。『唐類函』巻四十七引『東観漢記』によると、大行丞の下に「治礼員」がおり、種々の祭祀や儀礼の進行を担当したことが窺える。

(9) 『後漢書』巻四和帝紀・李賢注に引く『漢官儀』には、「四科」を推薦・登用するよう命じる詔書が見える。「文学」は太常で実施された儒学の試験に合格した者を指す。平井正士「漢代の学校制度考察上の二三の問題」(『杏林大学医学部教養課程研究報告』第四号、一九七七年)など参照。

(10) 『後漢書』巻八霊帝紀・光和三年条・李賢注「公府、三公府也」。

(11) 暴室とは染織した織物を乾燥させる部屋のことで、病気になった婦人や罪人を置く場としても用いられていた(注4前掲安・熊両氏著書、一九九頁)。

(12) 清・銭大昕『三史拾遺』巻五、清・王先謙『後漢書集解』巻二十二郡国志四・九江郡条「寿春」所引馬与竜説。

(13) 郡国志はおおよそ順帝永和五年(一四〇)ころの郡国の状況を反映しているとされるが、その時期に存在しなかったはずの郡国が掲載されていたり、逆に存在しているはずの郡国が掲載されていなかったりする事例もある(李暁桀『東漢政区地理』山東教育出版社、一九九九年、一四—一六頁など)。『漢官』にもまたそのような事例が存在する可能性もあるため、郡国の存廃だけを手がかりにその成書時期を特定しようとするのは危険である。

(14) 『後漢書集解』巻二十三郡国志・交州刺史部条所引馬与竜説。

(15) 小林岳「劉昭の『後漢書』注について——『集注後漢』の内容をめぐって」(注3前掲小林氏著書所収)。

(16) 注15前掲小林氏論文。

(17) 「後漢書注補志序」については、小林岳「劉昭「後漢書注補志序」の訳注および解説」(注3前掲小林氏著書所収)参照。

(18) 小林岳「劉昭の『後漢書』補志について——『後漢書』補成考」(注3前掲小林氏著書所収)では、冒頭を「本志、既に久しく是の注は百官簿に曰くとす」と訓読する。しかし、それでは司馬彪本注が「百官簿」と呼ばれていたということにならないか。無論、筆者の訓読とて問題はあろうが、ひとまず「注して百官簿に曰う」と読み、「(司馬彪が)百官簿に注釈を付した」という意味に解した。

(19) 連雲港市博物館ほか編『尹湾漢墓簡牘』(中華書局、一九九七年)。早稲田大学簡帛研究会(楯身智志・小林文治)「尹湾漢墓出土簡牘訳注(二)」(『中国出土資料研究』第一四号、二〇一〇年)も参照。

(20) 注19前掲訳注。

(21) 『晋書』巻八十二司馬彪列伝。注2前掲渡邉氏論文も参照。

(22) 小林岳「劉昭の『集注後漢』撰述と奉呈について」(注3前掲小林氏著書所収)。

(23) 注1前掲佐藤氏「胡広『漢官解詁』の編纂」、同「応劭『漢官儀』の編纂」。

附記 本稿は、二〇一〇年二月二十七日に中国古代佚書研究会(メンバー:大原信正・菊地大・小林順至・塩野貴啓・楯身・田丸祥幹・鄭東俊・中西大輔・満田剛・渡邉将智)にて行った報告「佚名『漢官』初探」をもとにしたものである。当初は佚名『漢官』訳注の解題として発表する予定であったが、諸々の事情により研究会の継続じたいが不可能となったため、加筆・修正の上で論文として公表することとした。有益な助言を下さった研究会のメンバーには、篤く御礼申し上げたい。

前四史からうかがえる正統観念としての儒教と「皇帝支配」

——所謂外戚恩沢と外戚政治についての学術的背景とその東アジア世界への影響

塚本　剛

つかもと・つよし——工学院大学非常勤講師。専門は古代東アジア史、中国古代史、漢代における「皇帝支配」、漢代における皇后・皇太后。主な論文に「前漢における皇后（皇帝嫡妻）の政治介入」（『研究紀要』第七四号、二〇〇七年）、「班固の「國史改作」と『漢書』成立をめぐる問題について」（榎本淳一編『古代中国・日本における学術と支配』同成社、二〇一三年）、「東アジアにおける古代について」（『早稲田大学高等学院研究年誌』六〇号、二〇一六年）などがある。

現在提唱されている東部ユーラシア世界論にはただ交流が認められるだけで、固有の世界観が想定されておらず、古代東アジア世界論に代えることは出来ない。後漢において『白虎通徳論』を学術的背景として儒教が国教となり、「外戚恩沢」が成立した。その影響は東アジア世界全体に及び、孝道による先祖供養と外戚優遇が共通して確認される。

一、東アジア世界と「東部ユーラシア」世界

（一）問題の所在

今回、本稿の執筆を担えることは、特別に感慨深く、意義あるものになる。それはこの「東アジア」という枠組みで歴史・文化を捉え理解する、そのフレームの有効性を再確認することになるからである。これはとりもなおさず、所謂東アジア世界論の理論的正当性と意義を初心に戻って多数の論者に改めて再認識して頂く機会を得たことを意味する。勿論、私は、昨今急速に市民権を得てきている所謂「東部ユーラシア世界論」を念頭にいれ、それを明確に意識して稿を起こしている。それというのもこれについて、私はかねてから極めて懐疑的、もっと言えば否定的見解[1]を抱く立場を明らかにしている。それをかいつまんで開陳すると、以下のようになるであろう。そもそも世界論であるからには、当該地域世界共通の世界観やコンセンサスとなる文明中核地帯発祥の文化的ファクターが必須であるが、全く提示されていなく、世界論の体をなしていない。それどころか中核地帯すら明示されな

い。これについて鈴木靖民は、すでに飯尾秀幸[2]に二〇一二年に指摘され、それを受けて、一度撤回してその際には彼の言う地理呼称である「東部ユーラシア」として言及するに止めた[3]にも関わらず、二〇一七年、日本大学史学会大会講演[4]において、殆ど何の説明も無く再び「東部ユーラシア世界論」を復活させた。地理呼称の東部ユーラシアでは無く、歴史的空間として「東部ユーラシア世界論」（以後、現行東部ユーラシア世界論と呼称する）を研究した先駆的論者として廣瀬憲雄[5]をあげ、高く評価しほぼ全面的に肯定した。しかしこの時点でも未だ、ただ単に交流があったことが確認されるだけであり、これでは交易が存在した地域は全て、何らかの世界を認定せねばならず、そうであるならば、世界でない地域とは存在するのであろうか。しかも現行東部ユーラシア世界論について、疑問を呈する研究者は存在するものの、一定の認知がなされ、学問的に受容されているかのように報告がなされた。さらにそれは廣瀬説を是とする関係上、歴史的空間概念として古代世界を想定することになる。後述するが鈴木の主張する「地理呼称」としての意義である「東部ユーラシア」論を支持するアジア（中央アジア、北アジア、内陸、東アジアなど）史研究者は多数存在するが、古代の歴史的空間概念として東部ユーラシア世界を想定するアジア史研究者は管見では存在しないのが現実である。

（二）現行東部ユーラシア世界論における学問手法上の問題点

第一にして最大の問題は、講演というその性格上、専門家のみならず一般歴史愛好家や学部学生、中高の教員やその志望者の前で、アジア史の専門家が一人も支持しない発表内容が有力説であるかのように報告されたことである。本来、通説でない見解や先論を否定・再構成する立場を表明するに当たっては、通説に則り自説を展開するよりも、なお一層の丁寧な姿勢が求められるはずである。それでなくてもエビデンスをあげ、所定の学問的手続きを踏むことが必須なはずである。しかし、これらを省略して、勇み足になる所行は、所謂ID説[6]と酷似する。これにより、アメリカの科学教育は危機的状態にあると言ってよい。学界では検証に耐えうる精度を持たないため、公教育への浸透など、専門家に比べ、与しやすい一般社会での支持者獲得に精を出し、謂わば一種の既成事実を作り上げることによって、展開していく様相が、危険極まりないと言える。実際、鈴木は、二〇一一年以来、「中国や日本の講演、シンポジウムなどの機会を得て披露してきた」としていて、講演を重視している姿勢がうかがえる。このような手法が、一度でも成功を収め、常態化されると学問の破壊に繋がる。ＩＤ説では、学界と一般社会の科学的認識に深刻な乖離を与えている。学問の民主化と言えば聞こえはよいが、事実は破壊である。学問的正当性は、断じて一般社会での支持数のみでは無く、学問的検証に耐えうるかでなくてはならない。

(三) 古代と東部ユーラシア世界論の安易な結合による弊害

実際、私の周囲における現行東部ユーラシア世界論の支持者は非専門家ばかりであり、日本史専攻出身者に偏っており、学生時代に入門書以上専門論文以下の著書をよく読み、講演などに足繁く通った傾向がある。さて、高校教育の現場では、様々な都合で、自分が専攻してきた関連科目以外も担当することは周知の通りである。そこで現行東部ユーラシア世界論支持者が、世界史を担当すると、その弊害が顕在化する。ローマに匹敵する古典古代国家は漢であり、専門家でなくても従来、そう教育してきた。しかし現行東部ユーラシア世界論者も高校教育における世界史必修世代のはずなのに唐をあげるなどがそれであり、増加傾向にある。次項で検討するが、秦漢時期が含まれる古代東アジア世界論に代えて提唱されている現行東部ユーラシア世界論の機能する時期は六〜十三世紀とされ、それを古代とするらしいので隋唐が必然的解答となる。このような歴史認識では、東アジアにおける古代の成立期は、従来ほぼ同時期とされていた地中海世界に比べて、約七〇〇年遅れたことになり、これを前提として、歴史事象を理解するのだから、暗記した事項を忘れると、珍説のオンパレードになる。私が見聞しただけでも「紙が西欧から中国に伝来した」、「ルネサンス三大発明が中国に伝来して中国が文明化された」などが存在する。これらは従来の教育を受けた人にとっては噴飯物ではあるし、また、仮に勘違いしたとしても、前近代には中国の文明的成熟度が高かったという常識から容易に修正することができる。問題が深刻なことに日本と隋との関係を対等とする実習すら見た。言うまでも無いが、隋唐時代、日本に匹敵の礼が適用された事実は存在しない。ましてや世界帝国の中心として日本に世界各国の使者が到来して、それを序列する為の独自の世界観が誕生した事実も無い。しかし、忖度してみれば、現行東部ユーラシア世界論とは中核地帯無しに古代という固有の価値観を共有する世界を考えているので、中心と辺境という考え方自体が成立せず、当然の理論的帰結として国際関係は対等になるのであろう。さらに古代地中海世界から成立した西欧に比べ、中国は古代から一貫して遅れていた世界とみる歴史認識が必然的にできあがってしまう。つまり、上記歴史観ではむしろ誤った勘違いを、補強してしまう恐ろしい効果をもたらす。それは東部ユーラシア世界論という着想に古代を安易に結合させたことに起因する。

（四）現行東部ユーラシア世界論と時代区分論における古代との結合についての危険性

そもそも私が、単なる危機感から危機を確信したのは、上記高校教育の混乱とその原因たる鈴木が激賞する廣瀬の二〇一〇年度歴史学研究会大会報告であった。共通テーマ「古代における交流と秩序形成」の下、「倭国・日本史と東部ユーラシア――六～十三世紀における政治的連関再考」が報告された。まず、古代史部会で発表された以上、当該時代を古代と理解するしかないが、通常、一般的に世界史上、もしくは東アジア世界史上、古代とする時期が完全に抜け落ち、逆に十三世紀までもが考察の対象に入っていたのである。さらに「遡って四世紀までを射程に入れて」という主旨の指摘があったが、これによれば古代が遡っても精々四世紀までと言うことになり、古代東アジア世界論とは古代の示す時期が根本的に変わってしまう。私は、この報告が特に古代についての但し書きがされていなかったことと、世界史を構想することを主たる目的で設立された歴史学研究会での報告であるということ二点より、古代の概念そのものを変える考察では無く、古代世界の適用範囲を従来の東アジアより東部ユーラシアへと広域にしようとする試みであろうと考えていたので、何らの説明無しに世界史上の古代が、変更されていたことは、容易には受容できなかったし、基本的にその見解は変わっていない。因みに違和感を感じさせるほどの説明の唐突さ、不親切は後に知ることになるが、現行東部ユーラシア世界論者の共通性格とも言うべきものらしい。今に至るまでこの古代の事実上の概念規定変更について何ら説明がされていない。これでは、「世界」についても「古代」についても説明がされていないのが現行古代東部ユーラシア世界論であると断ぜざるを得ない。また、これでは古代東アジア世界論の中核地たる中国において通常、古代とする秦漢時代が原始時代に追いやられてしまう。定住農耕して都市まで形成して、唐には比べるべくもないが、西域や朝鮮半島、ベトナムの一部を支配し、日本列島にまで影響を及ぼした漢王朝の歴史的評価が余りにそして不当に低い。鈴木は現行東部ユーラシア世界論を提唱するに当たり、従来の東アジア世界論を否定するものではないと主張するが、一般的に言って、古代の画期が全く異なる世界史大系（地域世界史を含め）が両立するとは考えられない。

（五）東アジア世界における古代

かつて盛んに行われた時代区分論争でも所謂歴史学研究派

と京都学派において古代をどこまでとするかについての見解の相違は存在したが、秦漢時代は両者に共通して内包される最重要時期と見られていた。秦漢帝国、特に始皇帝とそれに続く武帝を核とする前漢時代を以後二〇〇〇年に及ぶ皇帝支配の形成と成立と捉え、この基本的性格の究明こそが中華帝国やそれを中心にその外延に形成される東アジア世界における古代を構造的に理解する上での最優先課題とされた。その反省からか九〇年代以降、後漢の国制を中国史上の「古典的国制」として積極的に評価する見解が登場し、後漢史研究が活発化しつつあるのが現状である。つまり、古代と現行東部ユーラシア世界論の結合は中国古代史や古代東アジア世界史に関する学説史の全面的無視にしか成立し得えず、その点は特に注意を要する。

(六) 現行東部ユーラシア世界論が想定する時期は古代と言えるのか

そもそも東部ユーラシアという概念を初めに規定したのは菅沼愛語[8]であり、これを六世紀末~十世紀初頭の隋唐帝国期を主たる対象として、「中華文明圏を中核とし、それと歴史的に密接なつながりを持ち、戦争や外交といった直接的な交渉を継続的に行った周辺諸国家を包含するエリア」としていて、定説同様、文明的中核地帯を設定しているし、菅沼説を支持したアジア史研究者も含めて当該時代を古代とは認識していない。

(七) 世界と世界観

世界史を構想するには、グローバル化、つまり世界の一体化が進展し、まさに世界が一つになる以前には、いくつかの地域世界が複数並立する世界観を想定する必要に迫られる。それがたとえば、地中海世界であり、東アジア世界である。そこには特定の時代的画期を想定して歴史的空間とするのであるが、そこには自ずと中心と辺境があり、時代区分はその中心を検証してなされる。言うまでもなく古代地中海世界にしても、古代文明と呼称するに足る文化が形成されたのはその中核地帯であるギリシア・ローマであり、あとは同時期にその文明の影響を受けた辺境と位置づけられる。その証拠にヨーロッパにおいて歴史教育として学習する古代はギリシア・ローマ文明であり、それ以外はその辺境世界として把握され、辺境世界であるガリアやゲルマニア固有の歴史は時代区分としては中世から始まる。よって古代地中海世界のように古代は地域世界の前に冠せられ、呼称となる。それは西嶋定生[9]の古代東アジア世界でも同様である。古代東アジア世界においては、儒教、律令、漢字、長安をモデルとした都城などを共通の文明的性格とする。しかし、鈴木は歴史的空間概念としながら、なぜか古代を殆と言ってよいほど、必ず辺境である日本の方につける。これは一方で古代が日本にしか係らないのかという憶測を呼ぶが、そうであれば東部ユーラシア世界の時代区分が知りたくなるし、もしこれが古代で無いと言うならば鈴木の提唱する歴史的空間概念の新解釈は破綻する。固有の時代的価値観を共有していないことになるからである。

（八）世界と世界史

一つ確実に言及できることは、日本古代史の一部の論者だけが東部ユーラシアという提唱者が規定した地域・時代では極めて有効なコンセプトを、その条件を殆ど考慮することなく使用しているという厳然たる事実である。これが世界観や世界史構想における安易な設定に帰結していく。このような姿勢は二〇一八年度の歴史学研究大会古代史部会報告の質疑応答でも十二分に確認できるのである。司会者の「日唐の比較をしたいのは充分に理解するが、ここは世界史を構想する歴史学研究会である。その観点からの質疑応答をお願いする」という趣旨の呼びかけに対して、一部日本史研究者から心ない言葉が相次いだ。「日唐比較がだめで、世界史的観点からでなければ質疑は受け付けないという意味が理解できない」という趣旨まであった。私は現行東部ユーラシア世界論と古代を結合させるような論者や、上記の質問者たる研究者に共通する資質として、世界観や世界史にもはや何らの思い入れも無いと考えざるを得ない。こうした研究者に世界論や世界史を安易に語って欲しくない。一定地域の様々な国の歴史の集合は万国史にしかならないのである。

小結

このような傾向は世界を理解する有効な手がかりを失うことにつながる。何でもグローバル化の下、グローバルスタンダードを強要していくのは現代における悪しき慣行と言っても良かろう。しかし、だからといって東アジアにおける古代世界の成立を何の説明もなく、従来の理解より七〇〇年も遅らせるというのは、一般教養人のみならず、歴史家同士の対話をも不可能にする暴挙である。それは学会で一部日本史研究者が日宋貿易について何らの説明も無く安易に「古代の貿易」ではと報告する際に如実に表れる。なぜサービス業が出そろい、二十四時間営業までしている開封を擁する宋が古代なのか。少なくとも交流史を専論とするならば、このような相互理解を不可能にさせる事態を招かないように留意するべきであり、世界論を提唱するならば尚更である。同時代の地中海世界においての時代区分的関係性や東アジアの中核地帯である中国の説明に破綻を来さないかなどの縦横斜めの整合性を少しでも考えて欲しい。世界史構想に日本史独自の時代区分を安易に持ち込まれては困る。もっと言えばその独自の時代区分自体が世界史を構想する際のくびきとなっている。古代の成立期を七〇〇年遅らせ、古典的国制を漢ではなく唐にするのかについて、明確に説明されない以上、已むを得ず忖度すれば、私には当該時代が日本の古代であるという極めて一国史観的御都合主義の他に要因が見出し得ない。古代東アジア世界論を「中国中心の理解」と言わば中国一国史観として却けながら、その実、それ以上のドメスティック的視点で日本一国史観が押し出されている。地域世界史を構想する際に中核地帯を基軸に時代区分を考えるのは自然であり、それ以外に方法があるとは考えられず、それについての批判は的外れである。この日本一国史観は拙著[10]で既に指摘した通り、原勝郎から皇国史観でお馴染みの平泉澄を経て、戦後の石母田正を通じて一貫して変わらない強固なそして強烈な歴史観である。そこに決定的に存在しているのは東アジアとの一体性への拒否である。このような強固な一国史観構想に基づく時代区分を援用して交流史、ましてや世界史を考察すること自体、無理があるように考えられる。第一、上記成立経緯を持つ日本史における「古代」を脱亜入欧が掲げられた近代ならともかく、現在も堅持し続けねばならぬ意義が私には理解できない。せめて交流史を考察する日本史研究者だけでも、他地域との交渉を拒否しない時代区分をもつ歴史観を設定し、それを前提に世界論を構想して欲しい。

鈴木の提唱する現行東部ユーラシア世界論にはただ交易が認められるだけで、上記姿勢は見出し得ない。そこでは固有の世界観が成立せず、それを基盤として或いは影響として形成される当該世界固有の歴史事象を見出して歴史学的考察をする学問的アプローチを不可能にさせてしまう。この世界論では検証できず、東アジア世界論ではそれが可能な歴史事象について、恰好な題材を提供するのが所謂外戚恩沢や外戚政治であろう。

二、東アジアにおける外戚

(一) 外戚とは

外戚とは言うまでもなく、母方の外族を指す語彙である。特にそれを意味する語彙が存在するのは、当該世界において単なる一族とは別に特にそれを表現する必要性が広く認識された歴史的経緯があったからにほかならず、その背景には特別な意義が込められている。一般に言語とはそういうものであり、それを一語で表現する特別な語彙が無い以上、それは既存の語彙を重ね、説明するより外に方途は無い。東アジア世界においては一般的な一族とは異なって、母型の一族を特別視せねばならぬ思想が存在して固有の歴史が展開したと予測できよう。所謂外戚の存在と外戚政治はその文脈で理解せねばならない。

東アジア世界以外においては、外戚の優遇は基本的に王妃や寵姫がいる間の一代限りが圧倒的に多い。日本の藤原氏のように特定の外戚が摂関政治が如き政権を何世代にも亘って展開したり、前漢・後漢王朝のように複数世代権力を握る外戚が次々と出現して、継続反復して外戚政治を展開することは基本的に存在しない。東アジア世界に属す中国、ベトナム、朝鮮では外戚が政権を簒奪して次の王朝を起こす例も少なくない。またその際、禅譲が行われることもあった。中国については周知の通りだが、一般に朝鮮では高麗から李氏朝鮮、ベトナムでは丁朝—前黎朝—李朝—陳朝—胡朝、黎朝から莫朝を禅譲とする。

そもそも漢語を共通言語とする東アジア世界以外では、外戚を一語で表現する語彙が無い。よってその表記は説明表現となる。例えば、英語では外戚を「Maternal relative」と表記するが、直訳すれば「母方の親戚」であり、これを外戚の翻訳語としている。

(二) 儒教と外戚

東アジア世界固有の共通思想とは中国で国教として約二〇〇〇年に及ぶ皇帝支配を内面から支えた儒教である。勿論、日本、ベトナムでは国教とはならなかったが、その影響は決して小さくなく、それぞれの地で定着して、指導者層の基本的素養として、また各々の社会における道徳や倫理確立に果たした役割は大きい。例えば二十四孝(11)の説話の普及にもその痕跡は色濃く窺うことが出来る。孝は現在の日本においては親孝行の語に代表されるように、親に尽くすことだけと一般に勘違いされているが、本来は祖先崇拝と祖霊の継承であり、これを基軸に成立したのが儒教である。葬式において喪に服したり、或いは毎年お盆に民族大移動して墓参りに行く行為もこれによる先祖供養であり、祖霊を尊ぶ宗教行為である。仏寺で行われるので仏教理念で行われていると誤解されているが、仏教では魂は涅槃に行くか、輪廻するので、祖霊はそこには存在しない。身分制社会において、地位を血縁継承できるのは、例えば父である侯爵の祖霊を継承すれば侯爵となれるし、また受命者の祖霊とは天命にほかならず、帝位継承者はこれを受けて即位できる。つまり皇帝は宗廟祭祀により天命継承ができ、その唯一の主祭者なのであり、その嫡妻である皇后(12)が助祭者となる。こうして儒教は嫡子だけが祖先の地位を継承できる巧妙な仕組みと正統性を王朝とそれが主宰する世界に提供した。ここで問題なのは助祭者たる皇帝嫡妻＝皇后の存在である。皇帝が崩ずると皇后は新皇帝により通常、孝道の一環として皇太后に尊ばれる。儒教では夫とその嫡妻は子の立場からすれば、「同尊」であり、皇帝には先帝が祭祀される宗廟と同等の尽孝が皇太后に対しても要求された。これが疑われれば「同尊」たる宗廟に対しての孝道が疑われた。そうなると祖霊継承ができていないこととなり、同時に天命継承の正統性が失われた。よって皇帝の皇太后に対する尽孝は、帝位継承にも関わる最重要事項であった。皇太后に対して「不孝」であると朝議で決せられ、王朝の合意となれば廃位が待っていた。皇帝の廃位理由が「不孝」とされるのはそういう意味である。それでは外戚のあり方は王朝にどのように位置づけられていったのであろうか。

(三) 王朝の正統観としての儒教と正史

かつて拙論[13]で功臣と恩沢の問題を論じ、以下の結論を得た。外戚への封侯は、皇太后権力によって獲得されたものではなく、外戚恩沢侯表にある通り、皇帝の外戚への恩沢で行われていて、皇帝の賜与と理解するのが妥当である。その背景にある思想は孝であり、皇太后に対しての孝道の一環である。そしてそれは、史料上では、「貴」に代表される語で表現される外戚に対する優遇の一環でなされた。優遇は大きく分けて二つ有り、一つは国政に重大な権限を与える「輔政」であり、もう一つが、封侯である。

『漢書』における宗室以外の封侯は一般に功臣表と外戚恩沢侯表に分別して記載される。そのカテゴリー分類は、『漢書』編纂時に班固によってなされたものであり、『漢書』が描く前漢時代の価値観とは相違していた可能性がある。言うまでもなく『漢書』編纂は前漢末から後漢時代の初期にかけて行われたからであり、その時代の思想的通念を背景に後漢王朝の正統論＝国教としての儒教[14]が形成された。それを踏まえれば、外戚恩沢侯表の中にも、功臣と判断して差し支えなく、寧ろ功臣表に載せるべきではないかと考えられる存在もあれば、明確に恩沢だけで封侯されたものもいる。それならば、班固の編纂姿勢は功績があったか否かではなく、外戚か一般臣下であったかどうかが何よりも優先されて、分類されたと考えるのが合理的であろう。拙論[15]で、班彪・班固父子の『漢書』編纂姿勢について考察したが、そこでは王朝の正統論に沿わなければ国史編纂は、「国史改作」とされ、断罪されるとの結論を得た。そうであるならば、ことさらに『漢書』で功臣と外戚恩沢侯表を分別するのも、この国家正統観に関わる問題と捉え、編纂されたと考えるのが道理である。

同じく前漢時代を叙述対象としている『史記』ではどうなっているのだろうか。

(四)『史記』・『漢書』における外戚

『史記』では外戚世家がおかれるものの、恩沢を与えるべき者としては叙述されていない。ただ、創業や守成において「蓋亦有外戚之助焉。」としてその助力について評価するのみである。また「外戚恩沢」と言う表記も認められず、その概念がなかったと言えよう。『史記』における封侯された者の記載は、高祖功臣侯者年表、恵景間侯者年表、建元以来侯者年表、建元以来王子年表のカテゴリーに分類され、そこでは功臣と王子という区分があるだけである。『史記』巻一九恵景間侯者年表には外戚の武安侯田蚡、周陽侯田勝をも記載するが、これは『漢書』では外戚恩沢侯表に入れられている。ここで注意すべきは、『史記』巻一九恵景間侯者年表には、「侯功」というカテゴリーがあり、功臣でなければ、列侯に封侯しないという漢初の盟が、強く意識され、前提となっていることである。しかし田蚡、田勝についてそこに記載された内容は「以孝景后同母弟」とされ、封侯した武帝からすると父である景帝の皇后＝王皇太后の一族であるからということで、これは到底、功とは言えず、その代わりに実質的事由が記述されたと理解するべきであろう。すなわち外戚だからである。しかし、その実質的理由に「外戚恩沢」と記載されていないことは更に留意するべきである。つまり、『史記』編纂時においてはまだ「外戚恩沢」により封侯するという理念が、王朝の正統観に基づき理解されて、正式な制度として確立していなかったことを意味する。『史記』の成立は諸説あるが、少なくとも「外戚恩沢」による封侯という理念は前漢武帝時代にはなお、王朝の正統思想によって正当化され、当該時代の一般認識となってはいない。それが、『漢書』編纂時には、これが確立していると言えよう。『後漢書』巻十上皇后紀明徳馬皇后の条には、

建初元年、〔帝〕欲封爵諸舅、太后不聽。明年夏、大旱、言事者以為不封外戚之故、有司因此上奏、宜依舊典。

(七六年、章帝は外戚のおじたちを封侯しようとしたが、皇太后は許可しなかった。明くる年の夏は、日照りがひどかったが、論者は、外戚に恩沢を与え封侯しなかったからであると考えていた。そこで担当官僚は、これに依拠して上奏し、「旧典」にしたがって封侯するべきであると意見した。)

とあり、後漢章帝の時代には、外戚を封侯することは「旧典」として成立していたことがわかる。『漢書』は基本的に班固が編纂しているが、八表と天文志は未完であり、和帝の時、妹の班昭と馬続によって完成されていることを踏まえれ

ば、「外戚恩沢侯」というコンセプト成立の下限は和帝時となる。それではその時期までで外戚のあり方を規定するような歴史的契機があったかを考えると、白虎観会議が正にそれである。

(五)外戚恩沢

およそ国教とは、国家や王朝を正統化する正統思想であり、支配においてはその世界観の下、所定の倫理道徳で、被支配者を規範に従わせ、一つに纏め上げていく機能を果たす。その機能が効果的なため、制定されると言って良い。一体、支配とは、一見、軍事警察権力で脅しつけた強圧的支配の方が堅固に思われるが、逆にその権力支配は容易に反感という意識を惹起させることになる。一般に支配が安定し、その秩序に疑問を抱かなくさせるには、それを当たり前だと自然に受容されるようにもっていくことこそが肝要である。通常、我々が国家権力に担保される社会秩序に対して妄りに挑戦しないのは、法律を踏まえ、その刑罰を恐れるからというよりも、もっと単純に、それを当然とする意識に自然と導かれているからである。秩序を正統化する政治思想は、それが思想的に強固であればあるほど空気のように浸透し当然となる。空気を通常意識しないように、当然となると批判することも難しくなる。かかる政治思想によって支えられた秩序は長続する。

後漢以降の中国世界では法の上位概念である礼により孝とそれに支えられた関連行動は、国教の下、なさねばならぬ行為となった。それを決定したのが白虎観会議である。それによって儒教が国教とされ、まさに孝を以て天下を治めるというイデオロギーが最終的に完成した。それは中国世界において、最も受容されやすい祖先崇拝という宗教性を持った思想を中心に展開されていたからこそ、国教として是認されたのである。どのような政治体制でもそれが文明の名に値するものである以上、認知・支持というものが必要であり、それを正統化する政治思想を必要とする。よって為政者は絶対的存在ではなく、その正統論に抵触すれば、直ちに権力を失うが、「不孝」による皇帝廃位がそれに該当する。白虎観会議では皇帝の皇太后・太皇太后に対する孝道の一環として、外戚を尊ぶべきであると決定された。この決定で、皇帝は恩沢を外戚に及ぼすべきであるという正統観が形成され、その一環で、皇帝ないし王朝の外戚待遇において封侯が定例としてコモンセンスとなって、制度化したのであろう。『後漢書』巻四十下班彪列伝下を見ると「天子が諸儒を会して『五経』を講論し、『白虎通徳論』を作って班固にその事を撰集させた」とあり、その際、班固は漢書編纂において皇帝と外戚とを恩沢によって結びつける概念表記の必要に迫られ、「外戚恩沢」が誕生し、それが八表を完成させた班昭と馬続により継承され、「外戚恩沢」による封侯を外戚恩沢侯と表記するに至ったのだろう。さらに白虎観会議の方針は渡邊義浩[16]の主張するように外戚の輔政の正統化へと展開していく。

結語

東アジア世界では祖先崇拝が共通して確認される。それを基底として外戚が優遇される文化が通念として成立した。その淵源は本稿で以下の通りと確認した。前漢初めにはその位置づけが低かった儒教が、前漢後半期にかけて徐々に存在感を増し、王莽の新を経て、後漢王朝において国教たる地位を獲得した。そこでは、儒教に基づき、外戚を皇帝支配の公的秩序世界に正しく秩序づける必要性があり、そこで「外戚恩沢」による優遇措置ができ、その一環で、封侯もされたので「外戚恩沢侯」という概念が誕生し、功臣表とは別に特に外戚恩沢侯表が誕生した。その学術的背景は『白虎通徳論』であり、『五経』を講論した白虎観会議で王朝の正統思想と公認されたものである。後漢は外戚王莽に前漢王朝が簒奪されたにも関わらず、外戚を積極的に肯定する。これには儒教の国教化と外戚王莽の扱いが、王朝正統観と密接に絡むと考えられよう。これらについては今後の課題としたい。

注

(1) 拙著「東アジアにおける古代について」(『早稲田大学高等学院研究年誌』六〇号、二〇一六年)参照。

(2) 『専修大学東アジア世界史研究センター年報』第六号(二〇一二年)参照。

(3) 菅沼愛語『七世紀後半から八世紀の東部ユーラシアの国際情勢とその推移——唐・吐蕃・突厥の外交関係を中心に』(渓水社、二〇一三年)参照。

(4) 鈴木靖民「シルクロード・東ユーラシア世界の研究と古代日本」(『史叢』第九八号、二〇一八年)。以下の鈴木論文は特に断りがなければこれを指す。

(5) 廣瀬憲雄「倭国・日本と東部ユーラシア」(『歴史学研究』八七二号、二〇一一年)参照。

(6) 九〇年代にアメリカの反進化論団体などが提唱し始め、旧約聖書からより大きく影響を受け、聖書中心主義を基盤に、一見、宗教色を払拭し、創造主を「神」ではなく「偉大なる知性」と記述し、一般社会や学校教育などにも広く受け入れられるように意図したものである。巧妙に各分野の専門家の知性を動員しているため、生半可な教養人では対抗できないほどの理論武装がなされている。そのため今では無視できない勢力となっている。

(7) その意味では「新しい歴史教科書をつくる会」において既存の学説にも欠点があることを自説における未熟の弁明としていた論者もいたが、これは完成度を度外視した極端な相対化であり、その点もよく似ている。

(8) 菅沼愛語・菅沼秀夫「七世紀後半の「唐・吐蕃戦争」と東

部ユーラシア諸国の自立への動き——新羅の朝鮮半島統一・突厥の復興・契丹の反乱・渤海の建国との関連性」(『史窓』六六号、二〇〇九年)参照。

(9) 西嶋定生には古代が中国の後につけられている『中国古代国家と東アジア世界』(東京大学出版会、一九八三年)もあるが、東アジア世界の中心は中国なので『古代東アジア世界と日本』(岩波現代文庫、二〇〇〇年)の世界観と同義であることが理解できる。

(10) 以降の本文は前掲注1論文の検証結果を略述したものであり、詳細はそれを参照されたい。

(11) ベトナムの二十四孝については佐藤トゥイウェン『ベトナムにおける「二十四孝」の研究』(東方書店、二〇一七年)参照。

(12) 皇后と皇太后に対する注記以降の文は拙著「漢代における皇太后の再検討」(『史叢』第六九号、二〇〇三年)、「前漢における皇后(皇帝嫡妻)の政治介入」(『研究紀要』第七四号、二〇〇七年)での研究成果を略述したものである。詳細は以上を参照のこと。

(13) 拙著「前漢時代における姻戚・外戚の封侯」(『史叢』第七八号、二〇〇八年)参照。

(14) これは春秋時代から存在した孔子の思想とそれを継承した儒家集団の奉じる思想とそれから派生した様々な解釈全てを包括する儒学ではなく、そこから漢王朝を正統化することを目的に王朝によって一つの矛盾無い解釈となるよう決定された正統観を言う。その意味では原イエスの思想と国教としてのアタナシウス派のキリスト教の違いと同様である。

(15) 拙著「班固の「國史改作」と『漢書』成立をめぐる問題について」(榎本淳一編『古代中国・日本における学術と支配』同成社、二〇一三年)参照。

(16) 渡邉義浩『後漢国家の支配と儒教』(雄山閣、一九九五年)参照。

附記 締め切り後、廣瀬憲雄『古代日本と東部ユーラシアの国際関係』(勉誠出版、二〇一八年)、金子修一『古代東アジア世界史論考——改訂増補 隋唐の国際秩序と東アジア』(八木書店古書出版部、二〇一九年)、渡邉義浩『漢帝国——四〇〇年の興亡』(中公新書、二〇一九年)を得た。金子の論考は当該テーマについての包括的な大著であり、やはり古代の地域世界史として共通世界観が成立した地域として「東アジア」を使用しており、至って妥当と言えよう。また渡邉の論考は私と問題意識を共有する箇所が少なくない。特に、「漢字、漢民族という表現が示すように、漢は中国を象徴する「古典」である。」とする指摘は、東アジアにおける古典古代やその当該王朝を通説通り、漢に求める象徴的な表現であり、東アジアの古代を安易に降らせようとする学説に異を唱える私見と踵を一にするものと言えよう。先学について詳細に引用できなかったことは残念であり、またその非礼をお詫びする。

[Ⅰ 中国における学術の形成と展開]

王倹の学術

洲脇武志

南斉の王倹は、『七志』(図書目録)の編者としてよく知られているが、南斉建国の功臣として、また当時を代表する学者としても重要な人物である。本稿では、彼の学術、特に礼学と彼の私邸に開かれた学士館及び彼の私邸に移設された総明観の図書との関係について検討し、それらの意義について考察する。

はじめに

王倹(字は仲宝、諡は文憲)は、当時の名門貴族である琅琊の王氏の出身で、劉宋から南斉にかけて活躍した人物である。王倹は褚淵とともに南斉の高帝(蕭道成)と武帝(蕭賾〔さく〕)の側近として、南斉の建国とその政治制度の制定に尽力したことでも知られているが、彼の業績の中では、図書目録である『七志』と『元徽四部書目』を編纂したことが特に著名であろう。

王倹は南斉建国の功臣であり、南朝を代表する図書目録である『七志』の編者ということだけでなく、南朝の政治・学術を考察する上で欠かすことの出来ない存在ではあるが、王倹自身が早くに没したこと(三十八歳で没)や南斉がわずか二十三年で滅んだこともあり、王倹に関する考察は少ない。しかし、王倹の活動は、南斉のみならず、その後の南朝や北朝の政治・学術を考える上で看過できない影響があった。そこで本稿では、まず先行研究によりながら王倹の事蹟を概観し、ついで彼の学術活動を整理して、その内容や影響につい

すわき・たけし――愛知県立大学日本文化学部准教授。専門は南北朝隋唐時代の学術。主な著書に『漢書注釈書研究』(遊学社、二〇一七年)、『中国史書入門 現代語訳 隋書』(共訳、勉誠出版、二〇一七年)などがある。

て考察していきたい。

一、王倹の事蹟

王倹に関する主な先行研究としては、王倹の伝記（『南斉書』巻二十三）の訳注である、藤井守氏「六朝文人伝――「南斉書」王倹伝」（『中国中世文学研究』第一八号、一九八四年）と狩野直禎氏「王倹伝の一考察」（川勝義雄氏・砺波護氏『中国貴族制社会の研究』京都大学人文科学研究所、一九八七年に所収）の二つがある。まずはこれらの先行研究に拠りながら王倹の事蹟について確認していきたい。

王倹の生涯

劉宋・文帝（劉義隆）の元嘉二十九（四五二）年、王倹は王僧綽の長子として誕生した。当時の王僧綽は文帝の信頼厚く、王倹も王氏の貴公子として順風満帆な生涯を送るかにみえたが、その翌年、時の皇太子である劉劭が巫蠱によって文帝を呪詛していたことが明らかになる。そこで、文帝は皇太子の廃嫡を考え、王僧綽に漢以降の廃太子の故事を調査するように命じる。王僧綽は文書を撰して提出するのだが、結局文帝は廃太子を実行できず、その文書も文帝の文書箱にしまい込まれることとなった。その後、劉劭が文帝を弑殺すると、王僧綽は一旦は重用されるものの、間もなく廃太子に関する文章が見つかり、殺害されてしまう。そのため、生まれたばかりの王倹は叔父の王僧虔に引き取られて養育されることとなる。

幼い頃の王倹は神童の誉れ高く、学問に励んで書物を手放すことがなかったという。その名声は袁粲にも伝わり、彼の推挙によって陽羨公主（明帝の女）を娶り、秘書郎として官界入りした後は、多少の曲折はあったものの、順調に出世していった。

蕭道成が台頭してくると、王倹はその才をいち早く見抜き、彼の腹心として南斉建国に尽力し、南斉成立後は尚書右僕射などを歴任して政務を取り仕切る一方、国子祭酒を兼務し、人事選考も掌るなど、高帝・武帝の二代に渉って南斉王朝の大黒柱として活躍したが、病に倒れて武帝の永明七（四八九）年に死去した。

王倹の学術活動

次に王倹の学術活動であるが、狩野氏は王倹の事業について、「a 学校」・「b 礼の制定（附刑典）」・「c 楽・刑・その他」・「d 譜学及び対南人観」の四つに分類し考察している（前掲論文の「三 王倹の事業」）。これらのうち、本稿で取り上げる学術活動に深く関わるものは、「a 学校」と「b 礼の制定（附刑典）」である。狩野氏は「a 学校」にて、「その成果は単なる知識の集積でなく、学問と経世の結びつきを思考した者であったと言えよう」と、王倹の学術活動の特徴を指摘し、南朝における学校の変遷を概観した上で、①王倹の邸宅に「学士館」が開かれるとともに、劉宋で開かれた「総明観」の図書が移設されたこと、②王倹の『孝経』に関する二つの逸話、③目録の選定の三点を挙げている。また、「b礼の制定（附刑典）」では、王倹の父である王僧綽や叔父の王僧虔が有職故実に詳しく、王倹自身も礼学に長じていたことを指摘し、①礼学に関する個人的な著作があるだけでなく、南斉王朝から五礼の制定を命じられていたこと、②五礼の編纂に際して、伏曼容・司馬憲・陸澄といった礼学に長じた人材を集めていたこと、③数多くの礼の疑義について答えたり、その誤りを正したりしていることの三点を指摘している。更に狩野氏は、王倹が梁の武帝・任昉・徐勉といった梁王朝で活躍した人物を見出したこと、梁における五礼の修定などの政策に王倹の影響が見えることを指摘している（前掲論文の「三 王倹の余光」。詳しくは後述）。

二、王倹の礼学を支えたもの

以上、主に狩野氏前掲論文に拠りながら王倹の事蹟を確認してきたが、ここで王倹の学術活動について、特に礼学を中心に、もう一歩踏み込んで考えていきたい。

まずは王倹の礼学について[(1)]、『南斉書』王倹伝に拠りながら改めて整理してみたい（傍線と丸数字・アルファベットは筆者による。以下同じ）。

> 解褐秘書郎、太子舎人、超遷秘書丞。A上表求校墳籍、依七略撰七志四十巻、上表献之、表辞甚典。又撰定元徽四部書目。母憂、服闋為司徒右長史。①晋令、公府長史著朝服、宋大明以来著朱衣。倹上言宜復旧、時議不許。倹察太祖雄異、先於領府衣裾、太祖為太尉、引為右長史、恩礼隆密、専見任用。転左長史。及太傅之授、倹所唱也。少有宰相之志、物議咸相推許。②時大典将行、倹為佐命、礼儀詔策、皆出於倹、褚淵唯為禅詔文、使倹参治之。斉台建、遷右僕射、領吏部、時年二十八。
>
> B是歳（永明三年）、省総明観、於倹宅開学士館、悉以四部書充倹家、C又詔倹以家為府。四年、以本官領吏部。③倹長礼学、諳究朝儀、毎博議、証引先儒、罕有其例。八坐丞郎、無能異者。令史諮事、賓客満席、倹応接銓序、傍無留滞。D十日一還学、監試諸生、巾巻在庭、剣衛令史儀容甚盛。

倹寡嗜慾、唯以経国為務、車服塵素、家無遺財。手筆典裁、為当時所重。④少撰古今喪服集記并文集、並行於世。

（以上は『南斉書』巻二十三王倹伝より抜粋）

王倹が礼学に長じていたことは、傍線部①「晋令に、公府の長史朝服を著るとあるも、宋の大明以来朱衣を著る。倹宜しく旧に復すべきを上言するも、時議許さず」・②「時に大典将に行はれんとするに、倹佐命を為し、礼儀詔策、皆な倹より出で、褚淵は唯だ禅詔文を為るのみにして、倹をして之を参治せしむ」・③「倹礼学に長じ、朝儀を諳究し、博議する毎に、先儒を証引し、其の例有ること罕なり。八坐丞郎、能く異とする者無し」、④「少くして古今喪服集記并びに文集を撰し、並びに世に行はる」という記述から明白であるが、このように王倹が礼学に長じ、儀礼制定に際して辣腕を振うことができた要因として、（一）「王氏の家学」・（二）「目録の編纂」（傍線部A）・（三）「学士館の開設」と「図書の移設」（傍線部B）を挙げることができよう。以下、これらの要因について見ていきたい。

「王氏の家学」(2)

王倹の父である王僧綽は、学問を好んで理知的で、朝廷の儀式や制度を熟知していた人物（『宋書』巻七十一王僧綽伝）であり、祖父の王曇首も兄弟で財産を分与する際、図書だけを取った（『宋書』巻六十三王曇首伝）という好学の士であった。また、王倹の育ての親である叔父の王僧虔は、その「誡子書」(3)から学識豊かなことが窺える。王倹は幼少時から祖父の図書に触れたり、叔父の薫陶を受けたりすることで、王氏の子弟として必要不可欠な学識・教養を身に付けていき、それが彼の礼学を支える基盤となったのであろう。

また、東晋の王導以来、代々高位高官を輩出していった王氏は、高位高官であるが故に多くの朝廷の儀礼に参加していたが、その成果を記録して子孫に伝える者もいた。

王准之、字は元曾、琅琊臨沂の人なり。高祖の彬、尚書僕射たり。曾祖の彪之、尚書令たり。祖の臨之、父の訥之、並びに御史中丞たり。彪之博聞多識にして、朝儀に練悉し、是自り家世相ひ伝へ、並びに江左の旧事を諳んじ、之を青箱に緘づ、世人之を王氏青箱学と謂ふ。

（『宋書』巻六十王准之伝）

王彪之は東晋末において、簡文帝の服喪儀礼に関する疑義の解決に主導的な役割を果たした人物で（『晋書』巻二十礼中凶礼）、曾孫の王准之も礼に明るく、その死後も彼が先述した儀注は、朝廷で尊重されていた（『宋書』巻六十王准之伝）といい、王彪之から王准之にいたるまで有職故実や礼学に長じていた。

なお、一口に「琅琊の王氏」といっても、よく知られているように、いくつかの系統に分かれており、王彪之は王導の叔父である王正の系統で、王倹は王導の系統であった。(4) そのため、王倹が王彪之の「青箱学」に接する機会が無かった可能性もあるが、王准之の従弟で同じく礼学に通じていた王逡之は、劉宋の昇明年間の末に、当時、尚書右僕射で儒学を重視していた王倹に抜擢されて、南斉の儀礼制定に参加している(『南斉書』巻五十二文学伝 王逡之)。したがって、王倹の系統に「青箱学」が伝わっていなかったとしても、この段階で王逡之を通じて王彪之以来の「青箱学」を知ったことであろう。

かかる環境のなかで王倹は、有職故実と礼学を中心とする「王氏の家学」を継承していったのである。

「目録の編纂」

礼学には「三礼」を含む経書は言うまでもなく、経史子集全般に及ぶ幅広い知識が要求される。特に儀礼の制定や儀礼に関する疑義を討議する際に、その儀礼に関連する記述が如何なる図書に記載されているかを的確に把握して、それを論者たちに明示することは、疑義の解決や制度を制定するうえで極めて重要である。王倹はこういった礼に関する議論に際して、「先儒を証引し、其の例有ること罕なり。八坐丞郎、能く異とする者無し」(前掲傍線部③)と、あまり知られていない先例を引用していた。そして、こういった先例を引用できるのも、『七志』と『元徽四部書目』という図書目録の編纂(前掲傍線部A)を通じて、図書に関する知識を身に付けた成果と言えるだろう。「王氏の家学」を身に付け、数多くの先例・故事に通暁していた王倹であるが、それらの先例・故事を提示するだけでなく、多くの図書に記載される関連記事を明示することで、数々の儀礼に関する議論を主導していったであろうことは想像に難くない。

なお、目録を編纂したことによって図書に関する知識を得たのではなく、図書に関する知識が既に豊富であったからこそ目録を編纂することができたとも考えられるが、仮にそうだとしても、目録の編纂が王倹の学術に資すること大であったことに変わりは無いであろう。

「学士館の開設」と「図書の移設」

最後に「学士館の開設」と「図書の移設」についてであるが、その前に劉宋・南斉時代の学校について確認しておきたい。

王朝が設置する学校としては、まず国学が挙げられるが、南斉時代は常設されていなかった。古勝隆一氏によれば、南斉で国学が建てられたのは、(一)建元元(四八二)年正月から夏まで、（二）永明三（四八五）年正月から文恵太子（武帝の子）の薨去（永明十一（四九三）年正月）まで、（三）建武四（四九七）年正月から、の三期である。[5] 学士館が開設されたのは永明三年なので、この時期は国学と学士館が併設されていたのである。

さて、この学士館の開設は、「是の歳、総明観を省き、倹の宅に於いて学士館を開く」（前掲傍線部B）とあるように、総明観の廃止に伴う処置であった。この総明観とは、劉宋の明帝の泰始六（四七〇）年に設置された学校で、儒玄文史の四科が置かれていた（『南史』巻二十二王倹伝）。狩野氏前掲論文によれば、劉宋のこの時期、国学は設置されていなかったので、総明観が国学の代わりとなっていたようである。なお、永明三年に総明観が廃止された理由であるが、『南史』巻二十二王倹伝には「是の歳（永明三年）、国学の既に立つるを以て、総明観を省き、倹の宅に於いて学士館を開く」とあり、国学の設置に拠るものであった。

次いで「図書の移設」について確認しておきたい。『南斉書』では単に「悉く四部の書を以て倹の家に充つ」とあるだけだが、『南史』巻二十二王倹伝には「総明の四部の書を以て之に充つ」とあり、廃止された総明観の蔵書が移設されたことが明示されている（なお、狩野氏も『南史』に拠っている）。前述の通り、総明観には儒玄文史の四科が置かれていたので、「四部の書」とは儒玄文史の図書であり、総明観の廃止によって行き場を失った図書が王倹の私邸に移設されたのであろう。

以上が「学士館の開設」と「図書移設」のあらましであるが、ここで疑問となるのは、国学を設置した上で、わざわざ王倹の私邸に学士館を開設してそこに総明観の図書を移設した理由である。この点については、永明二（四八四）年の記事が手がかりとなるであろう。

> 永明二年、太子歩兵校尉の伏曼容 表して礼楽を定めんとす。是に於いて尚書令の王倹に詔して新礼を制定せしむ。礼楽を治むるの学士及び職局を立て、旧学四人・新学六人・正書令史各一人・幹一人を置き、秘書省 能書の弟子二人を差（つか）はす。因りて前代を集め、五礼を撰治す。吉・凶・賓・軍・嘉也。 （『南斉書』巻九礼志上）

通常、学校は後進を育成するための機関であり、その点からすれば、図書の移設もそこで学ぶ「諸生」の便宜を図っての処置と考えられよう。また、王倹自身も「十日に一たび学に還り、諸生を監試す」（前掲傍線部D）と、熱心に「諸生」の教育に取り組んでいた。しかし、前年に伏曼容が上表したことによって王倹に五礼制定の命[6]が下されたことを踏まえれば、この学士館の開設と図書の移設は、教育のみならず、五礼制定のための側面もあるのではなかろうか。移設された総明観の図書は、「前代を集め」るために必要な資料であろうし、学士館で学ぶ「諸生」たちは五礼制定のための正式な人員ではないにしても、王倹や彼のもとで働く学者たちをサポートしていたと考えられる。

　やや学士館の開設と図書の移設に関する考察が長くなったが、以上を踏まえて、これらと王倹の礼学の関係について述べたい。まず、学士館の開設であるが、王倹にとっては五礼制定における「諸生」の役割と同様の効果、つまり王倹のサポートを行っていたと考えられる。繰り返しになるが、儀礼について議論をする際には、先例やその儀礼に関する文献に通暁していることが重要である。王倹自身も「礼学に長じ、朝儀を諳究」(前掲傍線部③)してはいたが、それに加えて学士館に集った「諸生」たちが、言わばシンクタンクとして王倹を支えていたのではなかろうか。また、議論において数々の先例や文献を引用する際には、王倹の私邸に置かれた総明観の図書が大きな助けとなったと考えられる。王倹ほどの人物であれば、容易に宮中のありとあらゆる図書を閲覧することができようが、気軽に閲覧できる範囲に図書を置く利便性、また王倹を支えていたであろう学士館の「諸生」たちがそれらの図書を閲覧できることを考えれば、その利益は計り知れない。

　なお、これらに関連して「又た倹に詔して家を以て府と為さしむ」(前掲傍線部C)にも注目したい。「府」には当然幕僚がいるわけであり、学士館の「諸生」たちと同様に、「府」の幕僚たちも総明観の図書を活用して王倹を支えていたと考えられる。

三、王倹の影響

　王倹がの後世へ与えた影響について、狩野氏は「a 王倹に認められた人人」・「b 梁武帝の政策と王倹」に分類して考察している(前掲論文の「三 王倹の余光」)。狩野氏は王倹に認められ、梁王朝にて活躍した人物として、梁の武帝・任昉・徐勉・鍾嶸の四人を挙げ、彼らがほぼ同年齢で王倹より十数歳年下であること、門地二品と言われるような出身でなく、むしろ後門層に属すること、才能を評価するばかりでなく彼らに相応しい地位を与えたこと、並びに王倹が徐孝嗣(7)を自身の後継者として考えていたことも指摘している。また、梁武帝の政策と王倹との関係については、学校制度・雅楽の制定・封禅の排斥・五礼の制定・梁典の編纂の五点を挙げている。

さて、これらの中で特に注目したいのは、封禅の排斥である。梁の天監年間の初め、封禅を行うよう武帝に請願する者がおり、武帝は封禅を実施しようとしたのだが、許懋が反対したために中止となった。この許懋について、狩野氏は「王倹が太子少傅を領していた時と彼れが太子歩兵校尉であったのとは重なるのではないだろうか」と王倹との関係を推測している。まずは、この許懋に注目して王倹の後世への影響について考えていきたい。

王倹と許懋の関係

まずは『梁書』巻四十 許懋伝[8]によって彼が如何なる人物かを確認したい。

> 許懋、字昭哲、高陽新城人、魏鎮北将軍允九世孫。祖珪、宋給事中、著作郎、桂陽太守。父勇慧、斉太子家令、冗従僕射。
>
> 懋少孤、性至孝、居父憂、執喪過礼。篤志好学、為州党所称。十四入太学、受毛詩、旦領師説、晩而覆講、座下聴者常数十百人、因撰風雅比興義十五巻、盛行於世。尤暁故事、称為儀注之学。起家後軍豫章王行参軍、転法曹、舉茂才、遷驃騎大将軍儀同中記室。文恵太子聞而召之、侍講于崇明殿、除太子歩兵校尉。

許懋は十四歳（劉宋の元徽五（四七七）年[9]）で太学に入って『毛詩』を学び、『毛詩』に長じたことによって、その名を知られるようになる。そしてそれに加えて「故事」や「儀注の学」にも通暁していたと記されているが、許懋は「故事」や「儀注の学」をどこで学んだのだろうか。ここで想起されるのが、王倹の私邸に開かれた学士館である。学士館にて何が教授されていたかは不明であるが、王倹が礼学に長じている点と、学士館開設の背景の一つとして五礼の制定が想定される点を踏まえれば、学士館で礼学、それも経学的なものだけに止まらず、儀礼の先例（＝故事）や儀式次第（＝儀注）も教授されていた可能性は高く、「故事」や「儀注の学」に通暁するにはうってつけの環境と言えよう。先に狩野氏は、許懋が太子歩兵校尉である時に王倹と関係したと推測していたが、許懋は学士館で学び、そこから王倹との関係が始まったとみることもできるのではなかろうか[10]。

「学士館の開設」と「図書の移設」の影響

さて、ここでやや視点を変えて、「学士館の開設」と「図書の移設」がもたらした影響について考えていきたい。先に少し触れたように、この学士館については、不明な点が多いのだが、①王倹の私邸に開かれた、②総明観の図書が移設されている、③王倹自身が「諸生を監試」していた、という三点は正史から確認できる。では、この三点から導き出せる学士館の特筆すべき点とは一体如何なるものであろうか。

それは、本来であれば一族以外に広まることの無い「王氏の家学」と、通常であれば閲覧困難である宮中の蔵書である「総明観の図書」とが、そこに集った「諸生」（及び幕僚）に共有されていた、という点である。

そもそも、六朝の学術は、吉川忠夫氏が、

陳寅恪氏の『隋唐制度淵源略論稿』第二章「礼儀」に次の文章がある。「思うに漢代の学校制度が廃頽し、博士が伝授するならわしが跡を絶って以後、学術の中心は家族に移ったが、家族は地域に規制されたものであるから、魏、晋、南北朝の学術と宗教はすべて家族と地域の両面と切り離すことができないのである」。漢代の学校制度が衰微して以後、魏晋南北朝時代においては地域社会に根を有する家族、すなわち門閥貴族や豪族が学術ならびに宗教の中核となったとの指摘である。

と陳寅恪氏を引用し、更に諸例を挙げながら、「しかしながら六朝時代を通じて、国子学にしても太学にしても、それらが教学の中心になることは絶えてなかった」、「かく学術の拠点が中央から地方に移ることは後漢時代から六朝時代にかけての趨勢であったのであり、さらにはまた地方に根を有する際立った「家族（門閥）」が学術を担う拠点ともなったのであった」[11]と述べるように、「家族」と「地方」が拠点であって、「王朝」と「中央」はその中心ではなかったのである。そして、「家族」と「地方」が拠点であるために、どちらかと言えば閉鎖的・非流動的であったと考えられる。[12]

しかしながら、王倹が活躍したこの時期は、国学と学士館が設置されて、一時的にではあるが「中央」が中心となった例外的な時期なのである。また、王倹の学士館における「監試」や五礼の制定を通じて、伝授の範囲が限定されがちな「王氏の家学」が「家族」以外にも教授されていたことは、南斉以降の礼学を考える上で看過できない点である。

そして、後世への影響という点でもっとも注目すべきは、宮中の蔵書であった「総明観の図書」が比較的容易に閲覧できるようになった点である。

宮中の図書が私邸に下賜された例はいくつかあるが、その中で最も著名なものは、前漢末の班斿の事例であろう。以下、秋山陽一郎氏と古勝隆一氏[13]に拠りながら、班斿の事例を確認していきたい。

（班）斿 博学にして俊材有り、左将軍史丹 賢良方正に挙げ、対策を以て議郎と為す。諫大夫、右曹中郎将に遷り、劉向と秘書を校す。奏事する毎に、斿 選を以て詔を受け、羣書を進読す。上 其の能を器とし、賜ふに秘書の副を以てす。(班)穉彪を生む。彪、字は叔皮、幼くして従兄の嗣と共に遊学す。家に賜書有り、内は財に足り、好古の士遠方より至りて、父の党の揚子雲以下門造らざるもの莫し。（以上、『漢書』巻一百上叙伝上）

前漢の成帝は、河平三（前二六）年、謁者の陳農に図書の収集を命じ、併せて劉向には経伝・諸子・詩賦の校定を、任宏には兵書の校定を、尹咸には数術の校定を、李柱国には方技（医学）の校定を命じた。その際、班斿は劉向と共に図書の校定にあたったのであるが、班斿は一書校定するごとに成帝にその書物について進講し、その褒美として校定した本の副本を下賜されているのである。その後、班彪（班斿の弟である班穉の子）の時代になると、班斿に下賜された副本を閲覧するために、好古の士が遠方より集まり、揚子雲（揚雄）などもこぞってやって来たという。

副本を下賜された班斿の一族やその周辺から、班彪・班固・班昭（曹大家）・楊雄といった、前漢末から後漢初期を代表する学者・文人が輩出した事実は、写本時代の学術活動における図書閲覧環境の重要性を端的に物語るものである。(14)

また、隋の牛弘の事例について、池田恭哉氏は、そのため推測に過ぎないことは重々承知の上であるが、牛弘をして明堂について多彩な書物に即した議論を可能ならしめた要因の一つに、少しずつ蓄積されていった隋朝の蔵書の存在（第一節に指摘したように、蒐書開始から一年を経た開皇四年の段階で目録も編纂されていた）を想定することも、許されるのではないか。明堂の議論の準備として、また書物に依拠した議論を重視する牛弘の意識の反映として、書籍蒐集の必要性を上奏した可能性もあり得る。

と、図書が儀礼制定にもたらした影響について述べている。(15)

このように、図書が学術に与える影響は非常に大きいものであり、「総明観の図書」もこれらに匹敵する影響を与えたと推測できる。

王倹が南斉と梁の学術に大きな影響を与えたことは、狩野氏を始めとする先学によって既に指摘されているが、個人とその著作といった個別の物だけに目を向けるのではなく、「学士館」や「総明観の図書」といった学術を取り巻く環境にも目を向けることも重要であろう。

北朝及び隋における王倹の影響

王倹が梁の武帝の政策に影響を与えたことは、既に狩野氏が指摘しているが、王倹の影響は梁だけに止まらず、北朝や隋にまで及んでいる。まず北朝における王倹の影響について検討していきたいが、ここで問題となるのが、如何なる方法・手段によって王倹の学術が北朝に伝わったかである。この問題について、陳寅恪氏は『隋唐制度淵源略論稿』「二 礼儀」（三聯書店、二〇〇一年）にて、王倹と同じ琅琊の王氏出身で北朝に亡命した王粛によって王倹の学術が北朝に伝わったと推測している。[16] 王粛は父の王奐が大逆罪で南斉の武帝に誅殺されたため、太和十七（四九三）年、北魏に亡命した。王粛は北魏の孝文帝に重用され、北魏の儀礼制度は王粛によって整備されたという（『魏書』巻六十三 王粛伝・『北史』巻四十二 王粛伝）。陳寅恪氏が指摘するように、北朝における王倹の影響を考える上で、劉宋の大明八（四六四）年に生まれ、王倹の一世代下である王粛が果たした役割は極めて重要ではあるが、ここで王粛以外の要因も指摘しておきたい。

以下に挙げる文章は、東魏の天平四（五三七）年、東魏の使者として梁に派遣された李業興と梁の武帝の側近として知られる朱异の問答の一部である。

四年、兼散騎常侍の李諧・兼吏部郎の盧元明と蕭衍に使す。衍の散騎常侍の朱异 業興に問ひて曰く、「魏の洛中の委粟山は是れ南郊なるか」と。業興曰く、「委粟は是れ円丘にして、南郊に非ず」と。异曰く、「北間 郊・丘は異所なるは、是れ鄭の義を用ふ。我が此中は王の義を用ふ」と業興曰く、「然り、洛京の郊・丘の処は専ら鄭の解を用ふ」と。异曰く、「若し然らば、女子の傍親に逆降するも亦た鄭に従ふや以てせざるや」と。業興曰く、「此の一事、亦た専ら従はず。若し卿 此間に王の義を用ふれば、禫を除くこと応に二十五月を用ふべきも、何を以て王倹の喪礼 禫は二十七月を用ふるや」と。异 遂に答へず。（『魏書』巻八十四 儒林伝 李業興）

南北朝時代における使節の交流について、堀内淳一氏は、

南北朝時代、南朝、北朝ともに、国内的には自らの国を「中華」とみなし、相手の国を「索虜」「島夷」と蔑称で呼んでいた。中華思想において、文化の優劣はそのまま「中華」と言う権威の所在と関連している。自国の文化が相手よりも優れていることを示すことは、自国の正統性を証明し、相手の正統性を大きく傷つける意味を持っていたのである。

と述べ、使節交流の場でも文化の優劣を競い合っていた具体例として、この李業興と朱异の問答を取り上げている。[17]

さて、この問答の概要であるが、両者は南朝と北朝の経学の違い、特に鄭玄の学説と王粛の学説の違いについて議論し、お互いに相手が整合性を欠いている点（ある点では鄭玄、またある点では王粛に従い、経典の解釈を鄭玄説もしくは王粛説の

どちらか一方に統一していない点）を非難し合っている。現代の我々から見れば、まったくもって不毛な議論であるのだが、ここで注目したいのは、「若し卿 此間に王の義を用ふれば、禫を除くこと應に二十五月を用ふべきも、何を以て王儉の喪禮の禫は二十七月を用ふるや」である。ここでは所謂「三年の喪」の期間が議論の俎上に上がっており、李業興は「もし貴殿がここで王粛説を採用するのであれば、（三年の喪の最後に行う）禫（の儀礼）を（王粛説を採用して）二十五ヶ月目に行うべきであるのに、どうして「王倹の喪礼」では禫（の儀礼）を（鄭玄説を採用して）二十七ヶ月目に行うのですか」と朱异に質問し、他と同じく整合性を欠いている点を非難しているのだが、ここで李業興は「鄭玄を用ひて」などと鄭玄の名前を出さずに「王倹の喪礼」と発言している。李業興が「王倹の喪礼」と言った理由、そして「王倹の喪礼」とは具体的には何を指すのであろうか。

この問題を検討する上で手がかりとなるのが、王倹に『古今喪服集記』なる著書があることである（前掲傍線部④）。『南斉書』及び『南史』の王倹伝には、王倹の著書として、『七志』・『元徽四部書目』・『古今喪服集記』・『文集』があることが記載されているが、『隋書』経籍志・『旧唐書』経籍志・『新唐書』芸文志には、この四書以外に以下の著作が記録されている。

【王倹の著作】

尚書音義四巻（【旧】【新】）
春秋公羊音二巻（【旧】【新】）
喪服図一巻（【隋】）
礼論要鈔十巻（【隋】）
礼答問三巻（【隋】）
礼儀問答十巻（【旧】）
礼儀答問十巻（【旧】【新】）
礼雑答問十巻【新】
弔答儀十巻（【隋】【旧】【新】）
吉書儀二巻（【隋】【新】）
百家集譜十巻（【隋】【旧】【新】）

（【隋】は『隋書』経籍志、【旧】は『旧唐書』経籍志、【新】は『新唐書』芸文志に著録）

一見してわかるとおり、礼学、それも「三礼」の注釈書ではなく、礼の実用に関する著作が多数著録されている。この点と王倹伝にある「少くして古今喪服集記并びに文集を撰し、並びに世に行はる」という記述を踏まえれば、李業興の言う「王倹の喪礼」とは、王倹の喪礼に関する著作、恐らくは『古今喪服集記』を指していると推測できる。そしてここから、王倹の礼学はその著書によっても北朝に影響を与えていたと考えられよう。

なお、広く流布していたと言われる、王倹の『古今喪服集記』であるが、王逡之によって早い段階から異議が唱えられていた。『南斉書』巻五十二文学伝 王逡之には、「初め、倹古今喪服集記を撰するに、逡之 倹の十一条を難じ、更に世行五巻を撰す」とあり、王逡之は『古今喪服集記』に収録されている王倹の所説十一を難じて、それを書籍としてまとめたのである。この王逡之の著作は、『隋書』経籍志などに著録されている。

喪服世行要記十巻 斉光禄大夫王逡撰。（『隋書』経籍志）

王逡之注 喪服五代行要記十巻（『旧唐書』経籍志）

喪服五代行要記十巻 王逡之志。（『新唐書』芸文志）

また、これは陳の事例ではあるが、陳の沈洙の上奏文に「唯だ王倹『古今集記』のみ「心制は二十七月を終ゆ」と云ひ、又た王逡の難ずる所と為る」（『隋書』巻八 礼儀志三 喪葬）との一文が見えることから、王逡之の『世行』も広く流布していたようである。王倹の礼学が彼の著作である『古今喪服集記』によって流布していたことは言うまでもないが、王逡之の『世行』がそれに一役買っていた可能性も見過ごすことは出来ないだろう。

続けて、隋における王倹の影響についてみていきたい。開皇の初め、高祖 典礼を定めんと思ふ。太常卿の牛弘奏して曰く、「聖教 陵替して、国章 残欠し、漢・晋を法と為し、俗に随ひ時に因るも、未だ経国庇人して、弘風施化するに足らず。且つ礼を制し楽を作るは、事 元首に帰するも、江南の王倹、偏隅の一臣にして、儀注を私撰し、古法に違ふこと多し。就廬は東階の位に非ずして、凶門は豈に設重の礼ならんや。両蕭累代、国を挙げて遵行す。後魏及び斉、風牛本隔、殊に尋究せず、遥かに相ひ祖を師とし、故に山東の人、浸するに成俗を以てす。西魏 已に降るも、師旅 遑あらざれば、賓嘉の礼、尽く未だ詳定せず。今 休明啟運し、憲章 伊に始まれば、前経に拠りて、茲の俗弊を革むるを請ふ」と。詔して曰く、「可なり」と。弘 因りて学者を徴するを奏し、儀礼百巻を撰す。悉く東斉の儀注を用ひて以て準と為し、亦た微かに王倹の礼を採る。（『隋書』巻八 礼儀志三 喪葬）

以上は、隋の牛弘が五礼の制定を請願した上奏文とその結果を記した箇所である。この牛弘の上奏文において王倹は、「偏隅の一臣」でありながら「儀注を私撰し」、その上「古法に違ふこと多し」と手厳しく批判されている。しかし、この厳しい批判は王倹の礼学の影響力が隋に至っても残っていることの証左であり、ここで編纂された儀礼は、「東斉（北斉）の儀注」を主としながらも、僅かではあるが「王倹の礼」を採用している。王倹の学術は、彼の没後百年ほど経過していても、影響力を保ち続けたのである。

おわりに

以上、王倹の学術について、従来看過されてきた「学士館の開設」及び「総明観の図書の移設」に着目し、それらと王倹の学術、特に礼学との関係を中心に検討してきた。その結果、「学士館の開設」及び「総明観の図書の移設」の背景の一つに五礼の制定があること、「学士館の開設」及び「総明観の図書の移設」が王倹の礼学を支える要素の一つであること、そして「学士館」や「総明観の図書」という学術を取り巻く「環境」が、王倹の礼学のみならず、当時の学術に多大な影響を与えていた可能性を指摘することができた。学術に関する研究は、個人とその著作が最も重要な研究対象であることは言うまでもないが、学術を取り巻く環境にも十分に注意を払う必要があるだろう。

なお、本稿では王倹の学術の概略について触れるのみで、『南斉書』礼志や『通典』に残されている王倹の儀礼関係記事についてはほとんど触れなかった。今後はこれらの記事を精査し、王倹の経学史・儀礼史的な位置付けを行っていくことが、王倹の学術、ひいては南北朝隋唐時代の学術を解明していく上で必要となるだろう。これらの問題については今後の課題としたい。

注

（1）王倹の礼学のうち、祭祀礼制と明道祭祀については、南沢良彦氏『中国明堂思想研究 王朝をささえるコスモロジー』（岩波書店、二〇一八年）の第四章「南朝斉梁陳時代 中華意識と柔軟性」の第一節「南斉時代」にまとめられている。

（2）「家学」については、吉川忠夫氏「六朝時代における家学とその周辺」（小南一郎氏編『学問のかたち――もう一つの中国思想史』汲古書院、二〇一四年に所収）を参照。

（3）安田二郎氏「王僧虔「誡子書」攷」（同氏『六朝政治史の研究』京都大学出版会、二〇〇三年に所収）を参照。

（4）琅邪王氏の系図については、堂薗淑子氏・大平幸代氏「魏晋南北朝四氏世系表（下）――琅邪王氏・蘭陵蕭氏」（『六朝学術学会報』第六集、二〇〇五年）を参照した。

（5）古勝隆一氏「南斉の国学と釈奠」（同氏『中国中古の学術』研文出版、二〇〇六年に所収）を参照。また狩野氏前掲論文は、劉宋・南斉時代の学校について概観し、更に国学設置に関して王倹から何らかの働きかけがあったと推測している。

（6）ただ、伏曼容の上表によって始まった五礼の制定は未完に終わる。

伏尋所定五礼、起斉永明三年。太子歩兵校尉伏曼容表求制一代礼楽、于時参議置新旧学士十人、止修五礼、諮稟衛将軍丹

陽尹王倹。学士亦分住郡中、製作歴年、猶未克就。及文憲薨殂、遺文散逸。（『梁書』巻二十五 徐勉伝）

（7）ただし、徐孝嗣は梁王朝成立前の永元元（四九九）年に誅殺されてしまう。

（8）『南史』巻六十にも許懋の伝がある。

（9）許懋は梁の中大通四（五三二）年に六十九歳で亡くなっているので、劉宋の大明六（四六二）年の生まれとなる（『梁書』巻四十 許懋伝）。なお、元徽五年の七月に昇明に改元している。

（10）なお、許懋の子孫たち——許亨・許善心・許敬宗は代々礼学によってその名を知られるようになる。推測の域を出るものではないが、許懋が王倹のもとで礼学を学んだことがそのきっかけだとすれば、許氏は王倹の影響によって礼学を家学とするようになったと言えよう。

（11）以上、吉川氏前掲論文。

（12）なお、吉川氏前掲論文は、徐氏の医学の例などを挙げながら、「家学の秘匿的で閉鎖的な点ばかりを強調するならば物事の本質を見失うことになるであろう」と述べる。

（13）秋山陽一郎氏『劉向戦国策の文献学的研究 二劉校書研究序説』（朋友書店、二〇一八年）及び古勝隆一氏『目録学の誕生 劉向が生んだ書物文化』（京大人文研東方学叢書6、臨川書店、二〇一九年）。

（14）また、秋山氏前掲書は「桓譚は、揚雄や劉歆とも親交のあった人物だが、彼が劉氏録略や新定本を閲覧していたことはどうやら確実なようだ。また、やや降って後漢の王充（二七～九一）も班氏家蔵の劉向新定本の副本を借閲した可能性が高い」と、同じく後漢を代表する知識人である桓譚・王充も副本を閲覧していたと指摘する。

（15）池田恭哉氏「隋朝における牛弘の位置」（『中国思想史研究』第四〇号、二〇一九年）

（16）王粛については、堀内淳一氏『北朝社会における南朝文化の受容 外交使節と亡命者の影響』（東方書店、二〇一八年）の第四章「府佐属領からみた北魏の亡命貴族」を参照。

（17）堀内氏前掲書の「第一章 南北朝間の使節よりみた「文化」の多様性」を参照。

附記 王倹の先行研究については、榎本あゆち先生よりご教示を得た。御礼申し上げます。

魏収『魏書』の時代認識

梶山智史

かじやま・さとし――明治大学文学部兼任講師、専修大学経済学部非常勤講師。専門は魏晋南北朝史。主な論文に「北魏における墓誌銘の出現」（『駿台史学』第一五七号、二〇一六年）、「北朝の墓誌文化」（窪添慶文編『魏晋南北朝史のいま（アジア遊学二一三号）』勉誠出版、二〇一七年）、「覇史の系譜――五胡十六国史料における継承と再編」（『唐代史研究』第二二号、二〇一九年）などがある。

北魏に関する紀伝体史である魏収『魏書』の特色の一つとして、北魏と同時代の南北中国に興亡した五胡十六国・東晋・南朝の歴史を列伝の部分に収録する点が挙げられる。そこには複数の王朝が並立して正統を争う時代状況下において、北朝人が東晋・南朝に対して抱いていた強い対抗意識、およびそれに基づく独特な時代認識が反映されていた。

はじめに――劉知幾の批判から

北斉の史官である魏収（ぎしゅう）（五〇六～五七二）が撰述した『魏書』一三〇巻は、鮮卑族の拓跋部によって創建された王朝である北魏に関する紀伝体断代史である。魏収は五五一年に文宣帝より魏史編纂の詔を受け、五五四年に完成させた。この書は今でこそ中国の正史である「二十四史」の一つに列せられているが、完成当初よりその記載内容をめぐって、私情を差し挟み、権力に媚びていて、公平性を欠いているという批判が噴出し、「穢史」の汚名を着せられた。このため三度にわたって改訂を余儀なくされたが、それでも抗議の声は止まなかった。魏収の没後にはその墓が発（あば）かれ、遺骨が外に棄てられたという。『魏書』に対する当時の人々の怨みがいかに激しいものであったかがうかがわれる。(1)

後世においてもこの書はとかく悪評がつきまといがちであった。その中でも唐の劉知幾（りゅうちき）（六六一～七二一）はこの書を最も厳しく批判した史家の一人である。彼はその著書『史通』の中で魏収『魏書』をことあるごとに槍玉に挙げている。

その批判は多岐にわたり細部にまで及ぶのであるが、その中の一つに『魏書』の断限に対する批判がある。「断限」とは「時代の区切りを決める」という意味であり、つまりは史書の叙述対象とする時代の区分のことである。『史通』内篇巻四・断限篇には次の記述がある（なお引用史料は和訳したものを掲げる。また史料の内容を理解しやすくするために適宜括弧をして語を補う。以下同）。

五胡が天子の位について政治を行うようになってから、天下の人々は居住地をそれぞれ異にした。江南地方の王朝（東晋・南朝）は帝王の暦を受け継いで、北方の北魏をはじめとする胡族の建てた国々を正統とは認めず、その史書には氐や羌の列伝を設け、索虜伝が置かれた。北魏はもともと雑種の民から出たものであるが、太武帝は勝手に自ら太平真君と号した。そこでその史書『魏書』の叙述は、北魏の朝廷に肩入れして前出の史書を凌ごうと思い、南は東晋を包括し、北は諸々の割拠政権を含み、彼らを群盗になぞらえて、列伝の中にすべて入れ込んだ。しかし、東晋の元帝や明帝の時代は、中原の地では秦（氐族苻氏の前秦）と趙（匈奴族劉氏の前趙と羯族石氏の後趙）にあたる時代であり、北魏の元氏はそれらの王朝に跪いてひれ伏し、地に額づき敬礼して仕えており、賎しい臣下の身分に他ならなかった。ところが、『魏書』ではかえって彼らを列伝の中に置いているのは、厚顔無恥も甚だしい。さらに（前涼の）張氏や（成漢の）李氏はそれぞれ涼や蜀の地に割拠したが、それらを北魏との関係でみてみると、年代的には重ならず、地理的にもまるで参星と商星のようにかけ離れている。どうして彼らを北魏に関係づけて、みだりに『魏書』に収載しているのであろうか。(2)

魏収『魏書』の巻九五〜九九には五胡十六国および東晋・宋・斉・梁の君主の列伝が立てられている。本来、紀伝体史における列伝とは、王朝に仕えた臣下の伝記や、その王朝と同時代に存在した周辺の異民族・諸勢力に関する記録を収めるところである。にもかかわらず、『魏書』巻九五〜九九では北魏と年代的にも地理的にも全く関係のない国々や、君臣関係が逆の国々まですべて収めている。劉知幾が非難し、疑問を投げかけているのはこの点である。その指摘には確かに首肯すべきところがある。なぜ『魏書』に五胡十六国・東晋・南朝の歴史が収録されたのか。本稿ではこの問題について考えてみたい。

一、『魏書』の魏史観

『魏書』の断限

『魏書』に五胡十六国・東晋・南朝の歴史が収録された原因について究明するためには、まず『魏書』の魏史に対する認識を明らかにしておく必要がある。

そもそも、『魏書』ではどこからどこまでを魏の歴史の範囲としているのであろうか。『魏書』の断限ついては、歴代君主の年代記である本紀の構成からうかがうことができる。『魏書』の本紀の構成は以下の通りである（なお、括弧内は各紀の君主の廟号・諡号等と姓名である）。

巻一……序紀（①成皇帝拓跋毛②節皇帝拓跋貸③荘皇帝拓跋観④明皇帝拓跋楼⑤安皇帝拓跋越⑥宣皇帝拓跋推寅⑦景皇帝拓跋利⑧元皇帝拓跋俟⑨和皇帝拓跋肆⑩定皇帝拓跋機⑪僖皇帝拓跋蓋⑫威皇帝拓跋儈⑬献皇帝拓跋隣⑭聖武皇帝拓跋詰汾⑮始祖神元皇帝拓跋力微⑯文皇帝拓跋沙漠汗⑰章皇帝拓跋悉鹿⑱平皇帝拓跋綽⑲思皇帝拓跋弗⑳昭皇帝拓跋禄官㉑桓皇帝拓跋猗㐌㉒穆皇帝拓跋猗盧㉓平文皇帝拓跋鬱律㉔恵皇帝拓跋賀傉㉕煬皇帝拓跋紇那㉖烈皇帝拓跋翳槐㉗昭成皇帝拓跋什翼犍）

巻二……太祖紀（太祖道武皇帝拓跋珪）

巻三……太宗紀（太宗明元皇帝拓跋嗣）

巻四上…世祖紀上（世祖太武皇帝拓跋燾）

巻四下…世祖紀下（世祖太武皇帝拓跋燾）

巻五……高宗紀（高宗文成皇帝拓跋濬）

巻六……顕祖紀（顕祖献文皇帝拓跋弘）

巻七上…高祖紀上（高祖孝文皇帝拓跋宏）

巻七下…高祖紀下（高祖孝文皇帝元宏）

巻八……世宗紀（世宗宣武皇帝元恪）

巻九……粛宗紀（粛宗孝明皇帝元詡）

巻一〇…孝荘紀（孝荘皇帝元子攸）

巻一一…廃出三帝紀（①前廃帝広陵王元恭②後廃帝安定王元朗③出帝平陽王元脩）

巻一二…孝静紀（孝静皇帝元善見）

『魏書』の本紀は全部で一二巻からなるが、このうち下限についてははっきりしている。本紀の最後である巻一二は、北魏の東西分裂後に東魏の皇帝となった孝静帝が立てられていることから、下限は東魏の滅亡（五五〇年）であることがわかる。これは魏収の仕えた北斉が東魏から禅譲を受けて建てられた王朝であるため、東魏を正統とする立場をとっているのである。

一方、上限についてははっきりしない。一般に、北魏は三八六年に道武帝拓跋珪によって建国されたと考えられている。国号を「魏」と定め、中国的な皇帝制度を導入したのも道武帝の時代である。しかし『魏書』では、道武帝の本紀を巻一ではなく巻二に置く。代わりに巻一には序紀なるものを設けており、そこでは北魏建国に至るまでの鮮卑拓跋部の発展史を記す。この序紀という篇目は『史記』や『漢書』などの『魏書』以前に成立した紀伝体史には存在せず、魏収が新たに考案したものである。これはどのような位置づけなのだろうか。「序」の字義からすれば、それは「魏史の正式な内容に入る前の序章」のようにもみえる。しかしその内容を子細にみると、必ずしもそうとばかりいえない。

序紀には二十七名にのぼる鮮卑拓跋部の歴代君長が列挙される。ただし、このうち初代の拓跋毛から第十四代の拓跋詰汾までは具体的な事跡がほとんど書かれていない。一方、第一五代の拓跋力微以降の君長については、年代を追って具体的な歴史事件が列挙される本来の本紀の体裁をとっている。拓跋力微とは三世紀前半から後半にかけて五十八年の長きにわたり拓跋部を率いた君長である。後に道武帝から「始祖・神元皇帝」の廟号・諡号を追尊されており、『魏書』でも「始祖」と呼称されている。なお『魏書』の列伝部分をみると、拓跋力微の皇后竇氏をはじめ、道武帝以前の拓跋部君長六名の皇后の列伝が収められている。また臣下の列伝中には、道武帝以前の拓跋部君長に仕えた人物も立伝されている。となると、道武帝以前の拓跋部君長の時代のうち、拓跋力微以降の時代に関しては本紀と列伝という紀伝体史の体裁と内容が備わっていることになる。

無論、道武帝の時代が魏史における画期であること、そして道武帝以降の時代が魏史の中心をなす部分であることは、『魏書』の全体の構成をみれば明らかである。道武帝以前の時代の記事は全体からみればわずかにすぎない。ただし少ないとはいっても本紀と列伝の体裁と内容が備わっていることを勘案すれば、それも魏史の範囲内に位置づけられていたとみるべきである。要するに、『魏書』では実質的に神元帝拓跋力微を起点とし、そこから孝静帝元善見までの時代をひとつながりの「魏」と認識していたと考えられる。

そのように考えて大過ないとすれば、劉知幾の言う、なぜ北魏と年代的に重ならない王朝まで『魏書』の列伝に含めているのか、という疑問が解決する。魏の起点を道武帝とすると年代的に重ならない王朝もあるが、魏の起点を神元帝とすれば、魏史の上限は三世紀まで遡ることになるので、すべてが「魏」と同時代に存在した王朝になる。つまり、『魏書』

では神元帝から孝静帝に至る「魏」の同時代王朝として五胡十六国・東晋・南朝を収録したと考えられるのである。

『魏書』序紀の拓跋氏起源神話の意味

ところで、『魏書』序紀の冒頭には鮮卑拓跋氏の起源神話が記される。それは『魏書』の魏史観を象徴的に示すものである。以下にその記事を掲げる。

その昔、黄帝には二十五人の子供がいた。その中には中国内地に配属される者もいれば、中国から遠く離れた未開の地域に配属される者もいた。（黄帝の子の一人である）昌意の末子は北方の辺境地域に領地を分け与えられた。その国には大鮮卑山があったので、そこから鮮卑と号するようになった。その後、子孫は代々君長に任じられ、幽都以北の、広大な原野を統治した。家畜を引き連れて移動生活を行い、狩猟を生業とした。その風俗習慣は質朴で、簡明を旨としていた。文字はなく、木に模様を刻んで約束を記すのみであった。世の中の様々な出来事は人々が互いに口伝しており、それは史官の記録のようであった。黄帝は土徳をもって王を名乗った。北方の習俗では土のことを「托」といい、君王のことを「跋」といったので、「托跋」を姓とした。その後裔である始均は（伝説上の聖天子である）堯の時代に入朝して仕官した。始均は（旱魃の神である）女魃を弱水の北に追い払った。民衆はその勤勉さを頼りにしたので、（堯の後継者である）舜は彼を褒めたたえ、田祖（農業の神）に命じた。夏・殷・周の三代を経て秦・漢の時代に及ぶまで、獯鬻・獫狁・山戎・匈奴の類は代々凶悪で、中国に危害を加えていた。一方、始均の子孫は南の中国とは交流しなかった。このため、中国の書物に記載がないのである。それから六十七代を経て、成皇帝諱毛（拓跋毛）が即位した。

この起源神話は大きく分けて二つの部分からなり、前半は黄帝の子の一人である昌意の末子とその子孫に関する話、後半は黄帝の後裔の始均とその子孫に関する話である。元々この二つは北魏時代に別々に作られた話であり、それらを魏収が混合したもののようである(3)。ここで肝心なのは、拓跋氏の起源を中国の伝説上の帝王である黄帝に結びつけている点である。すなわち、黄帝の子孫がはるか北方の辺境地域に住み着き、やがて鮮卑の托跋（拓跋）氏となった、というのがこの神話の主旨である。拓跋氏が中華の始祖たる黄帝の後裔であるという主張、それは言い換えれば鮮卑拓跋氏は先祖をたどると漢族と同根の兄弟であるという主張であるが、これは拓跋氏の北魏による中国支配を正統化するための演出であった。そもそも、拓跋氏は本来中華世界にあっては夷狄と見なされていた鮮卑族である。このため拓跋氏が創建した北魏が中国を支配するにあたっては、その支配に正統性を付加する必要があった。魏収はこの神話によって、拓跋氏の中華世界における血縁的正統性を示し、北魏を中華の正統王朝の系譜に組み込むことを企図したのである。

また先に本紀の構成のところで掲げたように、『魏書』序紀では二十七名の拓跋部君長についてすべて皇帝号を付して呼称している。しかし、これらの君長は生前に皇帝号を称して活動していたわけではない。北魏では三九八年に道武帝が皇帝に即位した際に、大々的に祖先に対して皇帝号の追贈を行った。序紀の拓跋部君長の表記はこの道武帝の措置を反映したものであるが、これもまた北魏を中国王朝として描くための演出の一環である。なお、拓跋部の君長は実際には「可汗（可寒）」という騎馬遊牧民族の君主を意味する称号を用いていたとされるが、(4)『魏書』ではそのことについて一切言及されていない。魏収は『魏書』において拓跋氏が本来持っていた鮮卑族的な側面を意図的に排除し、拓跋氏を「中国にルーツを持つ、由緒正しい家柄」に仕立て上げるという叙述姿勢をとっていた。

二、『魏書』の五胡十六国・東晋・南朝史に対する認識

前章では、神元帝から孝静帝に至る「魏」を中国の正統王朝として描くという『魏書』の基本的な叙述姿勢を明らかにした。このことをふまえて、本章では『魏書』の五胡十六国・東晋・南朝史に対する認識について考えてみたい。まずは『魏書』巻九五～九九の立伝者を以下に示そう（なお便宜上、各立伝者の後ろに括弧をしてその王朝名を付す）。

『魏書』巻九五～九九の構成

巻九五……匈奴劉聰伝（漢・前趙）、羯胡石勒伝（後趙）、鉄弗劉虎伝（夏）、徒何慕容廆伝（前燕・西燕・後燕・南燕）、臨渭氐苻健伝（前秦）、羌姚萇伝（後秦）、略陽氐呂光伝（後涼）

巻九六……僭晋司馬叡伝（東晋）、賨李雄伝（成漢）

巻九七……島夷桓玄伝（楚）、海夷馮跋伝（北燕）、島夷劉裕伝（劉宋）

巻九八……島夷蕭道成伝（蕭斉）、島夷蕭衍伝（蕭梁）

巻九九……私署涼州牧張寔伝（前涼）、鮮卑乞伏国仁伝（西秦）、鮮卑禿髪烏孤伝（南涼）、私署涼王李暠伝（西涼）、盧水胡沮渠蒙遜伝（北涼）

ここに挙げられている立伝者は各王朝の創業者・建国者である。実際には立伝者の記録だけでなく、その後継者たちも附伝されている。この五巻の中に、四世紀初から六世紀前半の南北中国に興亡した二十を越える王朝の記録がまとめられている。この篇目で特徴的なのは、君主の名前にそれぞれ言葉が付されている点である。五胡諸民族の君主には「匈奴」、「羯胡」、「鉄弗」、「徒何」、「臨渭氐」、「羌」、「盧水胡」など各々の民族名が付される。東晋の君主については「僭晋」という語が付される。「僭」とは「分を越えてその地位にいる」という意味であり、一地方に割拠した政権のことを指す言葉である。南朝の君主についてはいずれも「島夷」という語が付される。「島夷」とは『尚書』禹貢を典拠とする言葉で、「海島の野蛮人」の意味である。このほか、五胡十六国の中の漢人王朝である前涼と西涼の君主については「官職を勝手に称した」という意味の「私署」という語が付される。また、もとは漢人であるが鮮卑化していたとされる北燕の君主には、「辺境の異民族」を意味する「海夷」の語が付される。以上のように、これらの言葉は各王朝を非正統王朝として扱うという表明である。

『魏書』巻九五の序文

『魏書』巻九五の冒頭には、魏収が五胡十六国・東晋・南朝君主の列伝を設けた趣旨を説明した序文がある。これは巻九五〜九九の意図を探る恰好の史料である。序文では冒頭に『礼記』曽子問の「天に二日無く、土に二王無し（天に太陽が一つしかないように、地上には君主は二人いるべきではない）」という言葉が引用される。ついで、西晋滅亡以降の中国の混乱状況について次のように述べる。

> 晋（西晋）の時代は長く続かず、騒乱が起こると、異民族が群がって飛びまわり、凶悪な者たちが争い合った。内憂は（西晋皇室の）親族によって起こされ、外患は（西晋の）諸王と結託した。（漢の）劉淵がひとたび反旗の声を挙げると、（後趙の）石勒がその流れを引き継ぎ、二人の皇帝（西晋の懐帝と愍帝）は殺され、二つの都（洛陽と長安）は壊滅した。徒何（慕容氏の諸燕）は頻りに争いを起こし、氐族（前秦）と羌族（後秦）は相次いで歯向かい、夷楚（東晋・南朝）は江淮地方で騒ぎ立て、胡虜（北涼など）は瓜州・涼州で跋扈した。山や河に囲まれた険要の地に勢力を張る者もいれば、遼海の一地方に割拠する者もいた。それぞれが天命に応じて民を統治していると言い、（国家権力の象徴である）図籍と九鼎を受け継いでいると主張した。ある者は戦い合って駆除し合い、ある者は凶暴で服従せず、我ら（北魏）の斧鉞を待ってい

た。

ここでも各王朝を民族名や蔑称で呼んでおり、北魏からみた正統観念と華夷観念が投影されている。特に「我ら（北魏）の斧鉞を待っていた」という記述からは、各王朝のことを中国王朝たる北魏によって討伐されるべき存在と捉えていたことがうかがえる。

つづいて魏収は、北魏の道武帝の中原進出、太武帝の華北統一、孝文帝の対外的な功績について美辞を連ねて長々と褒め称える。さらには北魏末の動乱状況、高歓の出現、侯景の乱と梁の武帝の死にまで言い及ぶ。そして最後に次のように述べる。

この二百年余りの間には、身分をわきまえず君主の位を盗んだ者が多かった。天の運行や人間界の事柄が最終的に落ち着くところがあるのは、あたかも数多の星が北斗星と北極星の周りをめぐり、多くの川が大海に注ぐのと同じである。ここでは、そうした分を越えて君主の位を騙（かた）った者たちをまとめて我が国の史書に組み入れ、後世の好事家に悪党どもの一部始終を知らしめることにする。

すなわち『魏書』の巻九五～九九の目的は、西晋の滅亡から東魏に至る二百年余りの間に出現した数多くの「身分をわきまえず君主の位を盗んだ者」たちの過ちや悪事を、後世に伝えることであった。魏収は十六国・東晋・南朝を一括して非正統王朝と位置づけ、徹底的に貶めようと意図していたことがわかる。

『魏書』巻九五～九九の評語

そうした考え方はまた、『魏書』巻九五～九九の各巻末に附された「史臣曰」で始まる魏収の評語にも反映されている。以下に各巻の評語を掲げよう。

○史臣曰く、夷狄が恭順ではなく、中国に危害を加えるのは、帝王の時代で未だ無かったことはない。（漢の）劉淵らは帝王の名号を盗み、残忍で反乱を起こし、西晋の神器（皇帝位のしるし）を汚し辱め、民衆に害を及ぼした。動乱が大きく多くなり、ついにこれほどまで酷い状況になってしまった。世の中には恨みが重なり、災いが満ちあふれ、盗賊たちの巣窟をひっくり返した。天は徳の高い人物（ここでは北魏の拓跋氏を指す）の出現を待ち望んでいたであろう。（『魏書』巻九五）

○史臣曰く、（東晋の）司馬叡は江南地方に逃げ隠れると、大将の名号を盗んだものの、君主としての実態は無く、天空にも身をかがめ、大地にも抜き足差し足し、あらゆることを疑って恐れおののいていた。これを（成漢の）李雄と照らし合わせてみると、どちらも片田舎のコソ泥にすぎず、(三国呉の暴君である)孫皓にも及ばない。

(『魏書』巻九六)

○史臣曰く、(楚の)桓玄は専横を振るい、(北燕の)馮跋と(劉宋の)劉裕は猖獗した。邪悪を極め混迷を極めて、天下の笑いものとなった。これが夷や楚の本性であろう。

(『魏書』巻九七)

○史臣曰く、(南朝斉と梁の)二つの蕭氏がぬかるみの中で争っているのは、蝸牛角上の戦い(つまらない争いの喩え)と同じである。片方(斉王朝)はわずか三紀(三六年間)ほどしか存続せず、もう片方(梁の武帝蕭衍)は碌な死に方をしなかった。長江のほとりで皇帝号を僭称し、自らを王者になぞらえたのは、これまでの歴史で聞いたことがない。その昔、(春秋時代の)越王の句践は呉に貢物(美女の西施)を贈って生きながらえ、呉王の夫差は越と覇権を争って後に敗れたが、(斉と梁の)二盗賊を呉・越と比較すると、さらに愚かといえるのではないか。

(『魏書』巻九八)

○史臣曰く、その昔、周王朝の徳が衰えると、諸侯の七雄が対峙して中国を分割し、虎視眈々と王の位をうかがった。ここに至り、(前涼の)張寔らは辺境地域に居住しており、そこは戦火にまみれた廃墟であった。彼らは戦争を繰り返して梟のように勢い盛んとなり、ひそかに帝位への野心を懐いていた。まことに身の程知らずも甚だしい。ヘビやマムシのような者どもはお互いに咬みつき合い、最後には皆捕らえられて滅んだ。もっともなことである。

(『魏書』巻九九)

以上のように、『魏書』の五胡十六国・東晋・南朝に対する評語は侮辱と罵倒の言葉で満ち溢れている。また、巻九六の評語では「長江のほとりで皇帝号を僭称し、自らを王者になぞらえたのは、これまでの歴史で聞いたことがない。」とも述べ、当時の地理概念からいって江南地方は未開の地であり、そこを根拠地とする東晋・南朝は歴史的にみても正統王朝たりえないことを訴えている。それは裏を返せば、洛陽・長安を含む黄河中下流域をおさえている北魏こそが正統王朝であると主張していることになろう。

三、『魏書』五胡十六国・東晋・南朝君主伝の背景

『宋書』索虜伝と『南斉書』魏虜伝

魏収が『魏書』に五胡十六国・東晋・南朝君主の列伝を立てたのは、それらを非正統王朝として貶めるためであった。ただし、その前提には南朝側の動きがあったと思われる。そ

れは『宋書』と『南斉書』に北魏に関する列伝が立てられたことである。『宋書』一〇〇巻は梁の沈約（四四一～五一三）が編纂した劉宋に関する紀伝体史であり、四八八年に本紀と列伝の部分が完成し、六世紀初めに志の部分が完成した。その巻九五に索虜伝という篇目で北魏史が収められる。「索虜」とは「索のように編んだ髪型（＝辮髪）をしている虜」という意味であり、北魏を夷狄として侮辱する呼称である。一方、『南斉書』六〇巻は梁の蕭子顕（四八七～五三七）が編纂した蕭斉に関する紀伝体史であり、天監年間（五〇二～五一九）に完成した。その巻五七に魏虜伝という篇目で北魏史が収められる。「魏虜」もまた北魏の蔑称である。このように、五世紀後半～六世紀初めに南朝で編纂された史書には、北魏を非正統王朝として貶めるための列伝が設けられていた。ちなみに二書のうち『宋書』は成立後すぐに華北に伝わっており、北魏～北斉の知識人の間で広く読まれていたほか、東魏の孝静帝が読んでいたこともわかっている(5)。『宋書』の索虜伝を見た北朝人が怒りを覚えたであろうことは想像に難くない。

なお『宋書』索虜伝に関しては、劉知幾『史通』外篇巻一七・雑説中篇に次のような記事がある。

> また崔浩は夷狄の君主を戴く北魏に諂って仕え、偽って邪説をでっちあげ、拓跋氏の祖先は前漢の李陵の子孫であると言っている。当時の北魏の人々はこの話を排斥したので、彼の作った説は世に流行しなかった。おそらく、崔浩の作った国書を盗んで江南地方の南朝に渡った者がいた。沈約は『宋書』の索虜伝を撰述した際、崔浩の記述をそのまま伝えたのである(6)。

ここにいう崔浩（三八一～四五〇）とは北魏前期の漢人宰相で、太武帝の華北統一に大きく貢献した人物である。名門貴族の「清河の崔氏（清河郡を本籍とする崔氏）」の出身で幅広い学問に通暁していた彼は、太武帝から北魏の国史編纂を任され、『国記』を完成させた。しかしその内容が正しくないとの非難が巻き起こり、激怒した太武帝により崔浩は親族もろとも誅殺されてしまう。有名な北魏の国史事件である。上掲の記事によれば、その崔浩『国記』がひそかに南朝にもたらされ、沈約がこれに基づき『宋書』索虜伝に拓跋氏の祖先が前漢の李陵の子孫であると書いたという。そこで『宋書』巻九五・索虜伝をみると、確かに「索頭虜、姓託跋氏、其先漢将李陵後也。」とある。また『南斉書』巻五七・魏虜伝にはやや詳しく次のように記される。

> 隆昌元年（四九四）、……是の歳、（拓跋）宏が洛陽に遷都して、姓を元氏に改めた。その昔、匈奴の托跋という名の女性が前漢の李陵に嫁いだ。胡族の習慣では母親の

名前を姓とするため、虜（拓跋氏）は李陵の後裔になった。しかし虜はこのことを忌み嫌っていたので、（拓跋氏が）李陵の後裔であると言う者がいると、ただちに殺害された。そしてこの時になって姓を改めたのである。

崔浩の『国記』では拓跋氏の起源について、匈奴に降った前漢の武将である李陵と匈奴人女性の托跋との間にできた混血の子孫であるという話を載せていた。これは先述した『魏書』序紀の拓跋氏を黄帝の末裔とする説とは全く異なるものである。北魏ではこの李陵子孫説を口にする者はただちに殺されるほどのタブーになっていた。沈約はそのような北魏では否定され破棄された内容を含む崔浩『国記』にあえて依拠して、『宋書』索虜伝を執筆したことになる。(7) このことは北朝人の怒りを余計に煽るものであっただろう。以上のような事情をふまえると、魏収が『魏書』に五胡十六国・東晋・南朝君主の列伝を立てたのは、『宋書』索虜伝や『南斉書』魏虜伝に対する対抗措置の意味合いがあったと考えられる。

『十六国春秋』への批判

そうした北朝人の南朝に対する怒りが垣間見える逸話がある。それは『十六国春秋』に対する批判である。『十六国春秋』とは北魏の崔鴻（四七八～五二五）によって五二二年頃に編纂された五胡十六国に関する歴史書である。崔鴻もまた「清河の崔氏」の出身であり、北魏後期に国史編纂を担当した崔光の甥にあたる。(8) 崔鴻自身も起居注や国史の編纂に参与した史官であったが、一方で彼は若い頃から北魏成立以前の華北に興亡した諸国の歴史に興味を持ち、前趙・後趙・前燕・前秦・後燕・後秦・南燕・夏・前涼・成漢・後涼・西秦・南涼・西涼・北涼・北燕の十六国の歴史を一貫した体裁のもとにまとめた史書を私撰した。これが『十六国春秋』一〇二巻である。「五胡十六国」という今日一般的な時代認識はこの書がもとになっている。

しかし、『十六国春秋』は北魏においては必ずしも人々を納得させるものではなく、むしろ批判される可能性を内包していた。このため崔鴻はその公表を憚っており、宣武帝から見せるように命令されても献上しなかったという。『魏書』巻六七・崔鴻伝にはこう記される。

> 崔鴻は先祖が二代にわたって江南の王朝（劉宋）に仕えたために、『十六国春秋』には僭晋（東晋）・劉宋・蕭斉・蕭梁を収録しなかった。また、このことを識者に指弾されるのを恐れて、『十六国春秋』を公表しなかった。世宗（宣武帝）は崔鴻がその書を撰述していることを聞いて、散騎常侍の趙邕を遣わし、崔鴻に詔を下して、「聞くところによると、そなたは（五胡十六国の）諸史を

撰述していて、その内容はよくまとまっているとのこと。ついては、出来上がったものから献上せよ。私は政務の合間にそれを読もうと思う。」と命じた。しかし崔鴻は『十六国春秋』が我が国の初期の歴史と関連していて、叙述について正しい形から外れているところが多く、しかもまだ完成していなかったため、結局献上しなかった。

ここで注目すべきは、『十六国春秋』に東晋・南朝の記録を収録していないことが問題視されていることである。このことは、北魏において五胡十六国・東晋・南朝の歴史は一括して記述されるべきだという認識が一般的であったことを物語る。結局『十六国春秋』は崔鴻の没後、永安年間（五二八～五三〇）に息子の崔混（崔子元）によって朝廷に献上されたが、そうすると果たしてこの書は批判を浴びることになる。『北史』巻四四・崔肇師伝にはそれを示す次のような記載がある。

斉の文襄帝（高澄）はかつて「崔肇師を誅殺すべきだ。」と言った。側近の者たちがその理由を聞いたところ、文襄帝は「崔鴻『十六国春秋』は諸々の僭偽（非正統王朝）のことを記述したが、江東の諸王朝（東晋・劉宋・蕭斉・蕭梁）のことを記さなかったからだ。」と答えた。側近たちは「しかし、崔肇師は崔鴻とは別系統の一族であります。」と言った。そこで崔肇師を誅殺するのを止めた。

この史料から、東魏時代には東晋・南朝は五胡十六国と一括して「僭偽」として貶めるべきだという歴史認識が行われていたこと、『十六国春秋』に東晋・南朝が含まれていないことが、撰者崔鴻の親族を誅殺せよとの話が出るほどの罪過とみなされていたことが判明する。高澄は東魏の権臣高歓の長子であり、首都の鄴にて傀儡皇帝の孝静帝を監視し、朝政を取り仕切る立場にあった人物である。したがって、この発言は高澄の個人的な見解にとどまらず、当時の北朝人の一般的な時代認識を代弁したものとみてよいであろう。この逸話からは北朝人の『十六国春秋』に対する憤りだけでなく、東晋・南朝に対する強い対抗意識と怒りを読み取ることができる。ちなみにいえば、五四四年にその高澄の推挙によって魏の国史編纂を担当する修国史の職に任じられた者こそ、ほかならぬ魏収であった。

おわりに——再び劉知幾の批判から

劉知幾『史通』内篇巻四・称謂篇には『魏書』に対する次のような批判が載る。

○元氏の北魏は北方から興起し、その君長は一部族の酋長にすぎなかった。しかし道武帝は先祖に追尊して帝号を加えること二八名に及んだ。このようなことは開闢以来無かったことである。ところが、『魏書』の序紀では、その空虚な帝号をそのまま踏襲して記し、生前は「帝」と言い、亡くなれば「崩」と言っている。これは猿に冠をつけさせ、腐った鼠の死体を立派な璞と称するのと何ら変わるところがないではないか。

○そもそも昔からの史書をあまねく見てみると、名称の付け方はいつも同じでなく、実情によって付けられるのであり、もとより一定の基準というものがあるわけではない。……思うに、以上のように史家が名称を用いるのは、その時代に合致したものを取りあげたからで、昔の称謂の例に従ったからではない。後世の史家は特にこの点を好んでおり、時として新しい称謂を採用して篇目としている。例えば、王隠『晋書』の十士伝や寒儁伝、あるいは沈約『宋書』の二凶傳や索虜伝がそれである。ただし魏収だけは遠く古を師と仰がないだけでなく、近くは時俗にも寄りかからず、自ら創作して、古典の例に則らなかった。彼が『魏書』を撰述すると、平陽王の拓跋脩を「出帝」とし、晋の司馬氏を「僭晋」とし、桓玄・劉裕以下の建てた南朝の国々を「島夷」と呼んだ。いったい、魏収の『魏書』は北斉に諂った態度を示し、関中を根拠地とした北周を不当に扱い、北魏に味方して、長江流域に拠点を置いた晋や宋をひどく貶め、愛情が直截に心情から出て、判断も筆のおもむくままに任せている状態で、その言葉は全く正しいものとはいえず、その称謂もただ人々を驚かすだけである。(9)

前者は『魏書』序紀で拓跋部君長を皇帝と呼称していることに対する批判、後者は東晋・南朝の君主を「僭晋」や「島夷」と呼称していることに対する批判である。しかし、これらの批判は魏収の立場に対する理解が足りないと言わざるをえない。魏収の立場からすれば、序紀にしろ、東晋南朝君主伝にしろ、そのように書くしかなかったように思われる。

そもそも『魏書』は私撰ではなく官撰の史書であった。(10)魏史編纂の詔を下した文宣帝は、魏収に対して「よく直筆せよ。私は魏の太武帝が史官を誅殺したようなことはしない。」(『北史』巻五六・魏収伝)と激励している。「直筆」とは事実をありのままに書くという意味であるが、とはいえ何でも自由に書いてよいということではないだろう。もし北魏を夷狄として描いたならば、それこそ崔浩のように誅殺されたに違いない。皇帝の発言であることを考慮すれば、これはあくまでも皇帝・政府の意向の範囲内でしっかりと直筆せよ、という意味であるとみるべきである。

文宣帝とその政府が魏収の『魏書』に求めたものとは、北魏を中国の正統王朝として位置づけることであっただろう。当時の中国では北斉・北周・梁の三国が鼎立して正統を争っていた。かかる時代状況の中、東魏から禅譲を受けた北斉としては自己の正統性を主張するためにも、前任者の魏（北魏・東魏）を中国の正統王朝に位置づける歴史書を作る必要があった。[11] 拓跋氏は中国では夷狄とみなされていた鮮卑族の出身である上、北魏は禅譲によらずに創建された王朝であったため、[12] そのままでは中国を支配する正統性を欠いていた。したがって、魏に正統性を付加することは急務であったはずである。

つまり、魏収『魏書』の目的は皇帝・政府の意を体して魏を中国の正統王朝として描くことにあった。その『魏書』において五胡十六国・東晋・南朝君主伝は、魏の正統性を根拠づける上で欠かすことのできない部分であったのである。ところで、上掲の二つの記事、それから冒頭に引用した記事もそうであるが、劉知幾の『魏書』批判の根底には拓跋氏を夷狄とみなす考え方があり、そしてその夷狄たる拓跋氏が建てた北魏を中国王朝に仕立て上げた魏収の筆法に対する憤りがうかがわれる。しかし、もし劉知幾が魏収の立場であったとしたら、それでも北魏を夷狄として描いたであろうか。

魏晋南北朝時代の北中国には、少数民族の「五胡」が漢族と共存し、中国文化を学び取り、国家を形成するという未曽有の局面が出来した。その中で史書編纂に従事した漢族の歴史家たちは少数民族王朝における歴史認識と歴史書写の難しさに直面し、苦悩しつつ努力を重ねた。魏収『魏書』がそうした努力の結実であることは確かである。

注

（1）ただし『魏書』「穢史」説については反論も多い。清代の『四庫全書総目提要』が『魏書』を擁護するほか、岡崎文夫「魏収穢史」（『文化』第一巻第五号、一九三四年）、周一良「魏収之史学」（『魏晋南北朝史論集』北京大学出版社、一九九七年所収。初出は一九三五年）、孫同勛「「穢史」辯誣」（『拓跋氏的漢化及其他：北魏史論文集』稲郷出版社、二〇〇五年所収。初出は一九六一年）、瞿林東「説『魏書』非「穢史」」（『江漢論壇』一九八五年第五期）など「穢史」説に反駁する研究が多く出ている。

（2）和訳には西脇常記訳注『史通内篇』（東海大学出版会、一九八九年）を参照した。

（3）園田俊介「北魏・東西魏時代における鮮卑拓跋氏（元氏）の祖先伝説とその形成」（『史滴』二七、二〇〇五年）参照。

（4）例えば、『資治通鑑』巻七七・魏紀九には拓跋毛を「可汗毛」、拓跋推寅を「可汗推寅」、拓跋隣を「可汗隣」とする事例があり、同巻八〇・晋紀二には拓跋力微を「力微可汗」とする事例がある。また一九八〇年に内蒙古自治区の嘎仙洞で発見された北魏の太平真君四年（四四三）の紀年を持つ鮮卑石室祝文には「可寒」・「可敦」の称号が見えており、北魏でも可汗（可寒）号が用いられていた可能性がある。町田隆吉「北魏太平真君四年拓跋燾石刻祝文をめぐって――「可寒」・「可敦」の称号を中心として」（『アジア諸民族における社会と文化：岡本敬二先生退官記念論集』国書刊行会、一九八四年）参照。

（5）吉川忠夫「島夷と索虜のあいだ――典籍の流伝を中心とした南北朝文化交流史」（『東方学報』京都第七二冊、二〇〇〇年）参照。

（6）和訳には西脇常記編訳注『史通外篇』（東海大学出版会、二〇〇二年）を参照した。

（7）前掲注3園田論文参照。

（8）崔鴻は清河崔氏でも崔浩とは別系統であり、東清河鄃県を本貫とした。崔鴻一族の歴史的動向と『十六国春秋』編纂については、拙稿「北朝における東清河崔氏――崔鴻『十六国春秋』編纂の背景に関する一考察」（『史林』第九六巻第六号、二〇一三年）参照。

（9）以上二つの史料の和訳には西脇常記訳注『史通内篇』（東海大学出版会、一九八九年）を参照した。

（10）『魏書』の編纂をめぐっては、表向きは官撰であるが実態としては魏収の私撰であったと説明されることも多い。しかし、張莉「『魏書』編撰性質考論」（『晋陽学刊』二〇〇六年第一期）が改めて強調するように、この書はやはり官撰書であったとみるべきである。

（11）佐川英治「東魏北斉革命と『魏書』の編纂」（『東洋史研究』第六四巻第一号、二〇〇五年）は、魏斉革命は北魏の鮮卑的側面をそぎ落とし、孝文帝の漢化政策の側面を継承して、文宣帝を純然たる漢人君主と位置づけようとするものであり、その一環として『魏書』が編纂されたとする。

（12）このため北魏孝文帝の時代には国家の徳運問題、すなわち自王朝がどの王朝の徳を受け継いでいるかという問題が議論となった。結果的に孝文帝は北魏を金徳の王朝である西晋を受け継いだ水徳の王朝であると定めた。これについては川本芳昭「五胡十六国・北朝時代における「正統」王朝について」（『魏晋南北朝時代の民族問題』汲古書院、一九九八年所収。初出は一九九七年）参照。

［I　中国における学術の形成と展開］

『帝王略論』と唐初の政治状況

会田大輔

あいだ・だいすけ――明治大学兼任講師、国士舘大学・京都造形芸術大学・山梨大学・東洋大学非常勤講師。専門は南北朝隋唐史。主な論文に「北周天元皇帝考」（『東方學』一三一、二〇一六年）、「北周武帝の華北統一」（窪添慶文編『魏晋南北朝史のいま』勉誠出版、二〇一七年）、「唐の太宗は『帝王略論』を読んだのか」（『明大アジア史論集』二三、二〇一九年）などがある。

虞世南撰『帝王略論』は、唐の貞観元年（六二七）頃に成立した中国通史であり、正史の描く南北朝時代像を相対化し得る史書である。しかし、『帝王略論』は太宗の勅命で編纂されており、唐初の政治状況が『帝王略論』の叙述に影響を与えた可能性がある。そこで本稿では玄武門の変や唐初の仏教政策に着目し、『帝王略論』と唐初の政治状況の関係について検討する。

はじめに

『帝王略論』は、唐初の武徳九年（六二六）八月から貞観元年（六二七）の間に太宗李世民の命を受けた虞世南によって編纂された中国通史である。[1] 三皇五帝から隋文帝までの明君・暗君の事績を「略」で簡潔にまとめた後、公子と先生の問答形式（「論」）で批評している。巻一は三皇五帝・夏・殷・周・秦、巻二は前漢・新・後漢、巻三は三国・両晋、巻四は南朝、巻五は北朝の各皇帝である。このうち巻四・巻五には、南北朝隋唐時代に編纂された正史（『宋書』・『南斉書』・『魏書』・『周書』・『北斉書』・『隋書』・『梁書』・『陳書』）に見えない記事や、正史と異なる皇帝評価が存在している。

魏晋南北朝時代を研究する際には、史料的制約から正史を用いざるを得ない。しかし、正史の叙述には、王朝の正統化や高官・撰者の父祖の顕彰、あるいは同時代批判のための様々な作為が加えられており、史料批判が欠かせない。[2] その際、正史と異なる叙述が存在する『帝王略論』は、正史の描く南北朝時代像を相対化し得る貴重な史料なのである。

ただし、『帝王略論』も太宗の命令で編纂されており、正史と同様の問題を抱えている可能性がある。そこで本稿では、唐初の政治状況が『帝王略論』の叙述にどのような影響を与えたのか検討していきたい。

一、玄武門の変と『帝王略論』

(一)『帝王略論』の編纂経緯

まず、『帝王略論』の編纂経緯を確認しておきたい。(3) 唐の太宗李世民(生没年五九九～六四九、在位六二六～六四九)は、唐の初代皇帝の高祖李淵(在位六一八～六二六)の次男である。李世民は、武徳九年(六二六)六月に玄武門の変を起こし、兄の皇太子李建成と弟の李元吉を殺害し、八月に父の李淵を退位させて皇帝に即位した。それから程なくして、政務の間に歴史を学ぶため、虞世南に簡便な史書編纂を命じたのである。

虞世南は、南朝陳の出身で、隋滅亡後、李世民の幕僚・文学館学士となって文翰起草を担当した。玄武門の変後に李世民が皇太子となると、虞世南は太子中舎人(従五品上)となり、李世民即位後、著作郎(従五品上)兼弘文館学士・秘書少監(従四品上)・秘書監(従三品)を歴任し、貞観十二年(六三八)に八十一歳で没した。

太宗は不正な手段によって即位したため、諫言を聞き入れる名君を演出する必要があり、その努力を重ねていた。そこで太宗に史書編纂を命じられた虞世南は、通史という形をとりながら、皇帝の事跡・評価に特化し、鑑戒の意を強く込めた『帝王略論』を短期間で編纂し、貞観元年(六二七)頃に完成させたのである。なお、『帝王略論』のうち、皇帝の事績をまとめた「略」は、当時評価の高かった史書や国史の記事を切り貼りして編纂されており、利用した史書の中には既に散佚してしまったものも含まれている。(4)

(二)周公旦と管叔・蔡叔

『帝王略論』は、玄武門の変から程なくして、もともと李世民の幕僚であった虞世南によって編纂された。そのため、玄武門の変の正当化を図る記事が存在する。

『帝王略論』巻一成王略には、(5) 周の武王の弟で、武王没後に摂政となって甥の成王を補佐した周公旦が、殷の紂王の子である武庚を擁立して反乱を起こした管叔・蔡叔を処罰し、天下が定まったことが記されている。

これを受けて成王論では、周公旦の行為の是非をめぐる議論が展開する。まず公子は、舜が自分の殺害を図った弟の象を許したのに対して、なぜ周公旦は兄弟である管叔・蔡叔の罪を許さなかったのかと質問している。これに対して先生は、象は舜が庶民の時に殺害を図ったのであり、一身の災いにすぎないとする。そのうえで、

先生曰く「……管蔡乱を為すが如きに至りては、則ち謀りて社稷を危うくす。周公の戮を行うは、豈に身の為ならんや。蓋し以て率土の命を救いて、宗周の祀を存す。「大義親を滅す」とは、斯れ此を之謂うなり。是を以て『春秋』云わく「管蔡戮せられて、周公王を右す」・「夫れ豈に愛せざらんや、王室の故なり」」と。

と述べ、管叔・蔡叔は反乱を起こして王朝に危害を加えようとしたのであり、周公旦が彼等を処刑・放逐したのは、一身のためではなく、周王朝を保つためであったとする。そして、「大義滅親」・「管蔡爲戮、周公右王」・「夫豈不愛、王室故也」と立て続けに『春秋左氏伝』を引用し(6)、王朝のために敢えて肉親を誅さなければならなかったことを強調して周公旦の行為を正当化している。

既に李錦繡氏が指摘しているように(7)、この議論は明らかに玄武門の変と関係している。すなわち虞世南は、成王略と論で周公旦は王朝存続のために兄弟を処罰せざるをえなかったことを強調し、暗に周公旦と李世民の行為を重ね合わせ、李世民も唐朝のために私情を犠牲にしたのであるとして、玄武門の変を正当化したのである。

実際、太宗も後に自身を周公旦に喩えて玄武門の変を正当化している。貞観十四年（六四〇）に房玄齢らに命じて、国史をもとにした『高祖実録』・『今上（太宗）実録』を編纂させた太宗は、玄武門の変についてぼやかして書かれているのを見て、

太宗、六月四日の事を見るに、語、微文多し。乃ち玄齢に謂いて曰く「昔、周公、管蔡を誅して周室安し。季友、叔牙を鴆して魯国寧し。朕の為す所は、義、此の類に同じ。蓋し社稷を安んじ万人を利する所以なるのみ。史官筆を執るに、何ぞ隠す有るを煩わさん。宜しく即ち改めて浮詞を削り、其の事を直書すべし」と。

（『貞観政要』巻七文史）

と述べている。すなわち太宗は、自身の行為を国家安寧のために兄を殺害した周公旦や春秋魯の季友と同じであるとしたうえで、修史事業に介入し、王朝存続のために兄弟をやむなく殺したという太宗の歴史認識に合わせて書き直すよう命じたのである(8)。これを受けて貞観十七年（六四三）七月に実録が完成すると、太宗は皇太子・諸王に下賜しただけでなく、京官三品以上で望む者には書写を許可し、太宗の描く歴史像の浸透を図っている(9)。

（三）『帝王略論』と『晋書』の武帝像

『帝王略論』には、ほかにも玄武門の変との関連が疑われる箇所がある。それは巻三晋武帝論である。ここでは晋の武帝司馬炎（在位二六五〜二九〇）について、

> 武帝呉を平らぐるの後、政事を怠たり、邪佞に蔽惑し、内寵に留心し、……此の国風を以て、之を庸子に傳え、遂に墳土未だ乾かずして、四海鼎沸せしめ、衣冠殄滅し、県宇星分せしむ。

と述べ、呉を滅ぼして天下統一を果たした後、政治を怠るようになり、佞臣にまどわされ、女色にふけったとする。そして凡庸な皇太子司馬衷（恵帝：在位二九〇〜三〇六）に跡を継がせた結果、反乱（八王の乱や永嘉の乱）が相継ぎ、西晋が崩壊したとする。なお、『帝王略論』巻三の略部分は散佚しており、晋武帝略の内容を確認することはできない。

『帝王略論』よりも後の貞観二十二年（六四八）に完成した『晋書』巻三武帝紀にも、

> 呉を平らぐるの後、天下乂安し、遂に政術を怠り、遊宴に耽り、后党を寵愛す。

とあり、『帝王略論』と似た文言がみえる。また、『晋書』は各所で暗愚な皇太子（恵帝）を廃さなかった武帝を批判している。

『帝王略論』・『晋書』ともに、天下統一後に政治を怠り、暗愚な皇太子を廃位しなかったため、晋が短期間で滅んだとする武帝像を描いていた。しかし、既に安田二郎氏が指摘しているように、『晋書』の武帝像には唐代のバイアスがかかっており、武帝の実像とは懸隔がある。安田二郎氏は、『晋書』の武帝像について、皇太子が暗愚だった場合、王朝の衰退をさけるために、優秀な人物と替えてもよいという論理が内包されているとし、武徳九年（六二六）の玄武門の変および貞観十七年（六四三）の皇太子の交替（李承乾を廃して李治を皇太子とした）を正当化するために描き出されたものとする。[10]

安田氏の見解を踏まえると、『晋書』よりも前に編纂された『帝王略論』晋武帝論も、玄武門の変の正当化を図った可能性が考えられる。また、貞観二十二年（六四八）に完成した『晋書』は、唐代以前に編纂された複数の晋史をもとに作成されたが、現存史料からは『晋書』の武帝像が唐代以前の史書に由来するか不明である。『帝王略論』が『晋書』の武帝像に影響を与えた可能性もあろう。

二、献文帝と李淵の譲位

(一)『帝王略論』の献文帝論

南朝系官僚である虞世南が撰した『帝王略論』は、北朝の皇帝に対して全体的に厳しい評価を下しているが[11]、例外的に北魏の献文帝拓跋弘（在位四六五～四七一）は高く評価している。献文帝は、十八歳で息子の拓跋宏（孝文帝：在位四七一～四九九）に譲位し、太上皇帝を称した人物である。

巻五の北魏献文帝論では、献文帝の譲位をめぐって問答が展開する。公子が献文帝は子に禅譲したが、その意義はどうだろうかと質問すると、先生は

> 鴻名大宝、三五の君すら、尚お茲に歩驟す。献文は情を九県に忘れ、屣を万機に脱ぎ、位を嗣子に伝え、克く鴻業を昌んにし、汾水に窅然とす。亦た美しからずや。

と述べている。天子の名と位に三皇五帝ですら勤め励んだが、献文帝は飄々と帝位を子に譲り、見事に帝業を栄えさせたとし、四人の賢者に感化されて汾水において天下の政治を忘れてしまったとされる堯（「窅然汾水」[12]）を引き合いにだして称賛している。なお、『帝王略論』巻五の略部分は散佚しているため、献文帝略の内容をみることはできない。

堯は子ではなく、有徳者である舜に禅譲したのであり、献文帝の譲位と性質が異なっている。それにもかかわらず、なぜ虞世南は、献文帝の譲位を堯に喩えてまで称賛したのだろうか。ここにも唐初の政治状況が関係していると考えられる。

(二)李淵の譲位と『帝王略論』

武徳九年（六二六）六月に玄武門の変を起こして皇太子となった李世民は、同年八月に父の高祖李淵を退位させて太上皇とし、譲位の形をとって皇帝に即位した。これ以前に息子に譲位した人物としては、北魏の献文帝・北斉の武成帝高湛・北斉の後主高緯・北周の宣帝宇文贇などがあげられる。このうち北斉の武成帝と後主は譲位後に太上皇帝を称し、北周の宣帝は天元皇帝を称しているが、いずれも王朝滅亡を招いた皇帝として評価が低く[13]、譲位の前例としてふさわしくない。

一方、北魏の献文帝は、譲位の五年後（四七六年）に二十三歳の若さで没してしまったが、譲位された孝文帝が中国化政策を推進したため、北斉で編纂された『魏書』の中で高く評価されている。そこで虞世南は、李淵の譲位を正当化するために、有能な息子（孝文帝）に譲位したとみなされていた献文帝を称賛したものと考えられる[14]。

ただし、献文帝が譲位後に太上皇帝を称し、依然として実権を握っていたのに対し、太上皇となった李淵は、一切の権

限を失い、貞観九年（六三五）に七十歳で没した。太上皇とは、漢の劉邦が皇帝即位後に父に贈ったことで知られるように、皇帝から尊崇されるものの国政には関与しないことを示す称号である。李淵以前に退位後に太上皇となった事例には、大叔父の趙王司馬倫に譲位させられた西晋の恵帝と、恭帝楊侑（煬帝の孫）を擁立した李淵に一方的に太上皇を贈られた煬帝があげられる。[15] どちらも自発的な譲位ではないうえに、最終的に王朝滅亡を招いており、前例としてふさわしくない。そこで虞世南は、献文帝と李淵の譲位後の称号や状況が異なっているにもかかわらず、子に譲位したという共通点をもって献文帝を称賛したのである。

三、唐初の仏教抑制政策と『帝王略論』

（一）『帝王略論』の梁武帝論

ここまで、『帝王略論』と唐初の政治状況の関係について検討してきた。その結果、『帝王略論』は李世民の権力掌握の正当化を図っていた。やはり『帝王略論』も同時代の政治状況に影響されているのである。しかし、『帝王略論』には、唐初の政策に対する批判的見解も窺える。それは梁武帝論と北周武帝論である。『帝王略論』巻四梁武帝から見てみよう。

梁の武帝蕭衍（在位五〇二～五四九）は、仏教を厚く信仰したことで知られている。寺院を建立し、仏典編纂に関与し、さらには菩薩戒を受けて「皇帝菩薩」を称したほか、宗廟祭祀の血食の廃止や寺院の奴となる捨身なども行っている。[16] しかし、『帝王略論』巻四梁武帝略は、武帝の出自・南斉における官歴・梁の建国・侯景の乱・武帝のひととなりを叙述するものの、仏教については「篤く正法を信じ……宗廟も亦た血食を断つ」と記すのみである。にもかかわらず、梁武帝論では、武帝の崇仏と梁の滅亡について議論している。

まず公子は、梁の武帝は文武の道を有し、仏教も信仰していたのに、不幸な最期を迎えたのはなぜか、と質問している。これに対して先生は、仏教（六波羅蜜）と儒教（仁義礼智信）に違いはないとした上で、仏教の修行を完璧にできるものは無く、幸いが訪れるとは限らない、だからといって修行・善行をせずに、悪行を行ってもよいというわけではない、と回答している。さらに公子が君主と庶民の修行は異なるかと尋ねると、

> 先生曰く「人君は、尊高の地に居り、生殺の権を知り、勢は風雲より疾く、力は山岳を摧く。其の威徳大なるかな、其の運行遠なるかな。修道の法、宜しく弘済を以て懐と為し、仁恕もて体と為すべし。……若し乃ち沢 行葦に被らず、化 海外に霑せざれば、区区たる一分の善、

亦た取ること無し」と。

と述べている。すなわち、君主は地位が高くて多くの権力を持っており、個人的修行よりも救済・慈悲こそが大事であるとしたうえで、その恩沢・教化が不十分であれば、ちっぽけな善行など意味が無いとする。このように虞世南は、仏教自体が梁の滅亡の原因ではなく、武帝の統治姿勢こそが問題であったとしているのである。

（二）唐初の仏教抑制政策

虞世南が梁の武帝を批判しつつ、仏教自体を擁護した背景には、唐初における廃仏の危機があげられる。唐は老子を始祖とし、道教を重視していたため、たびたび廃仏の議論が巻き起こった。例えば武徳四年（六二一）には道士の傅奕によって廃仏論が奏上され、武徳七年（六二四）・九年（六二六）にも廃仏が朝廷で議論されている。武徳九年（六二六）四月には、仏教・道教ともに長安では仏寺三所・道観二所、諸州では仏寺・道観それぞれ一か所のみとする命令が下された。六月に李世民による玄武門の変が発生した結果、命令は撤回された[17]ものの、仏教をめぐる環境が厳しいことに変わりなかった。

虞世南は仏教信者であり、武徳四年（六二一）に僧侶の法琳が廃仏論を批判する『破邪論』を執筆した際には序を撰している。仏教を厚く信仰しながら国を滅ぼしてしまった梁の武帝は、仏教を信仰する虞世南にとって都合の悪い事例[18]であった。そのため虞世南は、梁武帝略では敢えて武帝の崇仏事業にほとんど言及せず、崇仏皇帝としての印象を薄く見せかけた上で、論において仏教擁護の議論を展開したのである。

なお、太宗は提出された『帝王略論』を実際に読み、その影響をある程度受けているが[19]、仏教信仰については『帝王略論』の見解を採用していない。『貞観政要』巻六慎所好二一によれば、貞観二年（六二八）に太宗は侍臣に対して、庶民は君主の好むところに従うと述べ、その事例として梁の武帝に言及している。

> 梁の武帝父子の如きに至りては、志は浮華を尚び、惟だ釈老の教を崇ぶ。武帝末年、乃ち頻りに同泰寺に幸し、親ら仏経を講じ、百寮は皆大冠高履、車に乗りて扈従し、終日苦空を談説し、未だ嘗て軍国典章を以て意と為さず。侯景兵を率いて闕に向うに及び、尚書郎已下、多く馬に乗るを解せず。狼狽して歩走し、死する者道路に相継ぐ。武帝及び簡文卒に侯景に幽逼せられて死せり。……此の事も亦た鑒戒と為すに足る。朕が今好む所の者は、惟だ堯舜の道・周孔の教に在り。

太宗は、梁の武帝父子が華美を尊び、晩年には仏教に傾倒し、軍事・国政に心をかけなかったため、侯景の乱を招き、死ぬ羽目に陥ったとする。そして、これを鑑戒として、太宗自身は堯舜の道と周公旦・孔子の教えのみを好むとする。『貞観政要』の記事が事実に基づいているならば、太宗は厚く仏教を信仰していた梁の武帝が国を誤ったことを踏まえ、仏教信仰そのものに批判的であったことになる。

ただし、太宗は社会全般に大きな影響力を持っていた仏教界に対し、自身の仏教信仰をアピールするため、貞観五～九年（六三一～六三五）頃に菩薩戒を自誓受戒している。[20] 唐朝と仏教の複雑な関係が窺えよう。

(三) 北周武帝の廃仏

仏教信者の虞世南は、廃仏を断行した皇帝に対しても厳しい評価を下している。『帝王略論』巻五北周武帝論を見てみよう。北周の武帝宇文邕（在位五六〇～五七八）は、建徳三年（五七四）五月に富国強兵政策の一環として廃仏を断行した。『帝王略論』巻五の略部分は散佚しているため、北周武帝略の内容を確認することはできないが、武帝論は廃仏をめぐって議論が展開する。公子が廃仏の是非を問うと、先生は「非なり」と断言した上で、

> 悪を止め仁を尚び、残に勝ち殺を去るに至りては、並びに王化に益すること有り、俗典に乖ること無し。

と述べ、仏教も道教も、悪を止めて仁を尊び、残忍な人間を教化し死刑を不用にするに至っては、みな王化に利益をもたらしており、世俗の規範にもとることは無いとする。続けて、僧侶が戒律を犯したからといって、その教えを棄てるべきと言うのは、堯や夏に背いた檮杌や窮の存在をもって堯や禹を否定することと変わらないではないかと述べる。さらに、井の中の蛙が大海を見て、身をかがめてしまったのだ（「井蛙海を観て、所見に局す」）とまで言う。既に述べたように、武徳年間には廃仏論が俎上に上っていた。そこで虞世南は、仏教を擁護するために、廃仏を断行した北周の武帝を激しく批判したのである。

以後、北周武帝論は護法の理論として唐宋代の仏教典籍にたびたび引用されることとなる。その最も早い事例が法琳である。彼は唐初の護法僧であり、貞観十一年（六三七）に太宗と問答を行った際に、[21]

> 又た今の秘書監虞世南の『帝王略論』も亦た言わく、老子の義、谷神は死せず、玄牝長く存し、久視長生、龍に乗り鶴に駕す、此れ区中の教なり。夫れ釈氏の法、空有にして滞らず、人我兼忘し、生死を超出し、寂滅に帰す、
> 此れ象外の談なり。

と述べ、『帝王略論』北周武帝論を引用している。ただし、

法琳は北周武帝論の仏教（「釈氏の法」）と道教（「老子の義」）の順序を入れ替えた上で、道教は「区中の教」であるが、仏教は「象外の談」であるとして、仏教の方が道教よりも奥深いとする。本来、北周武帝論は、道教も仏教も王化に役立つと述べ、仏道の優劣を論じていない。法琳は仏教の優位を強調するために、北周武帝論の順序を敢えて入れ替えたのである。[22]

おわりに

唐初の政治状況と『帝王略論』の関係について検討した結果、虞世南は太宗李世民に配慮して、複数箇所（周成王・晋武帝・北魏献文帝）で玄武門の変と李淵の譲位を正当化していた。『帝王略論』以外にも、貞観二十二年（六四八）に編纂された『晋書』が玄武門の変の正当化を図った可能性が指摘されている。[23]玄武門の変は、貞観年間においてそれほど敏感な問題だったのである。

その一方、虞世南は唐初の政治状況に対する批判的見解も『帝王略論』に込めていた。仏教信者の虞世南は、唐初の廃仏論や仏教抑制政策に批判的であり、『帝王略論』の中で廃仏を否定し、仏教擁護の議論（梁武帝・北周武帝）を展開したのである。南朝では『宋書』・『宋略』・『南斉書』などのように、現王朝に配慮しつつ、同時代批判の精神を込めた史書が編纂されていた。[24]南朝出身の虞世南が撰した『帝王略論』も、そうした南朝史書の流れを汲んでいたのである。[25]

このように、正史を相対化しうる『帝王略論』であっても、その叙述内容は唐初の政治状況と密接に関係していた。『帝王略論』を用いる際には、この点に注意する必要があろう。

『帝王略論』成立後、太宗は実際に通読し、歴史入門書・君主論のほか、実践的な政治参考書として用いている。[26]また、『帝王略論』は唐代を通じて官僚・僧侶・地方官・処士に利用されて広く普及し、敦煌・日本にまで伝わった。[27]唐代および日本において『帝王略論』は、主に歴史入門書・君主論として読まれ、唐初の政治状況との密接な関係については忘れられていった。さらに宋代以降は、君主論として用いる事例も減り、主に仏教典籍が仏教関係の「論」や語句説明のために引用していた。その後、『帝王略論』は、より詳しい歴史入門書の登場や、士大夫に時代遅れの君主論とみなされた影響で、南宋末・元初には散佚してしまった。[28]『帝王略論』の利用状況を追うと、書物が著者の思惑を離れ、時代・地域・階層などによって読まれ方が変化していく様子がみてとれるのである。

注

（1）『帝王略論』の概要については、尾崎康「虞世南の帝王略論について」（『斯道文庫論集』五、一九六七年）、拙稿「『帝王略論』の正統観――南北朝の皇帝評価を中心に」（榎本淳一編『古代中国・日本における学術と支配』同成社、二〇一三年）参照。

（2）孫正軍「魏晋南北朝史研究中的史料批判研究」（『文史哲』二〇一六―一、二〇一六年）は、魏晋南北朝時代の史料批判研究をまとめ、その意義と問題点を論じている。日本の代表的な史料批判研究には、津田資久「史料としての『三国志』」（『歴史評論』七六九、二〇一四年）、川合安「『宋書』と劉宋政治史」（『南朝貴族制研究』汲古書院、二〇一五年、初出二〇〇二年）、佐川英治「東魏北斉革命と『魏書』の編纂」（『東洋史研究』六四―一、二〇〇五年）、山下将司「唐初における『貞観氏族志』の編纂と「八柱国家」の誕生」（『史学雑誌』一一一―二、二〇〇二年）、安田二郎「西晋武帝好色攷」（『六朝政治史の研究』京都大学学術出版会、二〇〇三年、初出一九九八年）などがある。

（3）詳細は前掲注1拙稿参照。

（4）詳細は拙稿「『帝王略論』巻四と南朝史書」（『國士舘東洋史学』七・八・九合併号、二〇一六年）参照。

（5）『帝王略論』は、南宋末・元代に散佚してしまったため、清代には諸史料（『長短経』・『通暦』・『史通』・『太平御覧』）に引用された「論」の佚文が知られるのみであった。二十世紀初に敦煌で『帝王略論』巻一・二の写本（P二六三六・パリ国立図書館所蔵）が、一九三二年に日本で鎌倉時代後期（十三世紀末～十四世紀初）に転写された金沢文庫本『帝王略論』（序・巻一・二・四：東洋文庫蔵）が発見された。筆者は、『帝王略論』を利用するために、敦煌本・金沢本・佚文などに基づき、序・巻一・二・四の校注を作成した。序は前掲注1拙稿、巻一は拙稿「『帝王略論』巻一校注稿」（『明大アジア史論集』二〇、二〇一六年）、巻二は拙稿「『帝王略論』巻二校注稿」（『明大アジア史論集』二一、二〇一七年）、巻四は拙稿「『帝王略論』巻四校注稿」（『國士舘東洋史学』七・八・九合併号、二〇一六年）参照。本稿では巻一・二・四については、右の拙稿を用いた。また、敦煌本・金沢本ともに残されていない巻三・五については、『長短経』・『通暦』などに引かれた『帝王略論』（「論」部分のみ残存）を用いる。ただし、詳細な校注については紙幅の関係で省略する。

（6）「大義滅親」については、『春秋左氏伝』隠公四年に「大義親を滅すとは、其れ是を之謂うか」とある。隠公四年（前七一九）、衛の公子州吁とその謀臣の石厚が桓公を殺害して衛の国君の地位に就くと、石厚の父の石碏は策をめぐらして州吁・石厚を捕えて、衛の人に殺させた。そのため「大義のためには肉親をも殺す」と評された。

「管蔡爲戮、周公右王」については、『春秋左氏伝』襄公二十一年に「鯀殛（ころ）されて禹興り、伊尹、大甲を放つも之を相とし、卒に怨色無く、管蔡戮せられて、周公王を右す」とある。襄公二十一年（前五五二）、晋の実権を握った范宣子は、有力者を次々に粛清し、羊舌虎も殺害した。羊舌虎の兄の叔向も連座しかけたが、祁奚が禹・伊尹・周公旦の事例をあげて、連座によって優秀な人物を失ってはならないと范宣子を説得して赦免させた。

「夫豈不愛、王室故也」については、『春秋左氏伝』昭公元年に「周公は管叔を殺して蔡叔を蔡（はな）つ、夫れ豈に愛せざらんや、王室の故なり」とある。昭公元年（前五四一）、鄭の子皙と子南

（游楚）が私闘したため、鄭の宰相の子産は子南を楚に追放した。このとき、子産が游氏の宗主である大叔（游吉）に意見を求めた所、「周公旦は管叔を殺し、蔡叔を追放したが、愛憐の情が無かったわけではなく、周の王室のために行ったのです。」と述べ、游氏一族のことは気にしないよう子産に告げた。

（7）李錦繡「読敦煌P.2636〈帝王略論〉文書札記」（厳耀中主編『論史伝経』上海古籍出版社、二〇〇四年）、李錦繡「史地章」（張弓主編『敦煌典籍与唐五代歴史文化』上巻、第肆章、中国社会科学出版社、二〇〇六年）参照。

（8）雷家驥「《貞観政要》所隠含的史学問題」（『中国中古史集刊』五、二〇一八年）参照。なお、太宗が記事を見た時期について、『貞観政要』巻七文史は、貞観十四年（六四〇）のこととするが、『唐会要』巻六三史館上・修国史および『資治通鑑』巻一九七唐紀十三では、貞観十七年（六四三）のこととする。謝保成『隋唐五代史学』（商務印書館、二〇〇七年）一一六頁は、貞観十四年から十七年の間の出来事とする。

（9）『唐会要』巻六三史館上・修国史参照。岳純之『唐代官方史学研究』（天津人民出版社、二〇〇三年）一二〇―一三一頁は、このとき完成した実録が李淵・李建成・李建成派の官僚（裴寂・封倫）を貶めて、李世民を美化したとする。

（10）前掲注2安田論文一三六―一四四頁参照。

（11）詳細は前掲注1拙稿参照。

（12）『荘子』内篇・逍遥遊に「堯 天下の民を治め、海内の政を平かにせんとす。往きて四子に藐姑射の山に見ゆれば、汾水の陽に、窅然として其の天下を喪（わす）れたり」とある。

（13）例えば『帝王略論』巻五武成帝論では、武成帝と献文帝の譲位について議論している。先生は「古人云わく「子を知ること父に若くもの莫し」と。献文の百辟に謝するは、克く皇家を固む。武成の万方を委ぬるは、宗祀を傾覆す。子を知るの鑒、無乃（むしろ）異ならんか」と述べ、武成帝は献文帝と異なり、子の資質を見抜けず、王朝を滅ぼしたとする。

（14）この点については、東京大学大学院人文社会系博士後期課程単位取得満期退学の付晨晨氏の御教示を得た。記して深謝申し上げたい。

（15）唐代以前の太上皇帝と太上皇については、春名宏昭「太上天皇制の成立」（『史学雑誌』九九―二、一九九〇年）参照。また、拙稿「北周天元皇帝考」（『東方学』一三一、二〇一六年）では、北魏・北斉の太上皇帝と北周の天元皇帝の違いを論じた。

（16）倉本尚徳「南朝仏教と社会――王法と仏法の関係」（窪添慶文編『魏晋南北朝史のいま』勉誠出版、二〇一七年）参照。

（17）礪波護「唐初の仏教・道教と国家――法琳の事跡にみる」（『隋唐の仏教と国家』中公文庫、一九九九年、初出一九九二年）参照。

（18）例えば傅奕が武徳七年（六二四）に提出した廃仏論（『旧唐書』巻七九傅奕伝所収）には「苻石に洎び、羌胡華を乱し、主は庸にして臣は佞、政は虐にして祚は短、皆仏教の災を致すに由るなり。梁武・斉襄、明鏡と為すに足る。」とあり、仏教批判の根拠の一つとして梁の武帝と東魏の高澄をあげている。

（19）拙稿「唐の太宗は『帝王略論』を読んだのか」（『明大アジア史論集』二三、二〇一九年）参照。

（20）河上麻由子「唐の皇帝の受菩薩戒――第一期を中心に」（『古代アジア世界の対外交渉と仏教』山川出版社、二〇一一年、初出二〇一〇年）参照。

（21）彦琮撰『唐護法沙門法琳別伝』下（『大正新脩大蔵経』第五〇巻、大正新脩大蔵経刊行会、一九六〇年、第二一一頁下段）参照。

(22)『帝王略論』梁武帝論の引用状況については、拙稿「唐宋時期《帝王略論》的利用状況」（寧欣主編『新材料・新方法・新視野：中国古代国家和社会変遷』北京師範大学出版社、二〇一一年）参照。

(23) 前掲注2安田論文参照。また、小池直子「『晋書』司馬攸伝小考」（『東洋大学人間科学総合研究所紀要』一八、二〇一六年）の注四〇は、武帝とその弟の司馬攸に関する『晋書』の作為的叙述に、玄武門の変の正当化が関係していた可能性を指摘する。

(24)『宋書』については、前掲注2川合論文参照。『南斉書』については、川合安「唐寓之の乱と士大夫」（『南朝貴族制研究』汲古書院、二〇一五年、初出一九九五年）参照。『宋略』については、安田二郎「南朝貴族制社会の変革と道徳・倫理」（『六朝政治史の研究』京都大学学術出版会、二〇〇三年、初出一九八五年）参照。

(25) 前掲注4拙稿では、『帝王略論』が南朝の史書を重視していること、瑞祥や予言などを多数記載する南朝史書の伝統に則っていることを指摘した。

(26) 前掲注19拙稿参照。

(27) 前掲注22拙稿参照。日本における受容状況については、拙稿「日本における『帝王略論』の受容について――金沢文庫本を中心に」（神鷹徳治・静永健編『旧鈔本の世界――漢籍受容のタイムカプセル』勉誠出版、二〇一一年）参照。

(28) 前掲注22拙稿参照。

附記　本稿はＪＳＰＳ科研費JP18K12527による研究成果の一部である。

【I　中国における学術の形成と展開】

唐の礼官と礼学

江川式部

えがわ・しきぶ——明治大学・國學院大學・慶應義塾大学兼任講師。専門は中国史。主な著書・論文に『大唐元陵儀注新釈』(金子修一主編、共著、汲古書院、二〇一三年)、「唐代の改葬儀礼とその制度」(単著、『東洋史研究』第七十二巻第二号、二〇一三年)、「唐代の奉勅撰墓誌について」(単著、『法史学研究会会報』第十八号、二〇一五年)、『教養の中国史』「第7章　礼教国家の完成と東アジア秩序——隋・唐」(津田資久・井ノ口哲也編、共著、ミネルヴァ書房、二〇一八年)がある。

唐朝にとって、郊祀や廟享、日々の宮中儀式、臣下や外国からの使者を会して行われる朝会儀礼、地方各地の山川を祀る祭祀の数々は、いずれも日常的に行わなければならないものであった。これらを滞りなく遂行するために、唐朝はまず『貞観礼』や『開元礼』のような国家礼典を、宰相や集賢院学士らの精鋭を集めて編纂し、これを制度のよりどころとした。そして尚書礼部や太常寺の礼官、その他官僚組織に国家祭祀を運営させたのである。朝廷で必要とされた古典故事や礼学の知識は、思想的討論を目的としていたのではなく、日々の祭祀儀礼を行う中で生じてくる諸問題に対して、故事礼学の知識を生かし、より説得的な案を提示して解決をはかるためのものであった。現在『旧唐書』や『新唐書』、また『通典』『冊府元亀』等に残されている多くの礼議は、そのような現実問題に直面していた唐朝の礼官たちの、苦労の一端と理解すべきであろう。

はじめに

顔真卿(七〇九～七八五)という名を聞いて、「唐代の有名な書家」と思う人は多いだろうが、「唐代の官僚」や、さらに「唐代の礼官」と答える人はほとんどいないだろう。しかし『旧唐書』や『新唐書』などの歴史書を紐解けば、(1) 書家である以前に、彼が当時一流の実務官僚であり、中国伝統礼学の博識を評価されて、代宗皇帝李豫(七二六～七七九。在位七六二～七七九)の葬儀を一任された人物であることが目に飛び込んでくる。このとき顔真卿が任ぜられた「礼儀使」というのは、節度使などと同様の律令官制外の臨時職、すなわち令外の官である。封禅や皇帝葬儀などの国家的な大礼が行われる際に、その挙行一切をとりしきる責任者として任命された。礼儀使となった顔真卿の任務は、『儀礼』や『礼記』などの経書の内容・解釈や先例等の典拠、すなわち「礼学」に基づいて儀式次第を作成し、足かけ七か月にもわたる皇帝の葬儀を滞りなく遂行させることであった。

唐のみならず中国の歴代王朝では、国家が祭祀儀礼を行う際には、伝統的な礼学に基づく儀式次第があらかじめ作成され、それに沿って儀式が行われた。その意味で、王朝時代の中国において礼学は実学であったといってよい。しかし一九一一年の清朝滅亡に伴い、それまで王朝体制を支える実学として存在し続けてきた「礼学」は、思想・哲学・歴史などと同様の一学問分野となった。伝統的な精神文化のひとつとして重視はされたが、やがて一九一九年に五四運動が始まると、「礼」は封建時代の政治社会規範であり、新時代の足かせであるとする見方が強まり、学問分野としても等閑視されるようになる。歴史制度面からの関心は稀薄となり、加えて唯物史観の影響も深まるなかで、礼は旧社会における為政者の支配論理とみなされ、その後は永らく歴史研究の課題として意識されることはなかったのである。(2)

そのような時期に、隋唐時代の礼典編纂に関する研究に先鞭をつけたのは、陳寅恪（一八九〇～一九六九）であった。陳寅恪は隋ひいては唐の礼制が山東礼学、すなわち北斉儒学の系統を継承し、一部江東の習俗を典拠とした梁・陳の礼制を兼用したものであり、周礼を宣示していた北周の系統には当たらないことを述べた。(3)陳寅恪のこのような研究は、清朝崩壊後の実用礼学の衰退と、その後のマルクス史観を背景とした社会経済史研究の全盛の中では稀有なものであり、続いて楊寛（一九一四～二〇〇五）が先秦古礼の研究を発表したが、(4)一九六六～一九七六年の文化大革命によって、大陸における礼制研究は再び停滞することになる。

一方日本や台湾では、天皇制や中国の伝統文化である礼に対する関心が薄れることはなかった。とくに日本では、社会経済史の分野に研究が集中していた一九七〇年代においても、天皇制下の各種儀礼の由来として、中国王朝下の礼学・礼制には関心が寄せられ、それらはのちに王権論や制度交流史の研究へとつながっていった。(5)また一九九〇年代には喪葬儀礼への関心も高まるが、これは昭和天皇崩御から平成天皇即位へという時代を背景としたものであろう。

実学、すなわち実際に祭祀儀礼を挙行するために必要とされた礼学とはどういうものであったのか、またそこにはどのような人々が関わったのか。本稿では、中国における王朝礼制の確立期となった唐代をとりあげ、歴史研究の角度から、唐朝の祭祀儀礼を実際に動かしていた機関や、当時朝廷内で行われた礼制に関する議論、そこに関わった人々について概観してみようと思う。

一、唐朝の礼官制度

唐朝が、三省・六部・九寺・五監の、極めて精緻な中央行政機構を持っていたことはよく知られている。このうち王朝儀礼を担当したのは六部に属する礼部と、九寺の中の太常寺・光禄寺・鴻臚寺・太府寺・衛尉寺である。(6) 礼部や太常寺の属官は一般に「礼官」と呼ばれた。以下にこれらの機構の職掌を概観しておきたい。

礼部は尚書礼部ともいい、国家の礼儀・祠祭・燕饗・貢挙の政令を掌る機関である。唐朝三代目の皇帝高宗（李治。六二八〜六八三。在位六四九〜六八三）のときには司礼、則天武后（武曌。六二四?〜七〇五。在位六九〇〜七〇五）の臨朝時には春官と改称された。礼部の管轄下には四司（礼部・祠部・膳部・主客）が置かれており、この四司のうちの礼部は礼楽・学校・衣冠服飾・符印・表疏・図書・冊命・祥瑞・鋪設・百官宮人の喪葬賻贈等を担当した。また祠部は祠祀・享祭・天文・漏刻・国忌・廟諱・卜筮・医薬・道仏の事等を、膳部は陵・廟の牲豆・酒膳の類を、主客は二王後（隋皇室の楊氏と、北周皇室の宇文氏の末裔）・諸蕃朝聘の事を担当した。尚書礼部の長官は礼部尚書一名、次官は礼部侍郎一名で、所属四司の長官は郎中一名、次官は員外郎一名がおり、主事や令史等の流外官も含めると、属官は一〇四名となる。

太常寺は、礼楽・郊廟・社稷の事を掌る。上に述べた尚書礼部からの指示を処理する事務方としての役割をもつ機構で、高宗のときには奉常寺、武后のときには司礼寺と改称した。長官は卿一名、次官は少卿二名である。卿は大きな祭礼の際には儀式の賛導を、また有司摂事、すなわち皇帝の代わりに官僚のみによって国家祭祀を行う場合には、神前に三度の献酒（初献・亜献・終献）を行う際に亜献を務めた。このほか寺内の庶務を行う丞二名、儀式の損益や諡号の考案を行う博士四名、儀式の進行や設営を担当する太祝三名・祝史六名・奉礼郎二名、奏楽の責任者である協律郎二名などがおり、その他流外官等を含め四五一名が所属していた。このうち長安と洛陽にそれぞれ一三〇名いた太廟斎郎は、まだ官途についていない者たちにとって、王朝儀礼を学ぶ修礼の場としての機能を備えていたことが指摘されている。(7)

太常寺には、また以下の各署が付設されていた。五郊・社稷・明堂を管理する両京（長安と洛陽）郊社署、皇帝の陵墓を管理する諸陵署、太子の陵廟を管理する諸太子陵署・諸太子廟署、祭祀のときの奏楽を担当する太楽署、行幸のときの鹵簿鼓吹を担当する鼓吹署、医薬を担当する太医署、卜筮を担当する太卜署、祭祀に供される犠牲・供物の数目を担当する廩犠署、汾陰后土祠（現在の山西省万栄県）に置かれてその祭神である神州后土神を祀る汾祠署、斉太公（太公望呂尚）を祀る両京斉太公廟署、である。さらに祭祀に用いる器物・衣装・楽器・調理を管理する天府院・御衣院・楽懸院・神厨院の四院が置かれた。

光禄寺は祭祀に供される酒や供物を掌る。長官は卿一名、次官は少卿二名、ほかに事務官含め五十名がおり、さらに祭祀のときの省牲（犠牲の解体とその処理）や酒とともに神前に供える浄水の準備を行う太官署、木の実や干し肉・魚や塩など水陸の産物を準備する珍羞署、五斉三酒とよばれる祭祀用の酒の醸造と神前配置を行う良醞署、各種の醢（塩辛）や発酵食品を準備する掌醢署が付設されていた。

鴻臚寺は賓客及び凶儀を掌った。長官は卿一名、次官は少卿二名、ほかに事務官を含め三十名がおり、二王後の版籍及び四夷の朝見等を担当する典客署、及び品官の葬儀等の凶礼を担当する司儀署が付設されていた。このほか祭祀に供するさまざまな布帛を準備した太府寺、祭祀の際の儀仗を担当した衛尉寺なども、礼の挙行に関わる機関といってよい。

このようにみてくると、以上に示した諸機関のうち、祭祀儀礼の政令に関わっていたのは、おおよそ礼部尚書や礼部侍郎ら礼部の官員と、その命令を受けて事務方を統括した太常卿や太常少卿らであり、その他太常寺所管の各署や光禄寺・鴻臚寺・衛尉寺等の関係部署は、祭祀儀礼の準備や実務を担っていたことがわかる。

また皇帝葬儀や泰山封禅など、皇帝親祭で行われる祭祀儀礼の際には、これら常設の機関に加えて、儀礼を統括するための特別職として、礼儀使という使職（臨時官）が任命された。唐朝における礼儀使の初出については諸説あるが、高祖李淵（五六六～六三五。在位六一八～六二六）の即位直後に温大雅・竇威・陳叔達に礼儀を参定させたことが先例とみられる。その後、景雲元年（七一〇）には姚崇と宋璟が礼儀使として中宗李顕（六五六～七一〇。在位六八四・一月～二月、七〇五～七一〇）の葬儀を担当し、その後開元十年（七二二）に韋縚が知太常礼儀事となり、五礼すなわち吉・賓・軍・嘉・凶の各種の王朝儀礼を掌った。北宋・司馬光編『資治通鑑』は唐の礼儀使について、国恤（皇帝葬儀）の際に宰相を礼儀使として山陵・祔廟の事を担当させた、と説明しており、[8]大暦十四年（七七九）に顔真卿が任命されたのも、代宗の葬儀を挙行するためであった。しかし実際には皇帝葬儀だけでなく、開元十一年（七二三）の玄宗（六八五～七六二。在位七一二～七五六）の圜丘親祭時に中書令張説が礼儀使、衛尉少卿韋縚が副使となった例[9]があるように、皇帝親祭で行われる大礼の際にも任命が行われた。

　このように唐朝では、礼部尚書・侍郎や太常卿・少卿、また礼儀使らが、祭祀儀礼の行政面を担っていたのであるが、じつは根幹となる制度、すなわち国家礼典そのものの制定を彼らが任されていたのではなかった。顔真卿はたしかに『大唐元陵儀注』[10]という代宗葬儀の式次第を撰定してはいるが、それは代宗葬儀に関しての限定的なものであり、唐朝の喪葬礼制全体を体系的に撰述したのではない。ひとくちに「礼官」といっても、挙祭に関わる人々と、制礼に関わる人々とがいたのである。それでは唐朝の祭祀儀礼制度の根幹となる『開元礼』などの国家礼典は、どのような人々によって撰述されたのであろうか。

二、国家礼典の編纂と礼官

　王朝礼制の根幹となる祭祀儀礼の詳細を記した国家礼典の編纂は、唐朝では『貞観礼』『顕慶礼』『開元礼』の三度行われた。その経緯について、唐・徳宗期の官僚であった杜佑は、彼の編纂した『通典』礼典の序文[11]に次のように述べている。

国の初めはまだ世の中が安定しておらず、詳細を定めることができなかった。太宗の世になり、礼官や学士らに命じて旧儀を改め、吉礼六十一篇、賓礼四篇、軍礼十二篇、嘉礼四十二篇、凶礼六篇、国恤五篇、総百三十篇を纂修して百巻とし、貞観七年（十一年〈六三七〉の誤り）[12]に初めて頒示した。高宗の初めには、『貞観礼』は節文が尽くされていないとして再度これに修撰を加えて百三十巻とし、顕慶三年（六五八）に奏上されて、高宗がこれに序文を寄せた。しかし当時、（編纂にあたった）許敬宗・李義府らが行った内容の取捨は、その多くがおもねったもので、学者らはこれを不便だとして、異議紛糾した。上元三年（六七六）には、貞観年の礼によって定めることとし、儀鳳二年（六七七）には周の礼によって行事するよう詔が下された。礼司はますます基準とするところを失い、そのたびごとに一儀を撰し、古礼を参照しながら近年の内容も付して臨時に定め、貞観・顕慶の二礼についても、これを施行するようにした。

　高祖武徳年間には王朝儀礼は制定されず、太宗のときに『貞観礼』が編纂されたこと、その後高宗朝に『顕慶礼』が編纂されたが異議が多く、その後は『貞観礼』『顕慶礼』を参照しつつ、大礼が行われるたびに儀注が撰されたことが述べられている。臨時的に儀注を撰して祭祀を行うやり方は、則天武后の治世及び中宗・睿宗期と、玄宗の開元初期まで続けられた。開元十三年（七二五）には泰山において玄宗親祭での封禅の儀式も行われたが、このときの儀注も張説らによって別途撰述されたものであった。

この封禅の挙行による礼学への関心の高まりを受けてか、翌開元十四年（七二六）には通事舎人・王嵒が、『礼記』を改撰して旧文を削去し、今事を加えて編集しなおすことを提案してきた。玄宗はこれを集賢院学士に議論させ、当時学士院を主宰していた張説が、

> 礼記は漢朝が編纂したものであり、すでに歴代において不刊の典となっており、時代も遠くなり、改易することは困難です。しかし今の五礼儀注はすでに二度の増修を経ており、異同も多く擦り合わせも行われておりません。学士らに命じて古今を討論させ、刪改して行用すべきです。[13]

と奏上し許可された。そこで徐堅・李鋭・施敬本らの学者が集められて編集作業が行われたがなかなかまとまらず、開元十八年（七三〇）の張説亡き後は蕭嵩がこれに代わり、新たに王仲邱らをメンバーに加えて、開元二十年（七三二）九月、『大唐開元礼』百五十巻が完成した。

この経緯にあきらかなように、国家礼典の編纂や、皇帝親祭で行われる大祭祀にあたっては、上にみた礼部や太常寺などの実務官に限らず、当時礼に詳しいとされた学者や宰相らが集められ、儀式次第の編集・改訂の作業が行われたのである。以下に『貞観礼』から『開元礼』までの編纂経緯をたどってみよう。

『貞観礼』一百巻の編纂（六二八～六三七）

六一八年に李淵によって唐が建国されてしばらくは、各地に割拠した群雄の討伐に追われたため、朝廷では礼制を整備する余裕がなかった。このため唐朝は「隋代の旧儀」すなわち隋・文帝期に作成・頒行された『開皇礼』（開皇五年〈五八五〉正月成書）を用いて諸事に対応していた。そして玄武門の変を経て、武徳九年（六二六）六月に太宗が即位したのち、ようやく唐朝としての国家礼典である『大唐儀礼』（『貞観礼』）の編纂に着手することになったのである。このとき藍本としたのは、やはり隋の『開皇礼』であった。『貞観礼』の編纂が開始されたのは、貞観二年（六二八）ないし同三年（六二九）の初め、また成書は貞観十一年（六三七）正月甲寅（二八日）、頒行は三月丙午（二一日）とみられる。[14]このとき『貞観礼』の編纂に参与したのは、次の九名である。[15]

李百薬（五六五～六四八）定州安平人。貞観二年に礼部侍郎。

同四年から太子右庶子。

王　珪（五七〇〜六三九）扶風眉県人。貞観八年に礼部尚書。

孔穎達（五七四〜六四八）冀州衡水人。貞観六年に国子司業。

房玄齢（五七八〜六四八）斉州臨淄人。武徳九年七月に中書令、貞観三年二月戊寅（六日）に尚書左僕射。

魏　徴（五八〇〜六四三）鉅鹿曲城人。貞観三年二月戊寅に秘書監。貞観六年五月に検校侍中。

顔師古（五八一〜六四五）雍州万年人。貞観初めに中書侍郎。同七年に秘書少監。弘文館学士。

令狐徳棻（五八三〜六六六）宜州華原人。貞観六年に礼部侍郎。

于志寧（五八八〜六六五）雍州高陵人。貞観三年に中書侍郎。

長孫無忌（五九四〜六五九）河南洛陽人。貞観七年に尚書右僕射。のち司空。

この顔ぶれをみて気づくのは、礼部尚書の王珪、礼部侍郎の李百薬・令狐徳棻の名はみえるが、太常卿・少卿・博士がみえないことである。貞観初めから十一年の成書に到る間、礼部尚書は温大雅・豆盧寛・陳叔達・王珪が歴任し、貞観六年に令狐徳棻が就任する以前の礼部侍郎は李百薬であった。いずれも学者として名の通った人物である。ほぼ礼部尚書・侍郎と宰相によって九名の編纂チームが構成され、このうち最も年長の李百薬は、かつて隋朝において、文帝楊堅の皇后独孤伽羅の崩御（仁寿二年〈六〇二〉八月）に際し、牛弘とともにその葬礼儀注を編纂した人物でもあった。(16)

『貞観礼』は、北周及び隋礼に欠けていた皇太子入学、太常行山陵、天子大射、合朔、陳五兵於太社、農隙講武、納皇后行六礼、四孟月読時令、天子上陵、朝廟、養老於辟雍、の十一項二十九条を増多し、吉礼六十一、賓礼四、軍礼二十（または十二）、嘉礼四十二、凶礼六、国恤五の、計一三八（または一三〇）篇として完成した。(17)

『顕慶礼』百三十巻の編纂（六五一〜六五八）

高宗が即位したのち、永徽二年（六五一）に『貞観礼』の不備が議論されるようになり、当時太尉であった長孫無忌を責任者に新礼の編纂が開始された。一三〇巻、二二九篇の新礼が完成・奏上されたのは、七年後の顕慶三年（六五八）正月五日であり、序文は高宗が撰した。当時編纂に携わったとみられるのは、以下の十三名である。(18)

長孫無忌（五九四〜六五九）河南洛陽人。高宗即位後より太尉同中書門下三品。

杜正倫（生没年不詳）相州人。中書令。

許敬宗（五九二〜六七二）高陽郡新城県人。父の許善心は隋の礼部侍郎。永徽元〜二、六〜顕慶二年頃まで礼部尚書兼太子賓客。

李義府（六一四〜六六六）瀛州饒陽人。中書侍郎。

李友益（生没年不詳）中書侍郎。

劉祥道（五九六〜六六六）魏州観城人。黄門侍郎。

許圉師（六一七?〜六七九）安州安陸人。黄門侍郎。

韋　琨（生没年不詳）雍州万年人。永徽二年に太常少卿、顕慶三年に太常卿。

史道玄（生没年不詳）太学博士。

孔志約（生没年不詳）太常博士。孔穎達の子。符璽郎。顕慶四年に『新修本草』を編纂。

蕭楚材（生没年不詳）太常博士。

孫自覚（生没年不詳）太常博士。

賀　紀（生没年不詳）太常博士、崇文館学士。

『顕慶礼』は『貞観礼』一百巻に比べて、巻数では三割ほどの増多である。『貞観礼』の編纂が当世随一の碩学を集めて行われたものであったのに比べると、『顕慶礼』はその約半数は太学博士（正六品上）や太常博士（従七品上）といった、実務官ではあるが位階はそれほど高くない人々であったことが指摘できる。このことからも『顕慶礼』の編集が、新礼を一から作りあげるのではなく、増補修正を目的とした改訂作業であったことがうかがえよう。

編纂の過程で、皇帝の凶事は臣子の議論するところではないとして国恤（皇帝葬儀）が削除された一方で、篇目数では『貞観礼』の一三八篇から二二九篇へと大幅に増補が行われた。このためか、行用の後間もなく学者らの紛議が起こり、上元三年（六七六）三月には、国家祭祀の挙行に際しては『貞観礼』に依るよう定められ、次いで儀鳳二年（六七七）八月には周の礼に依るよう詔が下された。担当官署は準拠すべきところを失い、結局『顕慶礼』は『貞観礼』とともに行用され続けた。そして祭礼に際しては古今の礼文を参照して、毎回臨時に儀注が撰定されたのであった。(19)

高宗期にこうした儀注の逐次撰定に当たったのは、太常卿裴明礼・太常少卿韋万石・太常博士賀敳・賀紀・韋叔夏・裴守真らであり、また武后期には国子博士祝欽明・韋叔夏・唐紹が、そのつど儀注を撰した。先天二年（七一三）に唐紹が失脚したのちは、張星・王琇が元日朝賀の儀注を撰したが、不備により免官せられている。やがて開元十年（七二二）に国子司業であった韋縚が礼儀使に任命されてからは、彼が「専掌五礼（五礼を専掌）」し、以後『開元礼』が編纂されるまで、逐次儀注を作成していたとみられるが、それは『顕慶礼』成立行用後の、依拠するところの定まらない王朝礼制を背景としたものであった。(20)

『開元礼』百五十巻の編纂（七二六～七三二）

『開元礼』編纂のきっかけが、開元十四年（七二六）の通事舎人・王嵒の上疏であったことは先に述べた。玄宗の勅命により張説のもとで始められた編纂作業には、右散騎常侍徐堅・左拾遺李鋭・太常博士施敬本ら集賢院の精鋭が参画していた。しかし作業は難航し、開元十八年（七三〇）十二月には、完成をみないまま張説が死去してしまう。代わって翌年二月に蕭嵩が集賢院を主宰するようになり、ここに王仲丘・陸善経・洪孝昌らが加わって、開元二〇年（七三二）に新礼が完成、『大唐開元礼』と名付けられ、同年九月五日に頒行された。かくてその編纂期間は、張説指揮下（七二六～七三〇）と蕭嵩指揮下（七三一～七三二）の大きく二つの時期に分けられることが知られるが、古今の事例を参照しつつ『貞観礼』『顕慶礼』の前後の異同を調整し継承していること、また集賢院で事業が行われたことは一貫した特徴といってよいだろう。以下に『開元礼』の編纂に携わった人物十名をあげる。(21)

張　説（六六七～七三〇）河南洛陽人。開元十三年、右丞相兼中書令・知（集賢）院事。

徐　堅（六六〇～七二九）湖州長城人。開元十三年、左散騎常侍・知副院事。

李　鋭（生没年不詳）徐堅らと『初学記』を編纂。

施敬本（生没年不詳）潤州丹陽人。玄宗封禅に際して上言。のち太常博士・集賢院修撰。徐堅らと『初学記』を編纂。

張　烜（生没年不詳）開元十八年時、集賢院学士。『初学記』を編纂。

蕭　嵩（?～七四九）南蘭陵郡人。梁宣帝の末裔。開元十九年、兵部尚書・知院事。

王仲丘（生没年不詳）沂州琅邪人。開元中、集賢院修撰。

陸善経（?～七四四?）開元十九年、集賢院直学士。のち『唐月令』を編纂。

洪孝昌（生没年不詳）舒城人。開元十九年、荊州江陵主簿より入集賢院修撰。

賈　登（生没年不詳）懐州河内人。開元中、中書舎人。

『開元礼』の編纂が行われた集賢院は、開元五年（七一七）に当時洛陽に巡幸していた玄宗が、洛陽城の正殿である乾元殿（隋煬帝が造営した洛陽城の正殿である乾陽殿の故地に、高宗が乾元殿を建て、後に武后が明堂に改築した建物）の東廊に、書籍の写本所を設置したのが起源である。開元七年（七一九）に長安大内東宮の麗正殿に移設、その後開元十三年（七二五）に集賢殿書院（集賢院）と改称され、当時右丞相（尚書右僕射）であった張説のもと、学士（五品以上）及び直学士（六品以下）の人材が集められ、中書省に属して、文章の執筆や経籍の校理などが行われた。[22] 当時の唐朝の行政機構を詳述した『唐六典』（開元二十七年〈七三九〉成書）も集賢院で編纂されたものである。

ところで、開元十三年に挙行された泰山封禅に際しては、中書令張説・右散騎常侍徐堅・太常少卿韋縚・秘書少監康子元・国子博士侯行果と礼官らが、集賢院に集められて儀注を撰した。[23] しかしその後、集賢院で『開元礼』の編纂が行われていた開元十四年から開元二〇年の間、礼部尚書には蘇頲・李禕、礼部侍郎には賈曾・張均、太常卿には崔日知・李暠・李朝隠が任じられていたが、いずれもこの編集作業にはかかわっておらず、『顕慶礼』の編纂時にみえていた太常博士の名もそこにはない。ただ『開元礼』編纂前より、逐次宮中で行われる諸儀礼の儀注の作成を一任されていた韋縚は、開元二〇年まで太常少卿の肩書で集賢院修撰を兼務していたことがわかっており、[24] このことから礼典の編纂は集賢院で組織的に行われ、その間に行われた実際の祭祀儀礼については、従来どおり韋縚が中心となって儀注を作成していたと考えてよいだろう。すなわち、集賢院で礼典編纂が、太常寺で儀注作成が、それぞれ行われることで、その間の国家祭祀の通常運営に支障がでないよう配慮されていたのである。

三、礼官・礼学と礼議

いわゆる国家礼典の編纂に、礼官と呼ばれる礼部や太常寺の人員が関わることの少なかったことは、前章にみたとおりである。それでは礼部や太常寺の官僚は、行用された礼典に基づいて祭祀儀礼を淡々と行うのみであったのか。もっぱら挙祭の実務だけを担当していればよかったのか。じつは唐代では、挙祭に際しては多くの場合「物言い」がつき、礼官を含む多くの官僚が集められて議論が行われたり、その結果儀式次第が変更されたりすることが少なくなかったのである。こうした礼に関する提議や議論を「礼議」という。この礼議への対応こそ、礼官らの主要な任務だったのである。

唐朝の国家祭祀は、天地の神々や太廟をまつる祭祀など季節ごとに定期的に行われるものと、封禅や祈雨など不定期のものとがある。その数の多さゆえに皇帝がすべてを親祭することはできず、日常的には官僚のみの代理祭（有司摂事または摂祭という）が行われた。[25] このため皇帝親祭で行われる祭祀は、当時の人々にとっても特別なものと意識されたようで、泰山封禅などの大祭のときには、各方面から多くの意見が奏上された。また皇帝にとっても、日々の祭祀儀礼の運営については、礼典や典故の解釈と、現実との相違に迷う場面は多く、どうすべきかを臣下らに問うことも度々あった。以下にその例を幾つかみてみよう。

乾封元年（六六六）高宗泰山封禅に関する提議

封禅は、皇帝が天地の神に天下泰平を祈念するという祭祀である。唐代では太宗がこれを行おうとしたが諸般の事情により断念し、のちに高宗と玄宗が自ら泰山に赴いて祭祀を行っている。

封禅祭祀は、泰山山頂で天神（昊天上帝）を祀る封の儀式と、ふもとの社首山で地神（皇地祇）を祀る禅の儀式とがある。封禅を翌年明けに控えた麟徳二年（六六五）十二月、高宗は泰山山麓に到着し、所司は儀式次第である儀注を奏上した。封祀では天神に高祖李淵と太宗李世民の神主（位牌）を合わせ祀ること、また禅祀では地神に高祖の皇后であった太穆皇后・太宗の皇后であった文徳皇后を合わせ祀ることとし、それぞれの神位への献酒儀礼は、すべて皇帝と公卿が行うことが記されていた。これをみた武后は、二皇后への供献を男性官僚が行うのは不備だと意見し、現皇后である自分が六宮内外命婦を率いて行うべきだと主張した。結果、儀注は改められ、禅祀では高宗初献、武后亜献、そして後宮での年長者であった越国太妃燕氏が終献を務めた。(26)

このとき武后の提議に基づき何か議論が行われたというような経緯は記されていない。しかし、のちに玄宗により再び封禅が行われようとした際、儀注を担当した張説が、

乾封の礼では、文徳皇后を皇地祇に配し、天后が亜献を務め、越国太妃が終献を務めました。宮妃らが神に接することは、古礼に乖ることです。天がくもり祐けを得られず、天授の易姓がおこって、唐朝は中断し、皇族は誅滅されてしまいました。……このたびの礼では、睿宗皇帝を皇地祇に配するべきです。

と上奏して、玄宗はこれに従った。(27)また、のちの『開元礼』に収載されている禅祀の儀式次第をみると、禅祀の献者については、皇帝初献・太尉亜献・光禄卿終献で儀式次第が組まれており、武后が主張し実行した内容、すなわち禅祀における皇后亜献・太妃終献の先例は、『開元礼』には採用されなかった。(28)

高宗封禅のときにはまた、次のようなこともあった。前羅文府果毅の李敬貞という人物が、封禅には明水を用いるべきだと奏上してきた。明水とは、古来神前に酒類とともに供されるべき霊水である。当時朝廷では、太陽から明火を採取する円鏡（陽燧）と、月から明水を採取する方鏡（陰鑑）を所有していたが、明火は採取できていたものの、明水はその採取方法がわからずに井戸水で代用していた。李敬貞は、それ

は現在の陰鑑が良くないのであり、一尺二寸の大蛤を使えば必要な明水を得られるのだと主張した。このことは奉常（太常寺）で検討され、「検有故実（故実に確認できる）」として、李敬貞を封禅が行われる泰山に行かせて、所司とともに試させたという。[29]

開元四年（七一六）睿宗祔廟に関する提議

唐の太廟は、歴代皇帝の神主を祀る霊廟であり、皇城内の南東に位置し、各神主は同堂内に別室を設ける形で安置されていた。開元四年（七一六）六月に睿宗李旦が崩御し、その神主を祔廟（太廟に安置する）しなければならなくなったときに問題は起こった。唐長安の太廟には当時、懿祖李天賜（錫）・太祖李虎・世（代）祖李昞・高祖李淵・太宗李世民・高宗李治・中宗李顕の七つの神主が収められていた。古礼では「天子七廟」、すなわち天子は七つの神主を廟に祀るとされているため、既に満室の状態となっていたのである。太常卿の姜皎と太常博士の陳貞節・蘇献らは、

> 礼には、「天子三昭三穆、太祖の廟とで七つ」とあります。太祖の神主はそのまま据え置きますが、昭と穆とはそれぞれ順番に毀つ（外す）ことになっています。……（中宗の神主は太廟より）出して別に廟を建て、四時祭は欠かさないようにし、……睿宗の神主を太廟に祔廟するのはいかがでしょうか。[30]

と意見を述べた。この案は採用され、中宗の神主は太廟から少府監の敷地内に新たに建てられた別廟に遷され、代わりに睿宗の神主が太廟に祔された。しかし話はこれで終わらなかった。翌開元五年正月には、太廟七室のうち老朽化が進んでいた四室が壊れてしまい、七つの神主を一時太極殿に安置しなければならなくなった。おりしも玄宗は洛陽に行幸しようとしており、これは中宗の神主を別廟に祀ったことによる天譴ではないかと騒ぎになったのである。このため再度礼官らに議論するよう命が下り、太常博士の陳貞節・馮宗・蘇献らが意見を出したが、なかなか結論は出なかった。結局、開元十一年（七二三）四月、国子祭酒の徐堅が、中宗の神主は太廟に戻して廟堂内の夾室に安置すべきだと上表し、これに対して玄宗が太廟に九室を設けることを提案して、この一連の騒動が決着したのであった。[31]これは古礼にも前例のないことであり、このとき設置された太廟内の九つの廟室には、献祖李熙・懿祖李天賜・太祖李虎・代祖李昞・高祖李淵・太宗李世民・高宗李治・中宗李顕・睿宗李旦の神主が収められたことが、『開元礼』巻三七・皇帝時享於太廟の儀式次第からもわかる。中宗に加えて、懿祖李天賜の父李熙に「献祖」と廟号を追尊して太廟に収め、九室を満たしたのである。

元和年間（八〇六～八二〇）太廟・諸陵朔望上食に関する提議

太廟の祭祀は、戦勝や婚姻など皇帝が先祖に報告を行う臨時的な告祭を除けば、通常は四孟月（陰暦一月・四月・七月・十月）と臘月（陰暦十二月）の年五回行われる時享と、原則三年に一度行われる祫祭・五年に一度行われる禘祭という大祭とがあった。また天宝末に玄宗の命で毎月朔（一日）・望日（一五日）にも太廟に上食、すなわち料理や酒類・果実などの供献を行うようになり、唐後半にはこれが慣習となっていた。また太廟とは別に建てられた太子廟などの諸廟や諸皇帝陵においても、毎日朝夕と朔望にはそれぞれ供献が行われており、それらは当然、朝代を重ねるごとに人的にも経済的にも唐朝の大きな負担となっていた。

憲宗元和二年（八〇七）九月、門下侍郎武元衡ら宰相が、太廟時享と朔望上食・諸陵朔望奠・親陵朝晡奠以外の、その他享祀や忌日告陵などの享献を停止してはどうか、と提議した。[32] この案はすぐに裁可され、さらに翌三年（八〇八）四月には太常礼院が、太廟時享と祫祭・禘祭が重なる月には時享を行わないようにし、また時享や告廟を行った月は朔望の上食を行わないようにしてはどうかと提案した。[33] これもすぐに裁可されたが、この上食の問題については、この十年後に再度議論が行われることになる。

元和十四年（八一九）二月、太常丞の王涇が、太廟の朔望上食については『開元礼』には記述がないので停止すべきではないかと上疏してきたのである。これについて憲宗は「詔令百議」すなわち百官に議論を委ねた。これに対し、国子博士史館修撰の李翺は、太廟の朔望上食は『貞観礼』『開元礼』にも礼文が無く、やめてもよいが、陵寝の上食は『国語』や『礼記』にもあり、かつ秦漢以来の制度でもあるから、存続して孝道を拡げるべきだと述べた。また中書舎人武儒衡は、太廟の朔望上食については、朔祭は告朔礼に由来するものだが、望祭には根拠がない。陵寝に朔祭・望祭があるので、これに合わせて宗廟でも行ってきただけだから、やめるべきだと述べた。[34] 結局、翌元和十五年（八二〇）一月に憲宗が崩御し、この議論については決着をみないまま、太廟の朔望上食は行われ続けたのであった。

元和年間に太廟の朔望上食が問題となった背景には、いわゆる元和中興といわれる憲宗の、反側藩鎮に対する強硬策と軍事行動、及びそれにともなう朝廷の財政問題があった。このため慣習的に行われるようになっていた諸儀礼についても縮小・削減が検討されたのであろう。またこうした王朝儀礼に関する諸問題についても、皇帝が重要と判断すれば、礼官だけでなく百官に提議を行って、意見を集めていたことがわかる。

ところで上にみた元和年間の太廟朔望上食の問題については、初め宰相から提議が行われ、それに加えて「太常礼院」が意見を述べていた。この太常礼院とは、いったいどのような組織だろうか。

四、礼学専門官の設置

唐朝を震撼させた安史の乱（七五五～七六三）は、朝廷の権威を失墜させ、その礼制にも大きな影響を与えた。太廟は破壊され、楽器やその奏者、礼器などの祭礼用の器物も多くが散逸した。乱後の代宗朝では諸問題への対応が忙しく、礼制を整える余裕がなかったといってよい。乱の渦中に相次いで崩御した玄宗・粛宗（いずれも七六二年四月に崩御）の葬儀も、史書にはその詳細がほとんど記されていない。およそ皇帝の喪葬儀礼にはふさわしくない、質素な内容であったと考えられている。

戦後処理がひと段落した大暦十四年（七七九）五月、代宗が亡くなり徳宗が即位する。本稿のはじめに述べた顔真卿は、唐朝の権威回復を企図した徳宗によって、このとき礼儀使に任命され、代宗の国葬を担当したのである。顔真卿は徳宗の負託に応えて、代宗葬儀の式次第である『大唐元陵儀注』を撰述し、さらに『礼楽集』[35]という儀礼書も作成した。

徳宗の礼重視の姿勢は、その後の政策にも表れる。即位直後の建中元年（七八〇）正月、大理寺の法官と太常博士は、吏部にて優秀な人材を選抜するよう命じている。貞元二年（七八六）には科挙の科目に「開元礼科」を設け、次いで貞元九年（七九三）には「三礼科」を設置して、礼学に秀でた人材を集めた。貞元七年（七九一）には太常寺に礼儀直二名、礼院直二名を置き、貞元九年四月には、太常寺内に礼院修撰と検討官各一名を置くよう指示を出した[36]。これがのちの「太常礼院」であり、太常寺と太常礼院にはそれぞれ礼生三十五人を所属させ、次々と持ち込まれる礼議に備えさせたのである。いわゆる唐朝礼学の専門集団といってよいだろう。

おわりに

唐朝にとって、郊祀や太廟等の廟享、日々の宮中儀式、臣下や遠方・外国からの使者を会して行われる朝会、地方各地の山川を祀る祭祀の数々は、いずれも日常的必然的に行わなければならないものであり、本稿で述べてきた礼官や官僚組織は、それらを滞りなく行うために存在していたのである。朝廷で必要とされた古典故事の博識や礼学の専門知識は、思想的討論を目的としていたのではなく、日々行わなければならない祭祀儀礼で生じてくる諸問題に対して、故事礼学の知識を生かし、より説得的な案を提示して解決をはかるためのものであった。したがって、ときに武后が封禅の執祭に加わりたいと言い出せば、先例がない中にも説得的な故事を探し出して、禅祀では皇后に亜献を務めていただく、という案を導き出さなければならなかったのである。現在『旧唐書』や『新唐書』、また『通典』『冊府元亀』等に残されている多くの礼議は、[37]そのような日々現実問題に直面していた唐朝の礼官たちの、苦労の一端と理解すべきであろう。

注

(1) 顔真卿については、『旧唐書』(中華書局標点本、一九七五年)巻一二八及び『新唐書』(中華書局標点本、一九七五年)巻一五三に立伝。このほか深谷周道訳注『顔真卿』(風媒社、一九七四年)、外山軍治『顔真卿——剛直の生涯』(創元社、一九六四年)、吉川忠夫『顔真卿伝——時事はただ天のみぞ知る』(法藏館、二〇一九年)がある。

(2) 胡戟・張弓・李斌城・葛承雍主編『二十世紀唐研究』政治巻、甘懐真「第五章　礼制」(中国社会科学出版社、二〇〇二年)一七八—一九二頁。

(3) 陳寅恪『隋唐制度淵源略論稿』「二　礼儀」(三聯書店、一九五四年初版。中華書局、一九六三年再版)四—八一頁。

(4) 楊寛『古史新探』(中華書局、一九六五年)第九~一四章参照。

(5) 関連論著は多数あるが、ここでは単行本として参照しやすい以下の数点のみをあげておく。西嶋定生『中国古代帝国の形成と構造』(東京大学出版会、一九六一年)、同『中国古代国家と東アジア世界』(東京大学出版会、一九八三年)、尾形勇『中国古代の家と国家』(岩波書店、一九七九年)、池田温主編『中国礼法と日本律令制』(東方書店、一九九二年)、渡辺信一郎『中国古代国家の思想構造——専制国家とイデオロギー』(校倉書房、一九九四年)、同『天空の玉座——中国古代帝国の朝政と儀礼』(柏書房、一九九六年)、古瀬奈津子『日本古代王権と儀式』(吉川弘文館、一九九八年)、金子修一『中国古代皇帝祭祀の研究』(岩波書店、二〇〇六年)、榎本淳一『唐王朝と古代日本』(吉川弘文館、二〇〇八年)。

(6) 以下、唐朝の行政機構の内容は、開元二十七年(七三九)成書、唐・李林甫等撰『唐六典』(陳仲夫点校、中華書局、一九九二年)を参照。

(7) 愛宕元「唐代における官蔭入仕について——衛官コースを中心として」(『東洋史研究』三五巻第二号、一九七六年)二四三—二七四頁。

(8) 『資治通鑑』(中華書局標点本、一九五六年)巻二一〇・唐紀二六の、睿宗景雲元年(七一〇)冬十月甲申(七日)条に付された注に、「唐世凡有国恤、皆以宰相為礼儀使、掌山陵・祔廟等事。」(六六五六頁)とある。

(9) 『旧唐書』巻二一・礼儀志、八三三頁。及び『資治通鑑』巻二一二・玄宗開元十一年(七二三)十一月条、六七五七頁。

(10) 顔真卿撰『大唐元陵儀注』一巻、已佚。唐・杜佑『通典』(王文錦等点校、中華書局、一九八八年)巻四一~一〇五・礼・沿革部分に佚文が分載されており、近年この佚文を集めて注釈を付したものが刊行された。『大唐元陵儀注新釈』(金子修一編、汲古書院、二〇一三年)参照。

(11) 『通典』巻四一・礼一・沿革一「礼序」、一一二一頁。

国初草昧、未暇詳定。及太宗踐祚、詔礼官学士修改旧儀、著吉礼六十一篇、賓礼四篇、軍礼十二篇、嘉礼四十二篇、凶礼六篇、国恤五篇、総百三十篇、為百巻。貞観七年（貞観十一年〈六三七〉の誤り）、始令頒示。高宗初、以貞観礼節文未尽、重加修撰、勒合成百三十巻、至顕慶三年（六五八）奏上。高宗自為之序。時許敬宗・李義府用事、其所取舍、多依違希旨、学者不便、異議紛然。上元三年（六七六）下詔、命依貞観年礼為定。儀鳳二年（六七七）、詔並依周礼行事。自是礼司益無憑准、毎有大事、輒別制・儀、援古附今、臨時専定。貞観・顕慶二礼、亦皆施行。

(12) 高明士『中国中古礼律綜論』「第九章　従武徳到貞観礼的成立」（商務印書館、二〇一七年）二八六―三三四頁。及び池田温「大唐開元礼解説」（古典研究会『大唐開元礼 附大唐郊祀録』光緒十二年洪氏公善堂校刊本影印、汲古書院、一九七三年）八二二―八三二頁。

(13) 前掲注11『通典』巻四一・礼序。

集賢院学士張説奏曰「礼記、漢朝所編、遂為歴代不刊之典、去聖久遠、恐難改易。但今之五礼儀注、已両度増修、頗有不同、或未折衷。請学士等更討論古今、刪改行用。」制従之。

(14) 前掲注12高明士論文、二八九頁。

(15) 『貞観礼』の編纂に参与したのは、『新唐書』巻五八・芸文志・儀注類（一四九一頁）の記載によれば八名で王珪の名はないが、『旧唐書』巻七〇・王珪伝の記述から、王珪も参画していたとみられる。前掲注12高明士論文、二八九頁参照。なお、以下の編纂参与者の在職期間については、厳耕望『唐僕尚丞郎表』（中央研究院歴史語言研究所、専刊之三十六、一九五六年初版）巻一～四を参照。

(16) 『北史』（中華書局標点本、一九七四年）巻三八・裴矩伝、一三八八頁に、「其年（仁寿二年八月）、文献皇后崩、太常旧無儀注、矩与牛弘・李百薬等拠斉礼（北斉礼）参定。」とある。

(17) 『旧唐書』巻二一・礼儀志、及び前掲注12高明士論文。

(18) 『唐会要』（上海古籍出版社点校本、一九九一年）巻三七・五礼篇目、七八二頁参照。また『顕慶礼』の性格については、呉麗娯「『顕慶礼』的革新内容及〝二聖〟政治的打造成功」（呉麗娯主編『礼与中国古代社会――隋唐五代宋元巻』中国社会科学出版社、二〇一六年）四二―六八頁を参照。

(19) 『旧唐書』巻二一・礼儀志、八一八頁には次のようにある。

上元三年（六七六）三月、下詔令依貞観年礼為定。儀鳳二年（六七七）、又詔顕慶新修礼多有事不師古、其五礼並依周礼行事。自是礼司益無憑準、毎有大事、皆参会古今礼文、臨時撰定。然貞観、顕慶二礼、皆行用不廃。

(20) 前掲注19『旧唐書』同条には、引き続き次のように記されている。

時有太常卿裴明礼、太常少卿韋万石相次参掌其事、又前後博士賀敳・賀紀・韋叔夏・裴守真等多所議定。則天時、以礼官不甚詳明、特詔国子博士祝欽明及叔夏、毎有儀注、皆令参定。叔夏卒後、博士唐紹専知礼儀、博学詳練旧事、議者以為称職。先天二年（七一三）、紹為給事中、以講武失儀、得罪被誅。其後礼官張星・王琇又以元日儀注乖失、詔免官帰家学問。開元十年（七二二）、詔國子司業韋縚為礼儀使、専掌五礼。

(21) 以下『開元礼』の編纂に参与した十名については『新唐書』巻五八・芸文志・儀注類、及び前掲注12『大唐開元礼 附大唐郊祀録』に付載の「撰書人名氏備考」、四頁を参照。また唐・林宝撰、岑仲勉校記、郁賢皓・陶敏整理、孫望審訂『元和姓纂（附四校記）』（中華書局、一九九四年）を参照。

(22)『唐六典』巻九・中書省・集賢殿書院条、二七九頁。唐代の集賢院については、池田温「盛唐之集賢院」（『北海道大学文学部紀要』一九、一九七一年。同氏『唐研究論文選集』中国社会科学出版社、一九九九年に収載）を参照。

(23)『新唐書』巻一四・礼楽志・三五二頁に「（開元）十三年（七二五）有事泰山。於是（張）説与右散騎常侍徐堅・太常少卿韋縚・秘書少監康子元・国子博士侯行果刊定儀注。」とある。

(24) 郁賢皓・胡可先『唐九卿考』（中国社会科学出版社、二〇〇三年）巻二・太常寺、七三頁。

(25) 唐朝祭祀における有司摂祭については、金子修一「唐代皇帝祭祀の親祭と有司摂事」（前掲注5金子著書所収、初出は一九八八年）を参照。

(26)『旧唐書』巻二三・礼儀志、八八八頁に、「親祀皇地祇於社首山上、……皇后為亜献、越国太妃燕氏為終献。」とある。

(27)『旧唐書』巻二三・礼儀志、八九三頁には、次のようにある。

張説謂徐堅・韋縚等曰「乾封旧儀、禅社首、享皇地祇、以先后配饗。……乾封之礼、文徳皇后配皇地祇、天后為亜献、越国太妃為終献、宮闈接神、有乖旧典。上玄不祐、遂有天授易姓之事、宗社中圮、公族誅滅、皆由此也。……斯礼以睿宗大聖貞皇帝配皇地祇、侑神作主。」乃定議奏聞。上従之。

(28)『大唐開元礼』巻六四・皇帝禅於社首山。なおここでは、開元十三年（七二五）の時と同様、皇地祇には睿宗の神主を配することになっている。

(29) 唐代における祭祀用の明水については、拙稿「唐朝祭祀における玄酒と明水――『大唐開元礼』の記載とその背景」（『駿台史学』第一一三号、二〇〇一年）を参照。

(30)『唐会要』巻一二・廟制度、三四一頁に、次のようにある。

開元四年（七一六）七月十八日、太常卿姜皎及礼官太常博士陳貞節・蘇献等上七廟昭穆議曰「礼、天子三昭三穆、与太祖為七、昭穆迭毀、……出為別廟、時祭不虧、……奉睿宗神主升祔太廟。（後略）

(31)『唐会要』巻一二・廟制度、三四三頁に「（開元十一年（七二三））其年七月二日、詔曰、（前略）太廟宜置九室、令所司択日啓告移造。」とある。

(32) 北宋・王欽若等編『冊府元亀』（周勛初等校訂『冊府元亀校訂本』鳳凰出版社、二〇〇六年）巻五九一・掌礼部・奏議、六七七五頁に、次のようにある。

武元衡為門下侍郎平章事、元和二年（八〇七）九月、与諸宰相上言「……臣等商量、毎歳除太廟時饗（享）、及太廟朔望上食、諸陵朔望奠、親陵朝晡奠外、余饗祀及忌日告陵等、並請停。（後略）」制可。

(33)『冊府元亀』巻五九一・掌礼部・奏議、六七七五頁に、次のようにある。

（元和）三年（八〇八）四月癸亥（十一日）、太常礼院上言、「……伏以太廟禘祫祭、礼重於時饗、准礼、時饗与禘祫同月、即其月但行禘祫祭、不行饗、蓋不欲煩、是礼先重者。……伏請至時饗及臘饗、其月朔望食請停、余月一准旧例。（後略）」

(34) 元和十四年（八一九）の礼議も、『冊府元亀』巻五九一・掌礼部・奏議、六七七六頁に、次のように記されている

元和十四年二月、太常丞王涇上疏、請去太廟朔望上食。詔令百官議。……国子博士史官修撰李翺奏議曰「……臣等以為貞観・開元礼並無太廟上食之文、以礼断情、罷之可也。至若陵寝上食、採『国語』『礼記』日祭月祭之詞、因秦漢之制、循而存之、以広孝道可也。」……（武）儒衡議曰「……太廟望祭、無所本拠。蓋異時有司、因其陵寝有朔祭望祭、以為宗廟既有

朔祭、則望祭亦合行之。殊不知宗廟朔祭、乃告朔也。臣以為宜罷此耳。(後略)」。事竟不行。

(35) 顔真卿撰『礼楽集』十巻、建中三年(七八二)成書、已佚。『新唐書』巻五八・芸文志・儀注類、一四九一頁に「顔真卿礼楽集十巻、礼儀使所定」とある。

(36) 『唐会要』巻六五・太常寺条参照。

(37) 『旧唐書』巻二一～二七・礼儀志、『新唐書』一一～二一・礼楽志、『通典』巻四一～一〇五・礼・沿革、『冊府元亀』巻五八五～五九三・掌礼部・奏議などに収載。

附記 本稿はJSPS科研費18K01005・18H00700・16H05678の助成を受けたものである。

劉知幾『史通』における五胡十六国関連史料批評
——魏収『魏書』と崔鴻『十六国春秋』を中心に

河内　桂

こうち・かつら——東京女子学院高等学校非常勤講師。専門は中国古代史。主な論文に「唐修『晋書』にみえる唐初の正統観」（『史料批判研究』五、二〇〇〇年）などがある。

五胡十六国時代の研究は唐代に正史として編集された『晋書』が根本史料であるが、それに先行する種々の史書があったことが知られている。これらの史書は散逸したものがほとんどであるが、編纂史料のなかにその断片をうかがうことができる。それらの史書には作成された時代ごとの価値観・意図が反映されている。劉知幾『史通』の史論からその一端を述べるものである。

古来、隋唐帝国誕生の揺籃期として五胡十六国時代から南北朝時代の研究が行われてきたなかで、五胡十六国史に関していえば、考証の基盤となるのは正史である北斉魏収撰『魏書』と唐房玄齢等撰『晋書』とである。これらに北魏崔鴻『十六国春秋』を再現した清湯球『十六国春秋輯補』と、『資治通鑑考異』や『太平御覧』偏覇部など所引の『十六国春秋』等のわずかな佚文とを加え、著述がなされてきた。しかしながらこれらの史料の間には紀年・称号等の記述内容にまま差異が見られるが、その史料的制約の大きさから、厳密な史料批判に堪えうるものではないとも考えられてきた。また北斉魏収撰『魏書』（以下、『魏書』とする）には穢史の批判甚だしく、[1]近年出土史料を用いた研究により鮮卑独特の官職名や「代」国号を『魏書』は意識して排除しているといった具体的な問題点が明らかとなり、編纂当時の民族問題を反映している可能性が指摘されてきた。[2]

『魏書』中の五胡十六国史関連の記述について史料批判の俎上に挙げるのならば、その対照は唐房玄齢等撰『晋書』

（以下、唐修『晋書』とする）や崔鴻『十六国春秋』が主となる。だが唐修『晋書』は記述対象時代から二〇〇～三〇〇年も降った唐貞観期における編纂であり、唐修『晋書』の記事相互間にさえ矛盾が複数見られる。その理由としては、総勢二十余名もの多数で任に当たり短期間に完成させたことがこれらの不統一を生んだと考えられてきた。なかでも載記の記述と、帝紀・伝の記述とにおいて差異が大きく、唐修『晋書』における載記の特殊性は大きなものであると指摘されている。[3]唐修『晋書』の編纂時には崔鴻『十六国春秋』に代表されるような先行する史書類が多数参照されたと推測されるが、[4]それらは唐末五代の混乱の中で早くに散逸してしまった。[5]現在我々が見ることができるのは、先に挙げた清湯球による『十六国春秋輯補』と、『資治通鑑考異』・『太平御覧』等にわずかに見られる佚文とである。

このようにみると、佚文を蒐集して『魏書』と唐修『晋書』とに可能な限り史料批判を加えることが研究の精度を挙げるに不可欠であることは論を俟たない。長年にわたり五胡十六国関連史料の佚文を蒐集してきた「五胡の会」の成果が『五胡十六国覇史輯佚』[6]にまとまったことは、この点で大変に喜ばしく、研究に寄与するところ極めて大であろうと推察される。ではこの貴重にして個々に零細な史料群を、相互に如何に位置づけ理解すべきかが次の課題である。その手がかりとして、唐代の史官である劉知幾による批評が、現在の我々にとって指標となり得る側面をある程度持つかと考える。劉知幾はその著述『史通』において諸々の史書に対して批評を加え、そのことにより史学の始まりと称される人物である。玄宗期の史官であり、五胡十六国に関する史料が散逸に遭う前にこれらに接する機会を得ており、とすれば彼は唐修『晋書』の編纂時に参照されたのと同じ史料を同時期に見ていたものと推測される。

『魏書』と崔鴻『十六国春秋』[7]に対しての劉知幾の批評を抽出し、劉知幾の基本的なスタンスを整理する試みとする。

一、劉知幾『史通』とは

劉知幾は唐龍朔元年（六六一）～開元九年（七二一）、徐州彭城の人である。『史通』自叙篇によれば、[8]『古文尚書』の講義に興味が持てずむしろ『春秋』左氏伝を好み、『史記』・『漢書』から唐の実録までを学び終えたという。「雑記小書に至るまで研究した」と自ら誇る。

長安二年（七〇二）、著作左郎に任ぜられ国史編纂、ついで起居舎人に遷り起居注を撰述した。『唐史』編修にたずさわるものの監修にあたった武三思と対立し、中書舎人に遷る。七〇五年中宗の即位にともない著作郎となり、『国史』・『武后実録』の編修にあたり、その間の景龍四年（七一〇）に、『史通』二〇巻を完成させる。[9] その後、太子左庶子と崇文館学士とを兼任し、開元初め（七一五年）左散騎常侍となり、『睿宗実録』・『則天実録』・『中宗実録』を編纂する。

『史通』執筆の動機について、『史通』自叙篇によれば、監修の貴官と意見が合わず、史書に対する自己の理念が実行しえないことを嘆き、『史通』を撰したという。内篇では史局にあって武三思や許敬宗のもと曲筆を強いられることへの批判を、外篇では韋后・玄宗への批判を、[10] それぞれ隠喩を用いて述べていると田中靖彦氏は指摘している。[11]

『史通』の構成は、内篇一〇巻三九篇[12]と外篇一〇巻一三篇[13]とからなる。残念ながら内篇の体統・紕謬・弛張の三篇は散逸している。[14]

『史通』は宋末から元の間にはあまり顧みられず、明の半ばに楊慎が取り上げてから漸く流行する。[15] 主な評注として、乾隆一二年（一七四七）の黄叔琳『史通訓故補』二〇巻・乾隆一七年（一七五二）の浦起龍『史通通釈』二〇巻[16]・乾隆三七年（一七七二）の紀昀『史通削繁』四巻などが挙げられる。

『史通』の特徴として言われるのは、主に以下の四点である。

・直筆…事実に忠実な叙述を旨とし、徹底的な史料批判を行う。無駄冗長な叙述、信頼できぬ事象を排除する。
・曲筆を批判する…偏りのない公平な立場で叙述するべきとする。
・勧善懲悪
・非聖…『春秋』・『尚書』の記述は信頼性に欠けるものが多いとしてこれらを批判する。

なかでも「非聖」は特筆すべき態度として多くの論者に取り上げられる点である。こういった特徴から劉知幾は歴史学の祖として語られるのだが、特にその歴史観において、劉知幾以前の歴史叙述と比較して多くの独自性が際立っている。簡潔にいえば、それは、『春秋』からの独立、正史についての定義、そして「史才三長」と称される才能・技能である。『春秋』からの独立とは、劉知幾が教学や王道を対象化し、教化の為ではない歴史、すなわち歴史叙述に忠実な史学を求めた態度である。史学の誕生と称される所以である。また、「正史」については、彼は漢書の断代・紀伝体を範とするものと定義した。こうした劉知幾の記述の態度が、「学」（史料収集）・「識」（史料批判）・「才」（表現力や構成力）、すなわち「史才」の三つの点で優れたものであると称されたのである。

二、『史通』に見る五胡十六国関連記述

それでは、五胡十六国について記述した諸々の先行する史書の記述態度に対して劉知幾がいかなる評論をしたのか、また更に五胡十六国のありようそのものに対する彼の考えを抽出してみたい。

『史通』の篇の中から、劉知幾が五胡十六国時代に言及した篇を取り上げ、その篇の概要と、史書に関する批評を整理する。併せて、その篇において劉知幾が五胡十六国あるいは五胡十六国史を評した語を抽出し、そこから五胡十六国に対する彼の認識を探ろうと思う。五胡十六国について言及のある篇を数えると計十四篇である。篇ごとに言及すべき点には多寡があり、またすべて挙げると冗長に過ぎるきらいも否めないが、『史通』全体を貫く劉知幾の五胡十六国認識を洗い出すのに有効な手段だと考えるのでここに示していこうと思う。

(一) 表暦篇

史書における表の必要性を論じ、崔鴻『十六国春秋』を評価する。劉知幾は五胡十六国について、「その間の諸偽、十有六家、正朔を附さず、自ら相い君長たり」と述べる。ここで「諸偽」・「君長」との語を用いており、これは五胡十六国の「国」「王」たちをそれぞれ、「偽」の国家、「王」とは呼べない「君長」とする劉知幾の慎重なとらえ方が表現されている。

(二) 題目篇

群雄割拠・分裂の時代の人物を正史で如何に扱うべきかを論ずる篇である。天下を争った人物は自らを君主と考えていたにもかかわらず、『漢書』では陳勝・項羽を、『魏志』では董卓・袁紹を、それぞれ伝に入れる点をとりあげ、史書の形式において「臣下」として記述することを非難した。これに対し『東観漢記』では、互いに天下の覇権を争った人物を載記に載せている点を善しとする。また、唐修『晋書』が初めて十六国の君長たちを「主」[17]として載記に載せて彼らの名を表わしたのは、いにしえの良い点に倣ったもの、として高い評価を与える。五胡十六国を、陳勝・項羽・董卓・袁紹らと同様に天下分裂の時代に争った人物と考え、それらを伝に入れて「臣下」として扱うことを戒め、載記に載せることを勧める。この篇では、五胡十六国の指導者たちを劉知幾は「主」と表現している。

次いで彼は史書の題目の付け方について評論する。魏収の『魏書』をとりあげ、伝の中に述べた領地・官職をその人物の姓名に冠して題目を為す点を非難する。その論述のなか

で、「江東帝主」として司馬叡・劉裕の伝をたてるのと並べて「河西酋長」たる前涼の張寔・西涼の李暠について言及がある。この「江東帝主」と「河西酋長」という二つの彼の語に正統性の有無を表現する意図があるか否か気になるところではあるが、少なくともこの箇所の劉知幾の筆致にはその点からの関心は認められない。しかし前涼・西涼を「河西酋長」と劉知幾が表現したことは注目したい。なぜなら、太宗の勅命によって編纂された唐修『晋書』においては、載記が設けられていわゆる五胡十六国諸国はそこに記述が入れられているのだが、前涼・西涼は載記ではなく伝が立てられており、扱いとしてはこの二つはその他の「五胡十六国」の諸国とは一線を画した形式となっている。それは、太宗期の正史編纂において前涼・西涼をその他の五胡十六国と区別し唐帝室につながる系譜として意識しているようにも見えるのであるが、それに反して「酋長」との語を用いる劉知幾の感覚は考察に値するとものを思われるからである。

(三) 断限篇

劉知幾は、正史とは『漢書』を範とした断代史であると考える。故に、正史においては以前の正史で触れられた事象は重複して述べるべきでないとする。しかし五胡十六国の分裂状況を記述しようとした際には、この原則に基づいて記述しようとすれば大きな問題に直面する。というのも、断代自体が困難であるという点である。晋は「金行」すなわち金徳、魏は「水運」すなわち水徳でもって天下を治めた、と一般にされている。断代を行うには、このように天命の変化を明確に判断することが必要となる。しかし、五胡十六国のような分裂状況の時代はそもそも断代が困難であり、劉知幾の断代主義に従うと記述すること自体が難しくなってしまう。

このような問題があるにもにもかかわらず、劉知幾はこれに対する回答を提示しないまま、魏収『魏書』が断代を無視し、伝に時代・地域を実際の北魏のものより広く記述対象としている点を非難している。

この篇の中では「五胡称制」「魏本出於雑種」「北呑諸偽」の語が見られる。五胡十六国の流れのうちいわゆる北朝、主に北魏を念頭において「雑」・「偽」との概念を当てていることが分かる。

(四) 称謂篇

分裂の時代の帝王号・諡号について考察する。三国時代を取り上げ、魏は王道からすれば逆賊であり一方で蜀が正統となり、王朝の期間からいえば魏は短く呉は長かったのであるが、こうしたことにかかわらず史家が判断を下して呉や蜀にあった帝王の号や諡号を去ることを不当として批判する。これに続けて劉知幾は五胡十六国を何と呼ぶべきかを考える。劉知幾は、晋の史家が五胡を憎んで群盗になぞらえるのは私怨であり、公平であるべき史家の態度でない、とこれを退ける。更に重ねて、こういった誤りを避けなければ五胡に対する歴史的評価ができない、と述べている。そしてこの点において、南梁蕭方等が編著した『三十国春秋』が初めて五胡諸国の諡を記録し、僭帝した者を「王」としたことを善しと評価する。

この篇の中で五胡十六国について劉知幾は「戎羯称制、各有国家、実同王者」「諸国名諡」「僭帝者皆称之以王」などと表現し、「定其得失」と記すが、それは五胡十六国が評価判断の俎上に上り得るのだという認識を示しており、五胡十六国時代をそのように認識すること自体が他には見られない稀有な態度といえる。

次いで北魏道武帝が祖先二十八人に帝号を追尊することに対して痛烈な批判を加えている。劉知幾は、称謂には古来の範例があるわけではなく当時の実態によるべしとする。また、北魏に対して「元氏、起於辺朔、其君乃一部之酋長耳」としていることに注目したい。北魏の宗室に対して五胡十六国と同じく「酋長」の語を用いているのである。ここから考えると、前涼・西涼であろうが、その他の五胡十六国であろうが、北魏であろうが、関係なくむしろすべてに「酋長」の語で対応しているように見受けられる。

（五）採撰篇

北斉魏収が『魏書』を編纂した時の態度について、魏収が北朝への肩入れが甚だしく、また沈約の『晋書』における誤った記載を『魏書』が盲目的に採録しているとして魏収の編纂を非難し、劉知幾はこれを通じて史官の愛憎による採録への影響を非難している。

（六）因習篇

南朝人士が五胡十六国を蔑み憎んでそれらの史書を「偽史」としたが隋もその態度を継承したという点をあげて、劉知幾はこれを不当だとする。具体例として、越王勾践や孫権の国も「偽国」になってしまうではないか、とその不適切さを示した上で、分裂の状況を安易に「偽」で表すことを非難する。ここには、互いの立場を非難する表現である「偽史」の語を用いるのは統一王朝が成立した後では相応しくない、とする彼の思想が窺える。しかし一方で、劉知幾自身が『史通』古今正史篇において崔鴻の『十六国春秋』に対しこの語を用いた箇所もあり彼自身が矛盾していることから、唐修『晋書』が完成した後ではそれに先行する様々な史書に対して「偽史」と称するのは既に定着した表現であったかとも思われる。

（七）言語篇

夷狄の言葉を翻訳すること自体は問題ないが、妄りに古典からの修辞で飾りたてあたかも彼らの文化水準が高いかのように見せて事実を失するのは誤りである、と糾弾する。この篇で劉知幾は、他の史書でも頻出する「被髪左衽」・「偽国諸史」・「夷音」の語で文化の低いこと、またその諸国・諸史書を表現している。また、北朝を「中国」とする珍しい表現もある。

（八）浮詞篇

古典に依拠した過度の修辞を退けよ、と論述する。「魏氏始興辺朔、少識典」ともあり、北魏の文化程度を低いものとしていることが窺える。

（九）叙事篇

まず、人物を叙述する際に類似した古人に例える手法について肯定的に述べ、崔鴻『十六国春秋』で慕容沖が苻堅に寵愛されるのを戦国の魏王と龍陽君のようであるとするのは当を得ているとする。次に、裴景仁『秦記』に苻堅の食事の作法の中に「盤（さら）をとる」とあるのにもかかわらず、これを崔鴻『十六国春秋』では「案（わん）をおす」と改め表現している例を挙げ、古風典雅にこだわるあまり実際の風俗を妄りに改めて記述したもので、時代風俗の違いを分からなくする原因であると劉知幾は戒める。その際、劉知幾は「胡族不施冠冕」と書き添えていることから、劉知幾も苻堅について冕冠を身に着けないような「胡族」であると認識していたことが看取できる。

総じていえば、劉知幾が「自雑種称制、充牣神州、事異諸華、言多醜俗」と述べるように五胡十六国時代以降は実際にはその言葉や習俗が中華と違っている点が多いのに、しかし『魏書』や『周書』ではそういったことを隠蔽し中華風に書き換えている点を非難するのである。

（一〇）探賾篇

この篇では、史書を著す史家の意図というものを劉知幾が如何に考えているかが記述される。魏収が崔鴻について、その父祖が南朝に仕えたことを恥じて公にしたくないが故に南朝の記録を『十六国春秋』に入れなかったと非難した点を取り上げ、崔鴻は晋の君主でさえも五胡十六国の君主らと同列に「主」として述べており、魏収の非難が当を得ていないと反論し、むしろ魏収『魏書』が南朝を「島夷」として貶めて伝に立てることを難じる。

ここの劉知幾の記述では「自二京板蕩、五胡称制」・「偽史」・「中原乏主」・「逖彼東南更為正朔」等の表現が五胡十六国に対して用いられ、また北朝に対して「偽邦」の語もみられ、五胡十六国・北朝に関して「偽」の表現が散見される。これは（六）因習篇の箇所でも触れたことだが、史書を安易に「偽史」として貶めること自体は劉知幾も誡めるにしても、古今正史篇で自身その語を用いてしまうように、分裂時代を毀誉褒貶なく記そうという思想の劉知幾でさえ使用してしまうまでに定着した語であったことが分かる。むしろ「偽」と当てることが当然であった五胡十六国に対し、価値判断が大きく入れずにあるがままに記述したものと判断して崔鴻『十六国春秋』を高く評価する点が劉知幾の斬新さであることを逆に明確に示す事例である。

（一一）書事篇

史書に載せるべき記事について検討する。劉知幾は瑞祥に関する記述について、君主の徳が少なく政治が劣悪であるほど多く生み出された信頼できない事象として退ける。例として、前趙の劉淵や後趙の石勒の時には曹操・司馬睿の時よりも瑞祥の数が倍増している、という。この例示の仕方を見ると、前趙劉淵や後趙石勒を徳少なく政治劣悪と劉知幾が認識していることが看取できる。こうした認識は唐修『晋書』では再三再四繰り返される五胡政権に対する否定的態度ではあるのだが、劉知幾『史通』においては多くはない。

（一二）史官建置

劉知幾はこの篇で、三国と五胡十六国にも見るべき史官があると述べる。分裂の時代の史書を一概に「偽」と切り捨てるのではなく、他の史料と同等の史料的価値があるものとして認めている。篇の中で「偏隅僭国、夷狄偽朝」というように五胡十六国について貶める表現はあるものの、だからと言ってその史書の価値を損なわないという劉知幾の態度が繰り返されるのである。

（一三）古今正史篇

五胡十六国の諸々の史書の成立について概述する篇であるが、ここでは批評はほとんど行わない。ただし魏収『魏書』については、「諂齋氏、於魏室多不平。既党北朝、又厚誣江左」・「穢史」といった表現を用いて、魏収の私情による偏りが激しいと強く否定する。

（一四）雑説篇

苻堅の領域が石虎のそれより狭いとする臧栄緒『晋書』の誤りを指摘する。また、崔鴻や魏収が、当時の言葉を書き変えて整えた点を非難し、「自二京失守、四夷称制、夷華相雑、音句尤媸」と記している。

以上、劉知幾が諸々の史料に対して行った批評を、五胡十六国史を中心に史料の成立順に概要をまとめると、次の**表**の

表　『史通』における批評一覧

史料	否定的評価	肯定的評価
『漢書』	陳勝・項羽を伝に入れるのは、「臣下」としての記述。【題目】	正史とは『漢書』を範とした断代史である。【断言】
『魏志』	董卓・袁紹を伝に入れるのは、「臣下」としての記述。【題目】	
『東観漢記』		互いに天下を争った人物を、臣下としてではなく載記に載せる。【題目】
蕭方等『三十国春秋』		初めて五胡諸国の謚を記録し、僭帝した者を「王」として記載する。【称謂】 『春秋左氏伝』のように、優れた人物の功績を書かずとも端的な会話を載せるだけで示す。【模擬】
崔鴻『十六国春秋』	当時の習俗を古の雅にふさわしく書き換えた箇所がある。【叙事】【雑説中】	表の必要性を論じ、評価する。【表暦】 人物を類似した古人に例える手法が当を得ている。【叙事】 南朝を辱めず、晋の君主を五胡十六国の君主と同列に「主」として記載する。【探賾】
魏収『魏書』	伝中に述べた領地・官職を姓名に冠して題目を為す。【題目】 断限を無視し、時代・地域を実際より広いものとして伝に記載する。【断限】 言葉や習俗が中国と違っていたのに、それを隠して書き換える。【叙事】 南朝を「島夷」として貶め、伝に入れる。【探賾】 魏収の私情による偏りが激しい。【古今正史】 当時の実際の言葉を、書き換え整えた。【叙事】【雑説中】	
藏栄紹『晋書』	支配地域の比較における誤りを指摘する。	
唐収『晋書』		初めて十六国の「主」を載記に載せて彼らの名を表したのは、古の良い点に倣ったものとして高く評価する。【題目】

ようになる。**表**の上段には劉知幾が否定的評価をした点、下段には肯定的評価をした点を挙げる。【 】内は、その評価が記されている『史通』の篇名である。

このように整理してみると明らかとなるのは、以下の二点ではなかろうか。まずは、魏収『魏書』への強い批判である。北魏におもねるあまり、断代を無視して記述を広げ、事実を曲げ、胡族の風習があったにもかかわらずこれを隠蔽し、そして南朝を貶める、と劉知幾は批判する。第二に、崔鴻『十六国春秋』への高い評価である。表を備え、叙述に優れ、五胡十六諸国の君長と晋の皇帝とを同じく「主」と称する、という点を高く評価している。

全体の傾向として看取できるのは、実態としては覇権を競っていた者に対して臣下としての形式で記述して実像を歪めることをせず、例えば「王」（蕭方等『三十国春秋』）や「主」（崔鴻『十六国春秋』）として極力実態に沿うように記述する態度を善しとし、或いは伝ではなく載記に入れる（『東観漢記』・唐修『晋書』）ことを高く評価する点である。

三、『史通』に見る劉知幾の五胡十六国史観

劉知幾の記述には、唐修『晋書』に横溢している、五胡十六国を貶める表現（「僭称」・「僭盗」・「僭即皇帝」など）や五胡十六国の君長を非道と難ずる表現はほとんど無い。憎愛の念からの偏りを排し事実を直筆すべし、という劉知幾の史官理念から来る冷徹さの現れであろう。断代主義を取る劉知幾にとって五胡十六国時代のような分裂の状況は断代に大きな困難が生ずるのだが、魏収『魏書』・唐修『晋書』などに一般的にみられるような、他者を正統でない賊盗として罵倒する態度ではなく、その分裂状況を毀誉褒貶抜きで史実として記すべきものと主張している。

ここに五胡十六国を評して『史通』に登場する語を大別して挙げる。篇名を（ ）に示す。

・地位関連　君長（表暦）　主（題目）　酋長（題目）　実同王者（称謂）　王（称謂）　竊號（古今正史）

・諡号関連　諸国名謚（称謂）

・「国」関連　諸偽（表暦）　各有国家（称謂）　偽邦（探賾）　偏隅僭国、夷狄偽朝（史官建置）

・称制関連　五胡称制（断限）（探賾）　戎羯称制（称謂）　雑種称制（叙事）　四夷称制（雑説中）

・史書関連　偽史（因習）　偽国諸史（言語）　偽史（探賾）

・文化関連　被髪左衽（言語）　夷音（言語）　苻堅方

食無盤（叙事）　胡族不施冠冕（叙事）

事異諸華、言多醜俗（叙事）　夷華相雑、音句尤媸（雑説中）

出於雑種（断限）　元氏、起於辺朔（称謂）　酋長（称謂）　魏氏始興辺朔、少識典（浮詞）

・北魏関連

魏収『魏書』や唐修『晋書』では、敵対勢力（唐修『晋書』における五胡十六国や北魏、『魏書』における南朝）に対して貶める語や叙述が頻出する。しかし劉知幾は非漢民族を表現する語として「胡」・「夷」という表現は用いるもののそこに特段の侮蔑や非難は含まず、むしろ「君長」・「主」・「王」・「国家」・「称制」といった一定の是認を含む語を五胡十六国に対して用いる点が、特筆に値する。

　そもそも劉知幾自身は、南北統一なった後の『隋書』経籍志において五胡十六国に関する史書を「偽史」と分類するのは不適当である、と『史通』因習篇で明言した。それにもかかわらず『史通』の文中においても「偽」を冠する語が散見されるのは、この語が一般に定着して行われている状況での便宜的使用なのだと推定できる。なぜなら、「偽」の使用を弁解するかのように、「偽国」の語は久しくあり勾践・孫権の国と同じくこの類に属するのだ、と『史通』因習篇でも説明を付加している。劉知幾においては、「偽」の字にそれを糾弾する意図は無く、単に「正朔では無いが」という記号程度の意味から用いているようである。

　こうした態度が『資治通鑑』と一致するという福島正の指摘[18]は興味深い。『資治通鑑』は五胡十六国諸政権に対してもはや「偽」という語を附すこともない。常套句であった「盗」・「僭称」・「偽皇帝位」の語も無く、「主」・「王」・「即皇帝位」の語を用いる。これは唐修『晋書』と対照すれば顕著に感じられる違いである。稲葉氏も「結語」において、「劉知幾によって確立された歴史叙述の体例は宋代以降の歴史家たちに継承された」とし、また司馬光の評論は「臣光曰」に限定されている点をとりあげ、「評論部以外は厳正な考証にもとづく客観的な歴史叙述でうめつくされている」と指摘している。[19] 価値判断を排した客観的な歴史叙述を劉知幾は主張したが、司馬光がこの点で劉知幾と思想を一にしたのなら、彼が『資治通鑑』において史料として崔鴻『十六国春秋』を尊重し多用するのは、その論理的帰結として当然といえるかもしれない。

注

（1）内田吟風「魏書の成立について」（『東洋史研究』巻二巻第六号、一九三七年）。

（2）川本芳昭「漢唐間における「新」中華意識の形成」（『東洋史論集』（九大）三〇、二〇〇二年）、松下憲一「北魏の国号「大代」と「大魏」」（『史学雑誌』第一一三編六号、二〇〇四年）、佐川英治「東魏北斉革命と『魏書』の編纂」（『東洋史研究』第六四巻第一号、二〇〇五年）。

（3）唐修『晋書』載記の紀年矛盾については拙稿「五胡十六時代に関する諸史料の紀年矛盾とその成因——唐修『晋書』載記を中心として」（『史料批判研究』第四号、二〇〇〇年）にて整理し、そこから『晋書』を編纂した貞観期の正統観が窺える可能性があることを論じた。拙稿「唐修『晋書』にみえる唐初の正統観——五胡十六国の称元法の検討から」（『史料批判研究』第五号、二〇〇〇年）。

（4）唐修『晋書』の編纂時に全体的に依拠したであろう史料は「十八家晉書」と総称される。唐太宗の「修晉書詔」（『全唐文』巻八）や劉知幾『史通』巻一二古今正史によると「十有八家」の史書が既にあるというからである。しかし五胡十六国に関して記述する載記は、別の史料を主に利用していると考えられる。なぜなら、『晋書』と同時期に編纂された『隋書』の経籍志史部に「覇史」として名が挙げられている中の二十余種が五胡十六国史に関するものと考えられ、これらが『晋書』の編纂に用いられたと推測できるからである。

（5）『隋書』経籍志にみえる覇史の大部分は唐末五代の混乱の中で早くに散逸したようで、その後の『宋史』芸文志史類にはわずかに五種しか見えない。

（6）五胡の会編『五胡十六国覇史輯佚』（燎原書店、二〇一二年）。『世説新語』や『敦煌秘笈』から宋代の類書まで、五胡十六国諸政権に関する史書の佚文を蒐集・整理したもの。想像もつかないような大変な労力と時間を割かれた驚嘆すべき成果であり、以後の五胡十六国史研究においては必携の史料集である。

（7）崔鴻『十六国春秋』の成立や佚文の継承については、梶山智史「崔鴻『十六国春秋』の成立について」（『明大アジア史論集』第一〇号、二〇〇五年）、「屠本『十六国春秋』考——明代における五胡十六国史研究の一班」（『史学雑誌』第一一九編七号、二〇一〇年）がある。

（8）『史通』序、同じく自叙、同じく忤時、参照。またこれらを整理して『旧唐書』巻一〇二劉子玄伝が作られた。西脇常記編訳注『史通内篇』（東海大学出版会、一九八九年）「解説」参照。

（9）『史通』序による。ただしあきらかに後年の挿入と分かる箇所が複数あり、改稿を続けたと考えられる。注8前掲西脇常記編訳注『史通内篇』（東海大学出版会、一九八九年）「解説」参照。

（10）注8に前掲の西脇常記編訳注『史通内篇』（東海大学出版会、一九八九年）「解説」において、『史通』は景龍四年（七一〇）に完成したわけではなく明らかな後年の加筆があると指摘し、稲葉一郎は外篇を晩年左遷されるまでに著したという（『中国の歴史思想——紀伝体考』創文社、一九九九年）。

（11）田中靖彦「唐代における三国正統論と『史通』——曹魏描写に込められた劉知幾の唐朝観」（『中国——社会と文化』二〇、二〇〇五年）。

（12）六家　二体　載言　本紀　世家　列伝　表暦　書志　論賛　序例　題目　断限　編次　称謂　採撰　載文　補注　因習　邑里　言語　浮詞　叙事　品藻　直書　曲筆　鑑識　探賾　模擬　書事　人物　覈才　序伝　煩省　雑述　弁職　自叙　体統　紕繆　弛張。

（13）史官建置　古今正史　疑古　惑経　申左　点煩　雑説上

雑説中　雑説下　五行志錯誤　五行志雑駁　暗惑　忤時。

(14)『新唐書』劉知幾伝にはすでに「四九篇」としていることから、成立後早くに失われたものと考えられている。

(15) 福島正「『史通』擬古篇論考――述者の立場」(『中国思想史研究』第四号、一九八一年)。

(16) 現在『史通』研究に利用されるのは、主にこの浦起龍『史通通釈』(上海古籍出版、一九七八年)である。本論もこれに拠る。

(17)「主」という表現は、『史通』以外では司馬光『資治通鑑』が三国の呉・蜀、十六国、五代十国の君主に用いる。この点について福島正は、分裂期の歴史を正確に記述するために公正な立場を保持することは絶対条件である、という劉知幾・司馬光の両者に共通の立場が看取できるとする。福島正「『史通』と『資治通鑑』」(『中国思想史研究』一八、一九九五年)参照。

(18) 注16参照。

(19) 注10稲葉一郎著書、一九五頁参照。

六世紀新羅における識字の広がり

橋本　繁

はしもと・しげる――韓国・慶北大学校人文学術院ＨＫ研究教授。専門は朝鮮古代史。主な著書・論文に『韓国古代木簡の研究』（吉川弘文館、二〇一四年）、「蔚州川前里書石原銘・追銘にみる新羅王権と王京六部」（『史滴』四〇、二〇一八年）、「蔚珍鳳坪里新羅碑の再検討」（『東洋文化研究』二〇、二〇一八年）などがある。

新羅における識字の広がりを出土文字史料から明らかにする。碑文の書き手としてみられるのは、六世紀の初めには王京人のみであったが、次第に地方の郡、村レベルへと広がっていく。また、荷札木簡の作成や地方官との文書木簡のやりとりなど、さまざまなレベルの文書行政で地方民が大きな役割を果たしていた。

はじめに

東アジアにおける漢字文化の伝播については、中国を中心とする冊封体制からの説明がなされてきた。すなわち、中国とは言語が異なるにも関わらず周辺地域に漢字が伝播したのは、中国との国際関係を成立、維持するために漢文を解読し作文する必要があったからであり、漢字文化圏の形成は、文化史的現象としてのみ理解されうることではなく、中国との政治関係を前提として理解されうる、というものである。(1)

しかし、韓国における出土文字史料の増加により、こうした論理のみでは説明しえない事実が明らかになっている。例えば、新羅や百済の木簡が、古代日本の木簡と多くの共通点を持っていることが分かった。これは、日本が中国王朝と外交関係をもっていなかった時期に、朝鮮半島の国々から文化的な影響を受けたためと考えられる。中国王朝との外交関係だけでなく、周辺諸国の交流によっても漢字文化が伝播したことが、出土文字史料によって裏付けられるようになっているのである。(2)

また、ある社会内部における漢字文化の広がりについても、国家間の関係だけでは説明できないことが指摘されている。古代日本の地方社会における漢字受容について、従来、中央の律令政府が中央集権的な文書主義を採用したことによって官人たちが漢字を使いこなさざるをえなくなり、地方官衙を通じて地方社会へも浸透していったとされてきた。しかし、七世紀にさかのぼる地方木簡が数多く発見されたことによって、地方豪族が主体的に多用なルーツを通じて漢字文化を受容したとされる。(3)

本稿では、出土文字史料を用いたこうした研究動向をふまえて、六世紀新羅の地方社会における漢字文化の受容について考察を加えていく。この時期の新羅は、国家制度の整備や領土の拡大など古代国家形成の画期であると同時に、数多くの金石文や木簡が残されている。筆者はこれまで個々の資料について再検討をおこなっており、(4)それらの成果を総合することで課題に接近していきたい。

一、碑文の書き手

(一) 六世紀前半の碑文の書き手

次頁に掲げる**表1**は、六世紀の新羅石碑にみられる立碑担当者を整理したものである。

最古の新羅碑文は、二〇〇九年に発見された五〇一年建立の浦項・中城里碑である。(5)中城里碑は、新羅の王や有力者の命令である「教」を伝える碑であり、同様の碑は六世紀の前半にさかのぼるものが数多く発見されている。それらはいずれも、王京ではなく地方に建てられている。その内容についてみてみると、中城里碑と浦項・冷水里碑(五〇三年)は、何らかの財物をめぐる争いが地方で起き、その判決を記したものである。五二四年の蔚珍・鳳坪里碑は、「奴人」である男弥只村の有力者らに杖刑を執行したことを記している。五四五＋α年の丹陽・赤城碑は、この地域へ新羅が進出するに際して功績をあげた人物およびその家族に恩典を与えたことを述べている。(6)そのほか、蔚州・川前里書石は、女性を中心とした王族たちがこの地に遊来したことについて記録したものである。

これらの碑文の書き手は、**表1**から分かるようにすべて「京位」を帯びている。統一以前の新羅では、王京の人間は「京位」、地方の人間は「外位」という異なる官位体系のもとにあった。六世紀の前半、碑文を書いたのは京位をもつ王京人であり、地方民が石碑の書き手である事例はない。

(二) 口頭による伝達

一方、碑文の読み手として想定されていたのは、石碑がす

表1　新羅石碑の立碑担当者

年代	資料名	役名	職名	出身地	人名	官位	等級
五〇一	中城里碑	典書		(牟旦伐喙)	与牟豆		
五二四	鳳坪里碑		悉支軍主	喙部	□夫智	奈麻	11
		書人			牟弥斯利公	吉之智	14
				沙喙部	□文	吉之智	14
		新人		喙部	述刀	小烏帝智	16
				沙喙部	牟利智	小烏帝智	16
		立石碑人		喙部	博士		
五二五	川前里書石(原銘)	作書人		(沙喙部?)	弟〃尒智	大舎帝智	12
五四五	赤城碑	書人		喙部	□□□	□□	?
		石書立人	非今皆里村［	?	］智	大烏	15
五五一	明活山城碑	書写人		(烏大谷)	須欣利	阿尺	⑪
五七八	塢作碑	文作人		(烏珎叱只村)	壹利兮	一尺	⑨
五九一	南山新城碑 第1碑	(郡上)	文尺	(奴含村)	□文知	阿尺	⑪
		(城徒上)	文尺	(阿良城)	竹生次	一伐	⑧
	第2碑	(郡中上人)	文尺	(沙戸城)	美叱□之	一伐	⑧
		(作上人)	文尺	(阿大兮村)	得毛□之	一尺	⑨
	第3碑	(部監)	文尺	(喙部)	仇□	小舎	13
		(里作上人)	文尺	(喙部)	久匠	吉士	14
	第4碑	［ ］	［ ］	［ ］	［ ］古	一伐	⑧
		(□上□)	書尺	(古生村)	夫［ ］	［ ］	?
	第5碑	［ ］	［ ］	［ ］	［ ］	［ ］	?
		(城徒上人)	文尺	(?)	一利	上干	⑥
	第9碑	(郡上人)	文尺	生伐	只次支	一伐	⑧
		(城徒上人)	文尺	伊同村	□次兮	阿尺	⑪

※（　）は碑文には記されないが推定したもの。［　］は碑文が欠損している部分。等級の数字のみは京位、丸数字は外位。

べて地方に所在していることと内容からみて、地方の人々であることは明らかである。では、これらの碑文を、現地の人々は直接読んで理解しえたのだろうか。

中城里碑には「使人果西牟利白口『若後世更噵人者与重罪』」とあって、王京から派遣された「使人」である「果西牟利」という人物が、「もし、今後、ふたたび争いを起こせば重罪を与える」という命令を現地の人々に「白口」して伝えている。また、冷水里碑にも「典事人（中略）此七人踉跡所白了事、煞牛抜誥故記」とあって、「典事人」の七人が判決内容を「白して事を了え」た後に殺牛祭祀をしたと書かれている。これら「白口」「白」は、口頭による伝達を意味するとみられる。判決を石碑に書き記しているとはいえ、少なくとも六世紀初めにおいては、現地の人々が碑文を読んで理解できないために口頭で伝える必要があったものと考えられる。

このように六世紀前半の新羅では地方で建てられた石碑が多くみられるものの、碑文を書いたのは王京人であり、また、地方の人々が直接碑文を読みえたとは考えにくい。

(三) 六世紀後半の碑文の書き手

ところが、六世紀後半になるとこうした状況は明らかに変化している。**表1**にみられるように五五一年の明活山城碑を書いた「書写人」、五七八年の大邱・塢作碑(うさくひ)の「文作人」、五九一年の南山新城碑の「文尺」「書尺」は、いずれも外位をもっており地方出身の人物であることが明白である。地方の人々が碑文を書き記すようになるのである。

このうち、明活山城碑と南山新城碑は、いずれも王京を防禦する山城を築くために全国から地方民を動員した際の記録である。この二つの築城碑の比較を通じて、六世紀後半に識字が広く地方社会に浸透していったことをみていきたい。(7)

表2　南山新城第二碑歴名表

	役名	職名	出身	人名	官位	等級
A		阿旦兮村道使	沙喙	勿生次	小舍	13
		仇利城道使	沙喙	級知	小舍	13
		答大支村道使	牟喙	所叱□知	大烏	15
B	郡中上人		沙戸城	本西利之	貴干	④
			久利城	首□利之	撰干	⑤
		匠尺	沙戸城	可沙里知	上干	⑥
		文尺		美叱□之	一伐	⑧
C	作上人			所本之	上干	⑥
		工尺		可尸□之	一伐	⑧
		文尺		得毛□之	一尺	⑨
D	面石捉人			仁尓之	一伐	⑧
	胸石捉人			□□叱兮之	一尺	⑨
	不石捉人			□安尓之	彼日	⑩
	小石捉人			兮利之	彼日	⑩

(四) 南山新城碑

まず、**表2**は、これまでに十碑みつかっている南山新城碑のうち第二碑に記された人名全体を整理したものである。表の上端のA～Dは、それぞれの人物の役割を表わしている。Aは王京人であり、邏頭(らとう)や道使などの地方官として派遣されている。B～Dは地方民であり、Bは郡レベルの責任者、Cは城・村レベルの責任者、Dは城・村レベルの技術者である。

文字を書くことを担当したと推定される「文尺」は、Bの郡レベルの「美叱□之・一伐」だけでなく、その下位であるCの城・村レベルにも「得毛□之・一尺」が確かめられる。他の南山新城碑も、前掲の**表1**にみられるように郡レベルの文尺と城・村レベルの文尺とが必ず存在している(第四碑のみ「書尺」)。

南山新城は、第二碑の冒頭に「阿大兮村」とあり、末尾に

表3　明活山城碑歴名表

	役名	職名	出身	人名	官位	等級
A	上人	邏頭	本波部	伊皮尓利	吉之	14
B	郡中上人	匠人	鳥大谷	仇智支	下干支	⑦
				比智烋	波日	⑩
				抽兮	下干支	⑦
				立叱兮	一伐	⑧
				為尖利	波日	⑩
	書写人			須欣利	阿尺	⑪

「受作七歩四尺」とあるように、郡の下の城・村を単位に力役動員をおこなって城壁の築造を担当させたものである。それに対応するように、郡と城・村にそれぞれ書き手がいたのである。

(五) 明活山城碑

一方、それより四十年前の明活山城碑では、**表3**でみられる通り、Aの地方官およびBの郡レベルの責任者については書かれているが、C・Dの城・村レベルについては詳しく書かれていない。そして、碑文にみられる人々は、末尾に記されている「書写人」も含めて、すべて「鳥大谷（郡）」の出身者であったとみられる。明活山城碑の段階では、郡を単位に人々を動員しており、書き手である「書写人」も郡単位で存在していたものとみられる。

(六) 書き手の広がり

この二つの碑の比較から、五五一年には郡レベルで文字の書き手が存在していたが、それから四十年後の五九一年の段階には、郡レベルからさらに下の城・村レベルにまで書き手が広がっていたと捉えられる。

そして、文字の書き手が広がっただけではなかった。明活山城碑の「書写人」は、碑文を建てる際に文字の書写を担当したという臨時的な意味の〈役名〉とみられる。それに対して、南山新城碑の郡や城・村レベルの「文尺」は、単に碑文を建てた際の役割分担ではなく、恒常的な国家的官職としての〈職名〉であったと考えられる。すなわち、郡や城・村において地方民が日常的な文書行政を担うようになっていたと想定されるのである。

(七) 塢作碑の書き手

六世紀後半、新羅地方社会における文字の書き手は、郡から城・村レベルへと広がっていった。このような村レベルにおける識字層の実態については、大邱・塢作碑にもみることができる。(8)

「塢」は、とりでなどの防御施設の意味もあるが、新羅では貯水池などの堤の意で用いられる。塢作碑には王京から派遣された地方官などはみられず、塢の築造を主導したのは冒頭にみられる「都唯那」の二人である。この二人については、従来、京位をもっていることから中央の僧官であり、この地域が王京に所在する国家的寺院に与えられた禄邑であったという理解もあった。しかし、釈文を再検討したところ京位は確認されないため、この地域の在地の寺院が主体となって作られたものであるとみられる。

そして、碑文には、築堤のために三一二人が十三日間動員されたと記されている。これらの人々は、築堤を指導した

表4　塢作碑歴名表

役職名	出身地	人名	官位等	等級
都唯那		寶藏	□□□	
都唯那		慧藏	阿尼	
大工尺	仇利支村	壹利刀兮 上□豆尓利（兮カ	貴干支 干カ）	④
道尺	辱生之□村	□□		
	夫作村	筆令	一伐	⑧
		奈生	一伐	⑧
	居乇村	代丁	一伐	⑧
	另冬里村	沙等乙	一伐	⑧
	珎得所利村	也温失利	一伐	⑧
	烏珎叱只村	□□□	一尺	⑨
小工尺		另所兮	一伐	⑧
		伊叱等利	一尺	⑨
		伊助只	彼日	⑩
文作人		壹利兮	一尺	⑨

「大工尺」「道尺」の出身地としてみられる七つの村から動員されたのであろう。主に動員された村は、碑の所在地でもある「另冬里村」とする見解もあるが、「小工尺」の三人の出身地である「烏珎叱只村」であったと考えられる。この村は、碑文の書き手である「文作人」の出身地でもある。六世紀後半、在地の人々が主体となって水利施設の築堤を行い、それを自らの手で記録することができたのである。

二、咸安・城山山城出土の荷札木簡

次に、郡や城・村が担った日常的な文書行政の実例として、慶尚南道咸安郡の城山山城で出土した木簡についてみていきたい。(9)

城山山城からは一九九一～二〇一七年の発掘で二四五点の木簡が出土した。韓国で出土した木簡の合計が約八五〇点、古代木簡はそのうち約六〇〇点であり、城山山城木簡が大きな割合を占めている。

年代について、五六〇年前後の一括史料とされてきたが、近年、共伴する土器の年代などから七世紀初めまで下す見解や、数十年の年代幅があるという主張がなされている。(10)また、一七次発掘調査（二〇一四～二〇一五年）で出土した木簡に「壬子年」という年代を明記した木簡が初めて出土し、五三

二年説、五九二年説が出されている。従来の五六〇年頃であれば明活山城碑と同時期であるが、壬子年が五九二年であれば南山新城碑と同時期となる。また、一括なのか年代幅があるのかも、史料の評価に関わる重大な問題である。だが、いずれも今後の検討課題とせざるをえず、本稿では、おおよそ六世紀後半の史料であることのみを前提にみていきたい。

（一）城山山城木簡の用途

城山山城木簡の大部分は穀物の荷札であり、「地名＋人名＋物品」という記載内容をもつ。木簡にみられる地名は、現在の慶尚北道を中心とする広い地域にわたっており、各地から城山山城に穀物が運び込まれていたことを物語っている。物品名の穀物は、ほとんどが稗であり、一部に麦、米がみられる。

木簡にみえる稗について、当初は馬の飼料であるとか駐屯する軍・官・労役動員者の食料など山城内で使用されたものと理解された。それは、木簡の出土地が城内の貯水池と推定されたためである。ところが、その後の発掘によって、木簡の含まれる層は旧地表面の形成と排水施設の一環として人為的に造成されたものであることが明らかになり、[11]稗は軍糧ではなく、築城に動員された人々の食糧であると考えられる。

（二）城山山城木簡の制作地

では、これらの木簡はどこで作成されたのだろうか。

当時の新羅の地方制度は、州―郡―城・村からなっていた。木簡の発見当初は、州レベルで作られたという説も出された。しかし、木簡の大きさ、両面に書くか片面に書くかの傾向、物品名表記で品目のみか数量（「石」）まで記すかなどの記載様式をみると、「仇伐」「仇利伐」「古阤」などの郡ごとに特徴がみとめられる。したがって、木簡の作成において、郡が重要な単位であったといえよう。

さらに、筆跡をみてみると、郡のなかでも複数の書き手が存在したことが想定される。城山山城木簡のなかで三十点以上と最大の点数をもつ「仇利伐」の木簡では、「上彡者村」の四点は同一の筆跡である一方、「前谷村」「末甘村」など他の村の木簡とは筆跡が異なっている。また、十五点出土している「古阤」の木簡には、「伊骨利村」三点、「一古利村」八点、「新村」二点がある。伊骨利村と一古利村は同じ村の異表記である可能性があり筆跡も同一の可能性があるが、すくなくとも新村は筆跡が異なっている。いずれも事例が少ないため村単位で書き手が異なっていたとは断定しがたいが、村も荷札作成においてなんらかの役割を果たしていた可能性が高い。[12]

そして、郡あるいは城・村において、これら木簡に文字を記すことを担当していたのは、石碑で「書写人」「文尺」「文作人」と呼ばれている地方民であったとみてよいであろう。郡または村における荷札の作成という日常的な文書行政が、地方民によって担われていたのである。

ただ、荷札のより具体的な使用方法や荷物の輸送経路などについては、いまだ十分に明らかになっていない。人名まで記されていることから戸または個人に賦課した税の荷札とみなされてきたが、近年、出身地の村落が共同負担した食料という見解も出されている。(13)また、「丘伐稗石」のように、少数ながら人名が記されずに地名・物品名のみの荷札が存在することから、貢進物が村に集められて一括して発送されたという推定もなされている。(14)城山山城の荷札木簡の背景にあった地方支配における文書行政については、今後の大きな課題である。

三、文書木簡と村主

（一）地方出土の文書木簡

新羅の地方における文書行政を考える上でもう一つ重要な史料は、地方で出土している文書木簡である。これまでに次の三点が出土している。

河南・二聖山城出土木簡

・「戊辰年正月十二日明南漢城道□
・「須城道使村主前南漢城□火□
・「城上宅蒲黄十□〔両カ〕［　］□〔得カ〕賜□

(150)×13×9

冒頭の戊辰年は、六〇八年と推定されている。下端は欠損しており、右側面には文字がない。第一面の「南漢城道使」が、第二面の「須城道使」と「村主」に宛てた文書木簡とみられる。

城山山城一八六（伽倻二六四五）号木簡(15)

・「□□〔六月カ〕中□□□□村主敬白之□□□〔西刮カ〕城□之　∨」
・「□□智□□□□□□大城従人丁卒日　∨」
・「□遣□日来此□丁受来有□□　∨」
・「卒日活之人此人嶌□城置不行遣之白　∨」

250×34×28

第一面「村主敬白」とあり、村主による何らかの上申文書とみられる。ただし、全体的に釈文が困難であるため、詳しい宛所や内容は不明とせざるをえない。

城山山城二一八（伽倻五五九八）号木簡

・「三月中真乃滅村主憹怖白」
・「城在弥即尒智大舎下智前去白之」

・「即白先節六十日代法稚然」

・「伊毛羅及伐尺（采）言□法卅代告今卅日食去白之」

343×13×19

「真乃滅村主」が「□城に在る弥即尒智（人名）・大舎（京位第一二等）」に宛てた上申文書である。「□城」は、城山山城を指す可能性があろう。第三・四面が具体的な報告内容であるが、釈文の分かれる文字もあって共通した理解にはいたっていない。ただ、「卅日」などの日数や「食」、また、「伊毛羅（人名）＋及伐尺（外位）」という地方民がみられることから、地方における力役動員に関わるものである可能性が高い。つまり、他の荷札木簡と密接な関係をもつ内容とみられる。

（二）村主とは

さて、これら地方で出土した文書木簡は、いずれも「村主」が関与しているという共通点がある。二聖山城木簡では受信者として、城山山城木簡の二点では発信者として現れるのである。

村主は、自然発生的な村落首長ではなく、国家権力によって設置された官職である。従来、各城・村に存在したとか、郡内の有力な二名程度が村主となったとされてきた。しかし、外位をもつ有力者を含む数多くの地方民が登場する南山新城碑のなかで、村主が確認されるのは前掲の第二碑の一例のみである。また、六世紀の金石文全体をみても、他に村主という職名がみられるのは冷水里碑と昌寧碑のみであり、南山新城碑を含めて三例にすぎない。そのため、城・村ごとあるいは郡ごとなど、広範に存在していたとは考えにくい。具体的な職掌などは不明とせざるをえないが、一部の特定の郡のみ、あるいは州レベルなどに限られた数のみ設置されていたとみられる。

こうした村主が、地方官である道使や地方に派遣された王京人と文書木簡を授受しており、しかも、その内容は、日常的なものではなく、なんらかの特殊具体的な事項に関する報告であるとみられる。日常的な行政を担当していたであろう「文尺」とは異なるレベルで、地方支配における広域の文書行政を担っていたとみてよいだろう。新羅の地方支配において、文書行政などで地方民は大きな役割を果たしていたのである。

おわりに

本稿では、金石文および木簡から、六世紀の新羅地方社会における文字の広がりについてみてきた。六世紀前半、新羅の地方で多くの石碑が建てられているが、書き手はいずれも王京人であり、また、地方民が文字を読むことは期待されていなかった。それが、六世紀半ばには、少なくとも郡レベルで碑文を作成することが可能となり、後半には各城・村のレベルにまで、日常的な文書行政の担い手が広がっていた。

荷札の作成など地方の文書行政は、「書写人」「文作人」「文尺」などの地方人が担っていた。また、地方における広域の命令伝達においても、地方人である「村主」が重要な役割を担っていた。六世紀の新羅地方支配は、かなりの程度まで在地社会に依存していたといえるだろう。

では、このような新羅の地方社会における文字文化の広がりは、どのようにして可能であったのだろうか。この時期に地方に学校のような施設があったという記録は存在せず、統一新羅においても中央の国学以外に学校が作られたという記録はない。王権側からの動きだけでなく、地方の有力者層が積極的に漢字を受容していった可能性についても想定する必要がある。その際に注目されるのが、仏教である。先述したように塢作碑は、在地寺院が主導して水利施設を作った可能性があり、こうした寺院の活動を通じて文字使用が広がった可能性も想定できよう。

地方における漢字文化の広がりについて、どのような人々が受容したのか、その結果、地方社会内部での勢力や、地方と王権との関係がどのように変化していったのかなど、今後、明らかにすべき問題は多い。漢字文化が中国周辺諸国で受容されるために果した地方社会の役割を東アジア全体のなかで比較研究していく必要がある。

注

(1) 西嶋定生「東アジア世界と日本史」(李成市編『古代東アジア世界と日本』岩波現代文庫、二〇〇〇年)。

(2) 橋本繁「韓国木簡論――漢字文化の伝播と受容」(『岩波講座日本歴史第二〇巻 地域論〈テーマ巻1〉』岩波書店、二〇一四年)。

(3) 佐藤信「古代における漢字受容」(『出土史料の古代史』東京大学出版会、二〇〇二年)、同「古代の地方豪族と渡来人」(鈴木靖民編『日本古代の王権と東アジア』吉川弘文館、二〇一二年)、田中史生「倭国史と韓国木簡」(『日本古代の王権と東アジア』前掲)など。

(4) 六世紀を中心とした朝鮮半島の石碑については、小倉慈司・三上喜孝編『古代日本と朝鮮の石碑文化』(国立歴史民俗博物館研究叢書4、朝倉書店、二〇一八年)を参照。

(5) 以下の碑文に関する著者の専論として、「浦項中城里碑の研究」(『朝鮮学報』二二〇、二〇一一年)、「蔚珍鳳坪里碑の再検討」(『東洋文化研究』二〇、二〇一八年)、「蔚州川前里書石原銘・追銘にみる新羅王権と王京六部」(『史滴』四〇、二〇一八年)がある。

(6) 赤城碑については武田幸男「真興王代における新羅の赤城経営」(『朝鮮学報』九三、一九七九年)。

・□□年正月十七日□□村在幢主再拝□涙廩典□岑□□
・喙部弗徳智小舎易稲参石粟壹石稗参石大豆捌石
・金川一伐上内之　所白人　登彼礼智一尺　文尺智重一尺

三面の文書木簡であり、六世紀後半のものという。地方官である某村の「幢主」が、京位第十三等の「小舎」をもつ王京人に宛てて、「稲」「粟」「稗」「大豆」を進上した内容のようである。

注目されるのは第三面である。まず、末尾の「文尺・智重・一尺」はこの木簡を書いた人物とみられ、「文尺」は本稿でみてきた南山新城碑に登場する職名と共通する。「一尺」は地方民の外位であるので、地方官が王京に送る文書木簡も、地方民が記していたことになる。また、その上の「所白人」は、中城里碑・冷水里碑の「白口」「白」と共通する表現であり、この人物が本木簡を王京まで持参して口頭で詳細を報告したのではないだろうか。詳細については今後の検討を待ちたいが、本稿で述べてきた新羅の文書行政における地方民の役割の大きさを物語る木簡であることは間違いないだろう。

(7) 両碑の理解および比較については、橋本繁「新羅築城碑の研究」（『韓国朝鮮文化研究』十二、二〇一三年）。

(8) 橋本繁「戊戌塢作碑釈文の再検討」（『国立歴史民俗博物館』一九四、二〇一五年）。

(9) 城山山城木簡については、早稲田大学朝鮮文化研究所・大韓民国国立加耶文化財研究所編『日韓共同研究資料集　咸安城山山城木簡』（雄山閣、二〇〇九年）、橋本繁『韓国古代木簡の研究』（吉川弘文館、二〇一四年）の「Ｉ　咸安・城山山城木簡」を参照。また、近年出土した木簡については、橋本繁「韓国・咸安城山山城木簡研究の最前線」（『古代文化』七〇、二〇一八年）。

(10) 李柱憲「咸安・城山山城敷葉層と出土遺物の検討」、尹相悳「咸安・城山山城の築造年代について」（『木簡研究』三八、二〇一六年）。

(11) 梁淑子「咸安城山山城発掘調査と出土木簡」（『古代日本と古代朝鮮の文字文化交流』大修館書店、二〇一四年）。

(12) 橋本「城山山城木簡と六世紀新羅の地方支配」（前掲『韓国古代木簡の研究』）。

(13) 朴南守「新羅法興王代「及伐尺」と城山山城出土木簡の「役法」」（『新羅史学報』四〇、ソンナム、二〇一七年）。

(14) 李銖勲「城山山城木簡の「城下麦」と輸送体系」（『地域と歴史』三〇、プサン、二〇一二年）。

(15) 木簡番号は『古代木簡Ⅱ』（国立伽倻文化財研究所、二〇一八年）の図版番号、括弧内は国家帰属番号である。

附記　二〇一九年四月二日の報道によると、国立慶州文化財研究所による慶州・月城垓子遺跡の発掘において次のような内容をもつ木簡が出土したという。

［Ⅱ　中国学術の東アジアへの伝播］

古代東アジア世界における貨幣論の伝播

柿沼陽平

かきぬま・ようへい――帝京大学文学部史学科准教授。専門は中国経済史・中国貨幣史。主な著書に『中国古代貨幣経済史研究』（汲古書院、二〇一一年）、『中国古代の貨幣――お金をめぐる人びとと暮らし』（吉川弘文館、二〇一五年）、『中国古代貨幣経済の持続と転換』（汲古書院、二〇一八年）などがある。

古代東アジア世界において、貨幣に対する認識はいつどのように拡散したのか。本稿では、戦国楚の屈原以来の文学形式をふまえ、漢代に伝東方朔「七諫」、三国時代に曹植「七啓」や傅巽「七誨」が胚胎したこと、その影響を一部受けるかたちで西晋時代に魯褒「銭神論」が生まれたこと、「銭神論」が七世紀頃に新羅や日本へも伝播したこと、日本では、「銭神論」の文章や考え方が下野虫麻呂対策文や菅原道真「銭」賦に継受されたことを論ずる。

はじめに

古代東アジア世界に共通する政治的課題のひとつに銭がある。とりわけ古代の中国と日本では、つとに銭の政策をめぐる議論が行なわれ、一部が史料に書き残されている。

中国では、春秋戦国時代に銭が流通しはじめ、秦漢時代には半両銭や五銖銭が統一的青銅貨幣として流通した。布帛や黄金なども時代や地域におうじて経済的流通手段とされた。[1]魏晋時代には銭の民間市場における流通がさかんとなり、金銭至上主義の台頭を揶揄した文学作品の「銭神論」（後述）が生み出されたほどである。[2]つづく南北朝時代にも銭の流通が確認でき、やがて唐代には開元通宝（もしくは開通元宝）が鋳造される。

日本でも、天武十二年（六八三年）四月の詔に「今自り以後、必ず銅銭を用い、銀銭を用いる莫かれ」とあり（『日本書紀』天武十二年条）、六八三年以前から銅銭や銀銭が流通していたようである。和銅元年（七〇八年）二月には、はじめて催鋳銭司が設置され（『続日本紀』和銅元年条）、その前後に河内鋳銭司等が活動していた点も推測されている。(3) 和銅元年（七〇八年）五月には銀銭が、八月には銅銭が鋳造された（『続日本紀』和銅元年条）。

このように、中国大陸と日本列島の一部では古くから銭が流通し、当時の政府首脳はその扱いに頭を悩ませていた。中国では春秋戦国時代以来、たびたび銭の扱いをめぐる論争が展開された。古代日本でも、和同開珎前後の銭を流通貨幣とみるか否か、流通範囲はどの程度か（銭が民間にどの程度浸透していたか）をめぐって論者間に見解の相異はあるものの、ともかく『日本書紀』・『続日本紀』に銭の度重なる改鋳が記録されており、そのつど議論があったとおもわれる。その内容と経緯を検討することは、古代東アジアにおける貨幣政策の実態把握や政策論争の時代背景の理解に資する。また中国側の銭の歴史は長く、関連する学術的知見や経験も充実し、古代日本の官吏はそれらをふまえて自説を展開せざるをえない。その過程をみることは、古代日本の官吏の学識がいかに豊かで、彼らが漢籍をどう咀嚼して自国向けの政策に活かそうとしたかを知るだけでなく、彼らがどの漢籍を受容していたかを知る手がかりにもなる。本稿では、『経国集』所収の下毛野虫麻呂の対策を足がかりとし、貨幣論の文献的起源を辿ってみたい。

一、『経国集』よりみた下毛野虫麻呂の貨幣論

（一）『経国集』と下野毛野虫麻呂

『経国集』とは、平安前期の漢詩文集である。序文によれば、八二七年（天長四年）五月頃の成立で、淳和天皇の勅により、滋野貞主・良岑安世・南淵弘貞・菅原清公・安野文継・安部吉人らが編纂した。書名は、三国時代の曹魏・文帝がかつて「典論」論文篇でのべた「文章は経国の大業にして、不朽の盛事なり」の一文による。「典論」の一文は、いわゆる文学全体（賦や詩を含む）の重要性を宣揚したものではなく、あくまでも「一家の言」としての文章が不朽である点を主張したものである。(4)「典論」によれば、「一家の言」とは「貧賤ならば則ち飢寒を懼れ、富貴ならば則ち逸楽に流る」るようなことなき「志士」の志を宣揚した「文章」である。滋野貞主らは、曹丕「典論」のなかでも、とくに「経国」を書名として採用し、「一家の言」としての「文章」を集めた。

『経国集』序文によれば、『経国集』には文武天皇の慶雲四

年（七〇七年）から天長四年（八二七年）までの賦十七首・詩九一七首・序五一首・対策（官吏登用試験の答案）三十八首が収められ、『文選』の体裁に従って分類された。現存するのは、巻一（賦）、巻十（楽府・梵門）、巻十一・十三・十四（雑詠）、巻二十（対策）の六巻（しかも部分的）である。『経国集』は、『凌雲集』・『文華秀麗集』につづく第三の勅撰集であるが、先行する二集に比して大規模で、官吏採用試験用の詩や対策を含む点で特異である。本稿ではとくに『経国集』巻二〇所収の対策のひとつに注目したい。それは、下毛野虫麻呂（以下、虫麻呂）なる人物が若いころ、官吏採用試験を受けたさい、試験官に提出した対策で、当時の日本でいかに銭を運用すべきかを説いたものである。厳密にいうと、古代日本の対策とは、秀才・進士採用時に式部省で課した試験の一種で、(5) 秀才は方略策二条、進士は時務策二条を課された。(6) 方略策は政治上の大要（実際には瑣事に関する問題も含む、厖大な知識量）を、時務策は各時代特有の議題を問うものであった。(7) 本稿で扱う虫麻呂対策の策問部分には「爾進士応に公方を識るべし」とあり、それは進士に対する時務策と解される。(8)

虫麻呂の対策に関してはすでに小島憲之氏による詳細な研究がある。また最近、津田博幸氏の綿密な注釈書も刊行された。ここではまず小島説の精髄を紹介するとともに、津田氏の訳注もふまえた当該対策の訓読文を提示する。(9) すなわち、小島氏によれば、『経国集』巻二〇所収対策文は、「配列順序よりみて和銅四年（七一一）三月五日を降らぬ対策文、恐らく同時もしくは慶雲四年（七〇七）以降のもの」である。そのなかに虫麻呂の対策二首がある。虫麻呂は、養老四年（七二〇年）正月に大学助教従五位下、養老五年（七二一年）正月に従五位上となり、文章の師範として表彰された文官である。養老五年六月には式部員外少輔に昇進したが、まもなく三十六歳で没した。彼の作品はあまり残っていないが、たとえば『懐風藻』に、

> 聖時七百に逢い、祚運一千を啓く、況んや乃ち山に梯する客、垂毛亦た肩に比ぶ、寒蝉葉後に鳴き、朔雁雲前を度る、獨り飛鸞の曲のみ有りて、並せて別離の絃に入る。

との漢詩が残っており、彼の漢文学の素養を窺わせる。これは、彼が長屋王宅で新羅の使者を接待したときに詠ったものである。一般に「天子の御代は七百年に達し、皇祚の盛運は一千年をひらく、ましてや外国の使臣、長髪は肩にまで及んでいる、ひぐらしは葉かげに鳴き、雁金は雲間を渡ってくる、ただ飛鸞の曲を演奏して、別離のはなむけとしよう」(10) と訳されている。

（二）下毛野虫麻呂の対策

このように文才を誇る虫麻呂が進士受験時にみた策問（問題文）が、以下のものであった。作問者は不明。なお難解な単語の直後には、［ ］内に日本語訳を補った。

問う。既に天龍と号し、足無くして走り、還た地馬と称し、翼無くして飛ぶ。時を逐いて文は異なると雖も、泉の如くに利同じ。豈に詐を起［幇助］こすの子、檀に西蜀の偽に放い、乾没［投機を図る］の夫、専ら東呉の私を行なうべけんや。群小を斯濫し、公司を罔冒し、屢々丹筆を煩わし、徒らに黄沙［牢獄の名］を闚たす。謂えらく爾進士、応に公方を識るべし。茲の不軌を懲らんとするに、何を用てか能く粛さん。

小島氏によれば、本策問には『漢書』・『文選』・『藝文類聚』と類似する箇所が多い。小島氏曰く、たとえば冒頭の「既に天龍と号し、足無くして走り、還た地馬と稱し、翼無くして飛ぶ」のうち、「天龍」と「地馬」の語は『漢書』巻二四食貨志下の次の文を出典とする。

又た銀錫を造りて白金とす。以為えらく、天の用は龍に如くは莫く、地の用は馬に如くは莫く、人の用は亀に如くは莫し。故に白金は三品とす。其の一に曰く、重さ八両、之を円にし、其の文は龍とし、「白撰」と名づけ、直三千とす。二に曰く、重さを以て差小とし、之を方にし、其の文は馬とし、直五百とす。三に曰く、復た小にして、之を楕［細長い形状］にし、其の文は亀とし、直三百とす。

本文は、前漢武帝元狩三～四年（前一二〇～前一一九年）の貨幣制度改革に関するものである。(11)『史記』平準書にも同様の文があるが、当時の日本では『漢書』のほうがよく読まれた。後述するように、「足無くして走り」と「翼無くして飛ぶ」の出典はじつは『史記』や『漢書』以外にあったと思われるが、ともかく出典調査に先鞭をつけた小島氏の功績は大きい。

こうした策問に対して、虫麻呂も漢籍の素養を活かし、以下の対策（答案）を書いた。

対う。窃かに聞く。沙石は化して珠玉と為るも、良に以て飢を療すべきこと難し。倉囷実つること其れ坻京たらば、唯だ迷（弥）く以て命を済うこと易し、と。是に知る、写図而前［伏羲以前］に、猶お血飲を事とし、調律而後［黄帝以後］に、誰か穀を食わざらん。太公、九府の制を開き、管父、万鍾の式を通ずる自り、龍文は郭裏に錯り、亀冊は幣間に入り、白金は其の姧情を馳せしめ、朱仄は其の濫制を競わしむ。西蜀の銅岳、徒に佞倖の門を擅にし、東晉の金溝、遂に奢を誇るの室を満たす。姫景、軽きを舎てんとして、単穆は擁子の譏を陳べ、劉文［前漢文帝］は鋳るを放にせんとして、賈生［賈誼］は博禍の談を致す。寔に耕桑の務を棄て、錐刀の末を争うに由る。伏して惟うに、聖朝は天鏡を握り、地鈐を紐び、徳音は有截を被い、至教は無垠に翔る。銜禾の獣屢々臻り、見穰の鱗、荐りに集まる。今、既に詐を起こすの功を停め、終に冶鎔の途を断たんと欲す。誠に三農をして節に叶い、千箱をして庾に盈たしめ、淮陽は枕を高くし、長孺の芳趣を追い、耶谷帰を送るに、祖榮の清轍を発さば、則ち銖文は惑を遏め、鏹貫訛無く、頓に磨屑の風を屏け、永く炭挟の俗を断たん。謹しみて対う。

これは、盗鋳銭を問題視する策問への答案で、人びとを農事に向かわせることが重要だと説く。なお末尾の「永く炭挟の俗を絶たん」について小島氏は「農事を捨て銭を鋳て挟つような風をやめる意であろうか。後考を待つ」とし、津田氏は『漢書』王莽伝中「民の盗鋳するを防がんと欲し、即ち禁じて銅炭を挟つを得ざらしむ」を典拠とみなし、「挟＝私蔵する」とする。まさに津田氏のいう通りである。たとえば前漢初期の出土史料の張家山漢簡「二年律令」銭律には、盗鋳銭を禁止し、炭の購入自体を禁止する文言がある。また後漢初期の盗鋳銭に関する出土官制文書に「吏民に禁じて銭を鋳作し及び行銭に不ざるを挟つを得る毋からしめ」の文言があり、「炭」も「挟」も鋳銭関連の用語である。(12)

以上の対策部分にも、出典がちりばめられている。試験時間は午前六時から夕方までの長きに及ぶとはいえ、(13)かくも技巧に富み、多様な出典をふまえた対策を、虫麻呂が試験時間内にゼロから書けたかは疑問もある。小島氏は、「和銅ごろの進士の試験問題も、年と時によっては、ほぼ察知できる状況にあって、受験者は多少の準備も可能であったかとも思われ、参考書の持込みなども暗々裡に許可されたかも知れぬ」とする。そのうえで小島氏は本文の出典を博捜し、宋伯宜「対泉貨」との強い関連性を指摘している。そこで次に、宋伯宜「対泉貨」の内容を具体的にみてみよう。

二、「対泉貨」の検討

(一)「対泉貨」の策問部分

宋伯宜「対泉貨」は、『文苑英華』巻四九九策二三や『全唐文』巻九五七所収の対策である。小島氏はその名を挙げるにとどまるので、本文ではその訓読を試みたい。策問部分は次のとおり。

問う。羲農の時、市井爰に立つ。夏殷以往、泉貨聞く無し。太公は九府の法を立て、軽重は良に令を出だすに由り、斂散は実に時を得るに在り。此れより以還、資幣は数々改まる。景王の宝貨、単穆は母子の譏を立つ。文帝の四銖、賈生は之を換うるの歎を深博［知悉］す。既而にして［まもなく］白金は賎きに易わり、赤仄は難行す。小は則ち米石ごとに万に至り、大は則ち一ごとに五百に当たる。鋳を禁ずること彌々重く、奸銭益々多し。複た棄市相い尋いられ、黥罪日々報ぜらるると雖も、苟しくも其の術に非ざれば、害を為すこと更に深し。且つ示すに厚利を以てし、随うに重辟を以てするも、是れ良民を誘い、之を坑阱に陥すなり。朕、此の流弊を属るに、情に甚だ之を傷み、故に均輸の官を罷め、塩鉄の利を省かんとす。複た銅を収めて鋳るを断つを於し、百姓に農桑を勧め、商賈の権を奪い、兼並［兼併］の路を塞がんと欲す。而るに象［『易』繋辞下伝か］は「交易」と稱し、『書』［虞書益稷］は「懋遷」と載せ、暦（歴）代相承し、之を行なうこと已に久し。一日にして変改せば、公私に便非ざらん。且つ軍国の須つ所、虚費は猶お［依然］広く、尺寸［布帛］もて用を為すも、分裂するも亦た難し。国を益し民を寧んずるには、応に長策あるべし。爾が誌［文章］を明言し、以て朕が心を沃せよ。

本文によれば、まず羲農（羲和・神農）のときに市場が興り、周代には銭が流通した。だが銭の統制は代々困難を伴った。ゆえに農業と紡績業を重視し、商人の活動を制約し、兼併の道（貧富の格差が拡大すること）を防ぐべきであるが、いまや商業取引の歴史は長く、銭を急に廃止することはできない。しかも現在軍事費は依然として高く、銭の代わりに絹織物の用途を広げようにも、絹織物は細切れにできないので、少額取引に不向きである。かかる情況下で国益を増し、民を安んずるにはどうすべきか。本策問は、そうした長期的展望を問うものである。

本策問の出典は、私見によれば、ほとんどが『史記』平準書と『漢書』食貨志に求めうる。また一方で、魏晋南北朝時代の故事は一つもないようである。

(二)「対泉貨」の対策部分①

前掲策問に対して、宋伯宜はこう解答する。

対う。臣聞く。楚王の明月の珠、寒くとも服とすべからず。魏王の照室の宝、饑うるも餌とすべからず。然らば則ち群黎［民］の気命を養い、万姓の衣被を為るは、苟しくも農桑に異ならば、義、豊かに渥うこと難し。天［天帝の意志］を継ぎ、日を象るの際と雖も、猶お血飲を為す。但だ［むやみに］地を立て海を甄るも、還お誰か粟食せざらんや。質文［内容と形式］は空しく変じ、高きも深きも自ら徙る。親ら藉み［農作業に従事し］躬ら桑せば、殊途共致す［方法は違っても帰着点は一つ］。故に時名［一時の名声］を得るには道有り、世に無為と号し、英声［すぐれた評判］鼓いて未だ窮まざるも、茂実［立派な実質］は飛びて詎むのみ。方く験べるに、称して宝と為す者は気を労せずして虹の如し。之を天と謂う者は、円に仮らずして蓋に似る。且つ金を鋳て貝と為すは、信は従来に有り。漢は四銖を改め、秦は半両を行す。用うると舍つるとは更互［代わる代わる］し、軽きを廃し重きに就くの宜［適切なあり方］あるも、損益常ならず、地馬・天龍の異あり。複（復）た豫章の銅嶽・蜀道の銅山有り、全く佞幸の爐に帰し、頓かに諸侯の冶に入る。公私の大いに半ばする所以は、偽実相い蒙えばなり。奸佞は此を用て兼並し、豪戚は茲に因りて聚斂す。洛京三廛の内、賈客雲屯す。齊宮七市の間、商人は霧塞［多くの物が一ヶ所に集まる］す。乃ち令（今）［そうしてはじめて］、東漢楚子の高閣は空に浮く。西蜀彭家は連なり、楼は術を跨ぐ。雷車電騎は、多く工巧の家より出づ。列鼎撞鍾、貨殖の裏に非ざる無し。賓徒藿肉は、鮑［鮑宣］、書するも論ずるに足らず。僮僕藜余は、張詩に能く序する莫し。三田は之が為に廃業し、五稼は此れに由りて多荒す。

本文は、宋伯宣の対（答案）の前半部分である。それによると銭自体は、飢えたときや凍えたときには何らの役目も果たさない。飢餓をなくし、衣服を満たすのは、農業と織物業以外にない。たんに版図を拡げるだけでは、民は充たされない。むしろ皇帝が率先して農業と織物業を重視すれば、民もそれに従うであろう。一時の名声を逐っても、内容が伴わなければ意味がない。およそ宝物とよばれているものはおのずと輝いているが、それには実質がない。古来、銭や宝貝が貨幣とされてきたのは、「從來」（歴史）に由来するにすぎない。そしてそれは、漢王朝が四銖銭を鋳造し、秦帝国が半両銭を用いたごとく、時代ごとに大小軽重さまざまである。また前漢時代には銅山を独占した者（劉濞・鄧通）が私利私欲に走り、豪族や大商人の台頭をまねき、貧富の格差が増大した結果、肝心の農業に支障が生じた。かくして宋伯宣は、つづく対の後半部分で銭廃止論を提唱してゆく。

本文にはさまざまな故事がちりばめられている。たとえば「地馬・天龍の異あり」は『漢書』食貨志下を出典とするなど、秦漢時代の典拠が多い。一方、「東漢楚子」・「雷車電騎」・「僮僕藜余」・の出典は未詳である。「蜀彭」は蜀に彭州が設置された唐・貞観七年以後の語（『旧唐書』地理志）だが、秦漢時代以来の「庸蜀」・「彭濮」の省略とも解せる。「列鼎撞鍾」は隋・開皇初期の虞思道の詞にみえる語であるが（『隋書』虞思道列伝）、劉宋・鮑照の詩に類似表現（撃鐘陳鼎）がみえ、その典故は『左伝』哀公十四年や『孔子家語』致思に溯る。

（三）「対泉貨」の対策部分②

宋伯宣の対の後半部分をみてみよう。そこでは銭廃止論が展開されている。

伏して惟うに、陛下は乾度に依り、坤功を立て、道は則ち光格四天、徳は乃ち牢籠九地。五羊もて粟を銜し、時は之と和し、義は先づ表わる。双雀飛びて鳴き、歳稔の徴、已に見わる。尚しく情を天下の命に留め、天下を懐んずるの本を置く。彼の工商を絶ち、茲の塩鉄を絶たんと欲するは、乃ち還淳の要術なるも、進取の権道に非ず。何ぞや。今、東南は款［服従］ると雖も、西北は未だ平らかならず、戎馬馳すべく、兵車騤転す。仮に複た銅頭・鉄額あらば、本より黄軒に敵する無し。甲を繕い師を行らすは、固より蒼帝より労有り。誠に宜しく彼の田畯を立て、茲の泉府を辟き、既に墾草の功を篤くし、還た上林の務を修むべし。疆を耕し［国境を設定し］、陸を抗し［丘を高くし］、織室は扉を開き、彼の三条を采り、茲の千畝に藉［課税］せ。時に範子擒呉の秘計を行ない、兼ねて管相覇斉［管仲が斉の桓公を覇者たらしめたこと］の遠略を宏めよ。隴西の馬援は旧鋳の司を監す。淮陽の汲黯は奸爐の巧を塞ぐ。乃ち複た杜治の便宜を罄し、鄭陂の浩淼を疏し、羽林、其の始めを創り、中郎は其の末を嗣ぐ。王基、業を進め、勞、沮漳に就く。鄧艾は権を申し、功は陳蔡に成り、邱陵は滅ぶ。禾粟の饒は未だ欠けず。洛水竭くるとも、資貯の蓄、寧んぞ滅びんや。是に於いて天陣を修し、天兵を縦にし、既に馬に南池に飲ませ、遂に鶫を西海に徴し、然る後に銅を収めて用いること勿からしめ、璧を沈めて帰り、士女を耕桑に崇たし、綺繍を商賈に禁ぜよ。則ち堯の心と舜の行いは、並な陵勝すべし、火職・雲司は、翻りて能く度越せん。謹みて対う。

これによれば、皇帝は久しく天下安定と農業重視を実践してきた。現在さらに「彼の工商を絶ち、茲の塩鉄を絶たんと欲」している。けれどもこれは、「進取の権道」ではない。現在、「東南」はすでに服従しているが、「西北」では「戎馬」との戦争が続いている。かかる現状を打開するには、農業・織物業を推奨し、「泉府」を廃止するほかない。とくに灌漑設備を整えて農業生産力を向上させたのち、軍略を用いて「南池」や「西海」に進出し、さらに銭の原料（銅）を国家の統制下に置いて鋳銭を禁じ、商人の地位を抑えるべきである。

以上が宋伯宜の対策の全貌である。ここには、銭の貨幣たる所以をその歴史に求めるという現代経済学者的着想が垣間見え、(14) 一驚を禁じ得ないが、ともかくその結論は虫麻呂のものと同じである。すなわち、両者はともに銭廃止論を提唱しているのである。小島氏のいうとおり、両者にはたしかに類似点が多い。

三、「対泉貨」の作成年代

(一) 宋伯宜か謝霊運か

つぎに、虫麻呂対策の出典調査に戻る前に、もう少し宋伯宜策の史料的性格に迫ってみたい。宋伯宜はいつの時代の人物か。本文は『全唐文』所収で、『全唐文』撰者は宋伯宜を唐人と解したようである。また小島氏は、『文苑英華』巻四九九所収対策が兵真孫（時代不明）、宋伯宜、岑文本（初唐）、駱賓王（初唐）、白居易（中唐）の順に配列しているので、宋伯宜を初唐頃の人かもしれないとする一方で、『全唐文』巻九五七では宋伯宜前後に晩唐人の対策がならぶので、晩唐人の可能性もあるとする。これより小島氏は、虫麻呂が宋伯宜「対泉貨」を直接参照したか、宋伯宜と同じ出典に拠ったとする。(15)

だが、『新唐書』藝文志四に、

宋元嘉策五巻、又た元嘉宴会游山詩集五巻あり。宋伯宜策集六巻。卞氏七林集十二巻、顔之推七悟集一巻。袁淑俳諧文十五巻。顔竣婦人詩集二巻。

とあり、「宋伯宜策集六巻」がみえる。これに関連して『隋書』経籍志に、

策集一巻、殷仲堪撰。策集六巻。梁に孝秀対策十二巻有るも亡ぶ。宋元嘉策孝秀文十巻。

とあり、『旧唐書』経籍志に、

宋元嘉策五巻。策集六巻、謝霊運撰。七林集十二巻、卞氏撰。七悟集一巻、顔延之撰。

とあり、『隋書』経籍志「策集六巻」の清・姚振宗考証に、

案ずるに、両唐志は各々策集有り、而るに撰人各々同じからず。未だ孰れの是なるかを詳らかにせず。謝霊運に賦集・連珠集等凡そ八種有り。前に見ゆる宋伯宜、始末未だ詳らかならず。

とある。「策集六巻」をめぐっては、このほかに史料がなく、興膳宏・川合康三『隋書経籍志詳攷』も「撰者未詳」とする。

すると現存史料によるかぎり、「策集六巻」は謝霊運か宋伯宜の撰で、配列順よりみて両者はいずれも南北朝時代の人であり、ゆえに宋伯宜「対泉貨」も南北朝時代のものである可能性があることになる。ではどう考えるのが妥当か。

（二）「対泉貨」の成立年代

結論からいえば筆者は現在、「策集六巻」を「対泉貨」の出典とし、「対泉貨」を南北朝時代（とくに東晋末～南朝宋）に成立したものと推測している。理由は以下の通り。

第一に、宋伯宜＝唐人説の論拠は『文苑英華』（北宋成立）と『全唐文』（清代成立）であるが、それより古い史料に『隋書』経籍志がある。『隋書』原跋によれば、経籍志は『五代史志』の一部として貞観十五年（六四五年）に編纂されはじめ、顕慶元年（六五六年）に高宗に献じられた。そのなかに「策集六巻」が登場する。よって「策集六巻」は六五八年以前の書物である。むしろ前掲『隋書』経籍志においても、前掲『旧唐書』経籍志（五代十国時代成立）においても、「策集六巻」は南朝時代の史料に挟まれ、南朝時代に成立したと考えられる。そして『新唐書』によれば、「策集」の撰者は宋伯宜である。すると、宋伯宜「対泉貨」も南朝時代のものであったことになる。

第二に、「対泉貨」の策問に「朕……均輸の官を罷め、塩鉄の利を省かんとす。復た銅を収めて鋳るを断つを於し、百姓に農桑を勧め、商賈の権を奪い、兼並［兼併］の路を塞がんと欲す」とあり、対策に「彼［民間］の工商を絶ち、茲［国家側］の塩鉄を絶たんと欲するは……」とあり、策問設定当時は均輸官も塩鉄専売制もあった。また「復た」以後も皇帝の願望で、現実は逆であり、当時は銅山が民間に開放され、民間鋳銭も許可されていたと考えられる。だが、南朝宋には塩鉄専売制があったが、南朝斉以後に民間開放され、隋唐時代（粛宗・代宗の榷塩法以前）も開放されていた。[16] さらに隋代から唐代初期に民間鋳銭は原則禁止だった。[17] つまり内容的に、「対泉貨」は、隋唐時代のものではなく、南朝宋頃（もしくはそれより少し前）のものと考えざるをえない。

第三に、「対泉貨」には、先秦時代の例にはじまり、漢代の馬援や汲黯をへて、三国魏の王基や鄧艾の例が故事として挙げられているものの、三国魏以後の例は確認できない。かりに本対策が唐代のものであれば、南北朝隋唐時代の例が皆無であるのは不可思議である。

第四に、対策の「今、東南は款［服従］ると雖も、西北は未だ平らかならず、戎馬馳すべく、兵車驟轉す」は、「東南」が帝国に従順な一方、「西北」が不安定であった政治状況をしめす。「東南は款る」とは孫恩・盧循の乱（三九九～四一一年）が平定されたことをさし、「西北」の「戎馬」とは五胡十六国（四〇五～四一三年に譙縦がつくった後蜀を含む）をさすと解せば、本文はみごとに東晉末～南朝宋初の状況と符合する。

第五に、「対泉貨」は一見、貢挙（所謂科挙。以下、科挙）の対策のようであるが、類似の対策は魏晋南北朝時代の秀才登用時にも課され、とくに東晉末の義熙七年（四一一年）には劉裕の上申で、秀才・孝廉用の「策試」が実施された。[18] また「対泉貨」自体は『文苑英華』や『全唐詩』に対策として収録されているものの、もともとは皇帝の下問に対して臣下が回答したものであり、文章をみるかぎり、必ずしも科挙の答案であると断定する必要もない。

以上五点より、「策集六巻」と「対泉貨」は東晋末～劉宋のものであると推測される。これに加えて筆者は現在、「対泉貨」を含む「策集六巻」の撰者がじつは謝霊運ではないかとさえ疑っている。もとより宋伯宜については手がかりが皆無である。一方、謝霊運は、東晉末の元興年間（四〇二～四〇三年）に仕官した。劉裕（のち南朝宋初代皇帝）の政敵劉毅に与したため、劉毅の敗死後、四二二年には永嘉太守に左遷され、一年で職を辞している。四二六年には文帝に再起用され、秘書監や侍中を歴任したのち、四二八年に中央政界を辞し、のちに傲慢さゆえに人の恨みを買い、処刑された。[19] ところで南朝宋では、元嘉七年（四三〇年）にようやく四銖銭を鋳造し、盗鋳銭を禁止している。[20] それ以前の永初二年（四二一年）に劉裕は、銭不足問題を解決すべく、民間の青銅原料の買い上げと五銖銭の増鋳を企図したが、結局実施されなかった。[21] すると、四〇三年頃～四二二年頃は、銅山が民間に開放され、五銖銭の国家的専鋳の是非が議論されていた時期で、民間鋳銭は制約されていなかった。さらに当時は謝霊運が中央政界におり、「対泉貨」の成立時期としての条件が揃っている。また范泰は永初二年に鋳銭計画に反対し、民間の農業生産力不足と貯蔵不足を問題視した人物であり、銭云々よりも農業を重視する点で「対泉貨」と軌を一にする。その彼と謝霊運は親友で、謝霊運自身も同様の思想を有したとして不思議はない。現に謝霊運は、政務への関心は概して希薄であったとはいえ、農田対策には異常な熱意をしめしている。[22] すると、宋伯宜は謝霊運と同一人物か、謝霊運の誤りかもしれない。[23] ともかく宋伯宜と謝霊運の関連性は不明ゆえ、これ以上憶測を重ねることは避け、ここで虫麻呂対策の検討に戻りたい。

四、『銭神論』への溯行

（一）西晋・魯褒「銭神論」とは

前節で論じたように、小島氏は虫麻呂対策に「対泉貨」の影響があるとし、それゆえ前節では「対泉貨」の解読を進め、東晋末～南朝宋の対策の可能性が高いと論じた。そしてそれが本来『策集』六巻に含まれ、のちに『全唐文』や『文苑英華』にも掲載されたことをのべた。その内容は虫麻呂対策とよく似ている。これこそ小島氏が「対泉貨」を虫麻呂対策の典拠、もしくは虫麻呂対策と共通の典拠をもつものとする所以であろう。もっとも、虫麻呂対策の成立時（七〇七～七一一年頃）に、「対泉貨」が日本に伝来していた証拠はなく、『全唐文』・『文苑英華』の伝来も後のことである。『策集』も、『日本国見在書目録』（藤原佐世が八九一年頃に作った漢籍分類目録）などにみえず、日本へ伝来していた可能性は低い。よって両者間の共通性は、同一の出典（たとえば『漢書』食貨志）をもつことに由来するとおぼしい。

また虫麻呂対策には、「対泉貨」にみえない特徴も存する。とくに虫麻呂対策冒頭の「既に天龍と号し、足無くして走り、還た地馬と称し、翼無くして飛ぶ」は、「対泉貨」の「地馬・天龍の異あり」と類似し、いずれも『漢書』食貨志下の「天の用は龍に如くは莫く、地の用は馬に如くは莫く」の影響が感じられるが、「足無くして走り」や「翼無くして飛ぶ」の箇所は、「対泉貨」にも、『漢書』食貨志下や『史記』平準書にもなく、別の出典があった可能性がある。

この点について津田博幸氏は「銭神論」との関わりを指摘する。「銭神論」に関しては、すでに福原啓郎氏の訳注と分析があるので、それを参考にしながら概略を紹介したい(24)（紙幅の関係もあり、全文の訓読は挙げない）。「銭神論」は西晋時代に魯褒がしるした文章である。おもに『芸文類聚』巻六六と『晋書』巻九四隠逸魯褒伝に佚文がある。『初学記』や『太平御覧』にもわずかに佚文が残る。魯褒は南陽郡出身で、おそらく生涯出仕せず、時世が貪欲で下卑なのを憂い、西晋・恵帝元康年間（二九一～二九九年）以降に「銭神論」を執筆した。曹魏末～西晋初にすでに成公綏が「銭神論」と題する文章を著していた可能性もあるが、成公綏「銭神論」が存在したか否か、魯褒がそれを参考にしたか否かは確定できない（福原氏自身は論文結論部分で、成公綏「銭神論」が実在し、魯褒「銭神論」の典拠になったとする）。

（二）虫麻呂対策文と「銭神論」の関係

魯褒「銭神論」は「司空公子」と「綦毋先生」という二人の人物の対話文を主とする遊戯文学である。形式上は賦である。司空公子は富貴で、きらびやかな格好で都を遊び歩いていた。ある日、人混みのなかで車をとめて周囲を見回してみると、綦毋先生が歩いていた。綦毋先生は白髪交じりの年齢になってもなお未就職で、手ぶらで就職活動中だった。そこで司空公子は綦毋先生にこういった。今のご時世、「幣帛」も用意せずに就職なんてできない、世の中はしょせん銭なのだ、と。その内容は、人材登用時に賄賂としての銭が重要であったこと、ひいては銭の万能性を説くことで、逆に当時の拝金主義を揶揄するものである。また清談に固執する綦毋先生の姿勢をも揶揄している。

以上の「銭神論」は、魏晉時代に貨幣経済がまだ機能していたことをしめす。ここで注目されるのは、「銭神論」に次の一文がみえる点である。

> [銭は] 親愛なること兄の如く、字は孔方と曰い、之を失わば則ち貧弱、之を得ば則ち富強、翼無くして飛び、足無くして走り、厳毅の顔を解き、難発の口を開き、銭多き者は前に処り、銭少なき者は後に居る。[25]

これは、虫麻呂対策冒頭の「足無くして走り」・「翼無くして飛ぶ」と同一の表現である。管見のかぎり、これと同一の表現は、「銭神論」以外にはみえない。すると津田博幸氏も指摘するように、これこそ虫麻呂対策冒頭の出典であろう。この文章は、『芸文類聚』巻六六と『晉書』巻九四隠逸魯褒伝の双方に引用されているほか、『太平御覧』文部十一論所引「銭神論」佚文にもみえる。虫麻呂対策成立時（七〇七〜七一一年頃）には、『太平御覧』（九八三年成立）はまだなく、『晉書』も伝来していなかったとおぼしい。[26]『日本書紀』（七二〇年成立）でも、『晉書』は典拠とされず、べつの典拠の存在が想定されており、『芸文類聚』（六二四年成立）とする説と、[27]『修文殿御覧』とする説と、[28]『華林遍略』とする説がある。[29] 後二者はいずれも『太平御覧』に繋がるものとされている。とすると、虫麻呂策問も前掲三類書のいずれかの中から「足無くして走り」・「翼無くして飛ぶ」の表現を採用したのであろう。なお貞観二二年（六四八）には太宗李世民が新羅に『晉書』を下賜しており、[30] 新羅への「銭神論」の部分的伝播はその時点にまでは溯るとみられる。

五、傳巽「七誨」、曹植「七啓」、そして伝東方朔「七諫」へ

（一）傳巽「七誨」と「銭神論」の関係

それでは最後に、「銭神論」を生んだ中国古代の文学的土壌を探ることによって、何を起点に「銭神論」が生まれ、虫麻呂策問にまで至るのか、その悠久の過程を溯って描いてみ

よう。すなわち、「銭神論」自体は、魯褒による全くの創作か、それとも何らかの出典があったのか。既述のとおり、成公綏「銭神論」が出典だった可能性もあるが、それよりも先行する類似作品はなかったのか。

そこで注目されるのは、「銭神論」が韻文の問答体に基づき、賦の伝統を有する点である。さらに『文館詞林』巻四一四（内閣文庫蔵）所収の三国魏・傅巽「七誨八首」にも注目される。『文館詞林』は唐・高宗李治のときに、中書令の許敬宗（五九二～六七二年）が撰した書物で、顕慶三年（六五八年）十月十二日に完成し、上奏された。北宋初期には亡佚したようであるが、つとに日本に伝来し、高野山の正智院や宝寿院に残巻がある。残巻の一部には儀鳳二年（六七七年）に筆写されたとの付記があり、許敬宗の上奏から二十年以内の写本に基づくとみられ、基本的には弘仁十四年（八二三年）の鈔本と解されている。(31) そのなかに三国魏・傅巽「七誨八首」の佚文がある。

> 其母先生、体は壮、志は烈にして、義を貴び、功を尚び、明哲を希慕す。末俗に忿慍し□□□□朱紫は形を雑え、是非は散乱し、雅鄭は声を糅う。乃ち緒業を捐て、縉紳を棄て、彭聃を慕い、真人を思い、松喬を願い、烈仙を希う。身を巌穴に藏し、体を名山に託す。聖を絶ち智を釈き、和を含み生を養う。同に嬰児たらんと欲し、思いを玄冥に致す。方に溺るるもの在るも、足の濡るるを惜しみて拯わざること有るなり。或るもの塗炭に困しむも、一毛を宝びて営まざるなり。安くにか公子有り、先生の旧なり。聞きて瞿然として曰く「夫れ智は学を以て益すべく、而るに性は遷すべからず。彼には将に激有らんとす。億るに焉に誨える可し」と。是に於いて険阻に登り、高喬を歴、蓬莱を披き、崎嶇を済り、乃ち先生を覩ゆ……公子曰く「……吾れ将に子に誨うるに至言を以てす。子、其れ省みんか」と。先生曰く「諾」と。

本文は諧謔的文学作品で、険峻な山中にこもって高潔さを保とうとする「其母先生」と、それを批判する「公子」との対話よりなる。「七誨八首」の題目どおり、本来は八段落よりなるはずであるが、後半部分はすでに失われ、『北堂書鈔』巻一四二、巻一四四、巻一四五、巻一四八、『初学記』巻二六、『太平御覧』巻八五〇等に佚文が残るのみである。引用部分はその最初の段落である。それは「七…」形式の点で、三部構成になっていたらしき「銭神論」とは異なるが、諧謔的内容をもつ点、韻文と対話形式を具えた賦である点、そして登場人物に「綦毋先生（＝其母先生）」が登場する点で、「銭神論」と共通する。とくに「綦毋先生（＝其母先生）」の語は、一見ありがちな語であるが、管見のかぎり「銭神論」と「七誨八首」にしかみえない共通点である。

本文撰者の傅巽は、字を公悌といい、北地郡泥陽県（現在の陝西省耀県）の人で、生年は不明であるが、卒年は太和年間（二二七～二三三年）である。建安年間に曹操陣営内で東曹掾となり、荊州の劉琮を説き伏せて曹操に服属させた。黄初年間には侍中にのぼり、さらに尚書となった。すると傅巽「七誨八首」は「銭神論」に先行することになり、魯褒はその影響を受けたと考えられる。

（二）曹植「七啓」の意義

ここでさらに、傅巽「七誨八首」の典拠を探ると、王粲（一七七～二一七年）「七釈八首」や曹植（一九二年～二三二年）「七啓八首」も、ほぼ同様の体裁を有する。みな『文館詞林』巻四一四所収で、とくに曹植「七啓八首」の序にはこうある。

> 昔、枚乗は「七発」を作り、傅毅は「七激」を作り、崔駰は「七依」を作り、張衡は「七辯」を作り、辞は各々美麗。余に焉を慕う有り、遂に「七啓」を作り、并せて王粲等に命じて焉を作らしむ。

これによれば、曹植はみずから「七啓八首」を作り、王粲らにも類似の文学作品を作らせた。王粲は後漢末に劉表に仕え、二〇八年に曹操へ降り、二一七年に亡くなっているので、曹植「七啓八首」や王粲「七釈八首」の成立も二〇八～二一七年と考えられる。

前掲「七啓八首」序によれば、こうした「七＋〇」の形式の起源は枚乗「七発」（『文選』巻三四所収）に遡り、李善注によれば、さらに伝東方朔「七諫」（後漢中期・王逸『楚辞章句』所収）に遡ることができる。もっとも、「七諫」は、「離騒」等の屈原の賦に擬して漢代に作られたもので、南宋・朱熹『楚辞集注』などは言葉・意味に迫力がないと酷評している。だが「七諫」は、「哀時命」「九懐」「九歎」「九思」とともに、屈原のような有能な人物を疎んじ、無能な人物を重用し、もしくは両者を混用する戦国乱世の異常さを批判するもので、[32] そうした現世批判の文学作品としての性質は、みごとに「銭神論」へと受けつがれている。その意味で「七諫」は重要である。

ただし、具体的な内容としては、伝東方朔「七諫」や枚乗「七発」は、ほとんど「銭神論」と繋がらず、むしろ曹植「七啓」に注目される。というのも曹植「七啓」は、現政権（曹魏政権）を称える「鏡機子」が、俗世間を離れ、俸禄・物欲を軽んじつつ気位高く生きる「玄微子」を諭すという内容で、物欲を主題に据えている点が「銭神論」と近いためである。このように、漢代文学作品の伝統のなかから「七諫」が生まれ、曹植「七啓」や傅巽「七誨」の影響を受ける形で、「銭神論」は創造された。そしてその内容が最終的には日本へも伝播し、虫麻呂対策に結実したのである。

おわりに

以上、①下毛野虫麻呂対策（策問を含む）の典拠に、『漢書』食貨志や西晋・魯褒「銭神論」があること、②いわゆる宋伯宜「対泉貨」は直接的典拠に含まれないこと、③「対泉貨」は唐代でなく、東晋末〜南朝宋の文章とおぼしいこと（謝霊運の文章である可能性もあること）、④「銭神論」の日本伝播は、『晉書』ではなく、『芸文類聚』・『修文殿御覧』・『華林遍略』のいずれかの類書を媒介としたこと、⑤「銭神論」の一部は七世紀に新羅へも伝来していたこと、⑥「銭神論」は諧謔的文学作品である点、韻文と対話形式をもつ賦である点、そして登場人物に「綦毋先生（＝其母先生）」を含む点で、傅巽「七誨」の影響を受けていたと考えられること、⑦漢代に伝東方朔「七諫」が生まれ、のちに曹植「七啓」や傅巽「七誨」が作られたことを論じた。このように「銭神論」は、戦国秦漢時代の文学の影響を受けて成立し、少なくともその一部が唐代初期に東アジア世界に伝播したのである。かくして古代日本の官吏は、中国銭の形状や鋳造方法に加え、銭の用途やその哲学的性質への認識を深めたと考えられる。その後、日本では菅原道真（八四五〜九〇三年）が登場し、「銭」と題する漢詩を吟じている。その冒頭の「家兄」の語は銭をさす。この比喩もまた「銭神論」に基づくものとみられる。つまり「銭神論」の思想はその後、着実に古代日本社会に根づいてゆくのである。なお虫麻呂が、たんなる言葉の文（あや）にとどまらず、時務策として日本古代経済の実情をふまえた対策を提示し、それが政府高官の高い評価を受けたとするならば、古代日本では和同開珎（銅銭）出現後、わずか数年のうちに高水準の貨幣流通を達成していたことになりそうである。その是非に関しては日本古代史研究者にバトンタッチしたい。

注

（1）柿沼陽平『中国古代貨幣経済史研究』（汲古書院、二〇一一年）。

（2）柿沼陽平『中国古代貨幣経済の持続と転換』（汲古書院、二〇一八年）。

（3）栄原永遠男「鋳銭司の変遷」（『日本古代銭貨流通史の研究』塙書房、一九九三年）一一九―一六六頁。

（4）網祐次「文体の変遷――南朝時代を中心として」（『お茶の水女子大学人文科学紀要』第二号、一九五二年）、岡村繁「曹丕の『典論論文』について」（『支那学研究』第二四・二五号、一九六〇年）。

（5）『後漢書』巻六順帝紀陽嘉元年条「丙辰、以太學新成、試明經下第者補弟子、增甲・乙科員各十人」の唐・李賢注引『前書音義』に「若録政化得失、顯而問之、謂之對策也」。

(6)『令義解』考課令考貢人条。

(7) 小島憲之「対策文の成立」(『国風暗黒時代の文学』上、塙書房、一九七八年)一五八―二四九頁。

(8) 津田博幸編「下毛野虫麻呂・偽金駆逐」(『経国集対策注釈』塙書房、二〇一九年)三一九―三三八頁。以下、津田説の引用はすべて本書による。

(9) 小島憲之「『古事記』周辺」(『萬葉以前』岩波書店、一九八六年)二一〇―二六四頁。

(10) 江口孝夫全訳注『懐風藻』(講談社、二〇〇〇年)二一九―二二六頁。

(11) 本文に関しては柿沼注1前掲書、一六九―一七〇頁、注三四も参照されたい。

(12) 柿沼注1前掲書、二一七―二四八頁。

(13) 考課令貢挙人条とその注釈書『古記』。

(14) 岩井克人『貨幣論』(筑摩書房、一九九八年)は、貨幣は流通していることによって貨幣であると説く。ただし周知のごとく、岩井説には宇野派経済学等の批判もあるため、現代経済学の総意ではない。柿沼注1前掲書、六七―六九頁。

(15) 小島憲之「『古事記』周辺」(『萬葉以前』岩波書店、一九八六年)二一〇―二六四頁。

(16) 佐伯富『中国塩政史の研究』(法律文化社、一九八七年)。

(17)『隋書』食貨志、『旧唐書』食貨志。なお『隋書』食貨志に「晉自過江、凡貨賣奴婢・馬牛・田宅、有文券。……歴宋齊梁陳、如此以爲常。以此人競商販、不爲田業、故使均輸、欲爲懲勵。雖以此爲辭、其實利在侵削」とあり、『通典』食貨十一算緡にも「晉自過江」直後に「至於梁陳」とある以外、ほぼ同文がみえる。これより南朝時代には一見すると、均輸はなかったごとくである。しかし柿沼陽平『中国古代貨幣経済史研究』(汲古書院、二〇一一年)で論じたように、漢代の均輸には複数の対象がある。南朝時代も同様で、南朝には「奴婢・馬牛・田宅」の均輸がなかったにすぎない。

(18)『宋書』巻二武帝紀義熙七年条。

(19) 小尾郊一『謝霊運――孤独の山水詩人』(汲古書院、一九八三年)。

(20)『宋書』文帝本紀元嘉七年条、『宋書』何尚之列伝。

(21)『宋書』巻六〇范泰列伝。

(22) 小尾注19前掲書、一三一―一三七頁。

(23)『新唐書』藝文志四では『宋元嘉策』・『宋元嘉宴会游山詩集』に続いて「宋伯宜策集」とあり、冒頭の「宋」字は国名(南朝宋)である可能性がある。また伝世文献の「伯」字はしばしば「王」を意味する。おりしも四一七~四二〇年に劉裕は「宋王」を称している。「宜」は「適切な」を意味しうる。すると「宋伯宜策集」は「宋王劉裕期の適切な策集」の意で、その撰者が謝霊運であり、当該策集から「対泉貨」策を抜粋した後人がそれを「宋伯宜」(人物)の策だと誤解したのではないか。推測に推測を重ねる形になるので、ここではひとつの可能性として注記しておくにとどめたい。

(24) 福原啓郎「『銭神論』の世界」(『魏晉政治社会史研究』京都大学出版会、二〇一二年)二九五―三二六頁。

(25) 親愛如兄、字曰孔方、失之則貧弱、得之則富強、無翼而飛、無足而走、解嚴毅之顏、開難發之口、錢多者處前、錢少者居後。

(26) 榎本淳一「遣唐使による漢籍将来」(『唐王朝と古代日本』吉川弘文館、二〇〇八年)一九七―二三三頁。

(27) 小島憲之「日本書紀の述作」(『上代日本文学と中国文学』

上、塙書房、一九六二年）

（28）勝村哲也「修文殿御覧天部の復元」（山田慶兒編『中国の科学と科学者』京都大学人文科学研究所、一九七八年）。

（29）池田昌広「『日本書紀』と六朝の類書」（『日本中国学会報』第五九集、二〇〇七年）等。

（30）『旧唐書』東夷新羅伝「太宗因賜以所制温湯及晉祠碑并新撰晉書。將歸國、令三品以上宴餞之、優禮甚稱」。

（31）許敬宗（羅国威整理）「前言」（『日蔵弘仁本文館詞林校証』中華書局、二〇〇一年）。

（32）矢田尚子「「無病の呻吟」――楚辞「七諫」以下の五作品について」（『東北大学中国語学文学論集』第一六巻、二〇一一年）七―二二頁。

九条家旧蔵鈔本『後漢書』断簡と原本の日本将来について──李賢『後漢書注』の禁忌と解禁から見る

小林　岳

こばやし・たかし──早稲田大学高等学院教諭。専門は中国古代中世史、出土資料（墓碑誌・壁画）研究。主な著書・論文に『後漢書劉昭注李賢注の研究』（汲古書院、二〇一三年）、「唐宋における『後漢書』の合綴と合刻について──李賢『後漢書注』に劉昭『集注後漢』八志を補うこと」（榎本淳一編『古代中国・日本における学術と支配』（同成社、二〇一三年）などがある。

九条家旧蔵の鈔本『後漢書』断簡に見える唐室避諱と則天文字によって、その原本は中宗朝で作成されたことが明らかである。その中宗本『後漢書』に李賢『後漢書注』の禁忌と解禁の視点を重ねることによって、それは第一次入唐中の吉備真備が入手し、天平七年（七三五）の帰朝時に将来した可能性が高いことを論ずる。

はじめに

九条家旧蔵の鈔本『後漢書』断簡（以下鈔本断簡・断簡とも称す）は、現行の『後漢書』には見られぬ本文と李賢注を伝える貴重な史料である。小論は、そこに示される唐室の避諱と則天文字の使用例からその原本の成書時を特定し、それに中宗朝で実行された李賢の名誉回復と『後漢書注』の解禁という情況を重ねることによって原本の日本将来について考察するものである。なお、紙幅の都合によってすでに結論を得た事柄については拙著各章節の参照を促すとともに、時にその考証過程を引用するため、表記の一部に拙著との重複があることを一言しておきたい。(1)

一、九条家旧蔵の鈔本『後漢書』断簡

この鈔本『後漢書』断簡は『古簡集影』第一輯に収録するもので、(2)その解題は冒頭に「後漢書断簡、原寸縦九寸三分、横六尺八寸。公爵九条道真氏所蔵。列伝二十一賈琮伝ノ下半、及ビ陸康伝ニシテ、平安中期以前ノ頃ノ書写ニカカル」と記

す。はじめに基本事項を確認すると、題目を除く鈔本断簡賈琮伝の本文は一九七字、李賢注は見られない。同陸康伝の本文は六五五字、李賢注は二七〇字（判読不能の二字を含む）である。ここで小論が規準とする百衲本『後漢書』[3]（以下百衲本とも称す）の該部を見ると、賈琮伝本文は一九七字、李賢注は施されぬため異同はないが、[4]陸康伝本文は六八六字、李賢注は二七三字を数え、鈔本断簡の本文は百衲本より三十一字少なく、注文は五字多いことになる。

鈔本断簡と百衲本の異同

ここで詳細を確認すると、鈔本断簡の本文は百衲本に見える「至」・「書」・「康」・「入」・「守」の五字を欠き、「余」の一字を加えているが、注目すべきは百衲本陸康伝の末尾に陸康の子陸績の事績を記して「少子績、仕呉為鬱林太守。博学善政、見称当時。幼年曽謁袁術、懐橘墮地者也。有名称」につくる本文のうち「。」を付す二十七字を欠いていることである。これについて洲脇武志は、標点本『後漢書』校勘記にしたがって馬叙倫『読両漢書記』の「倫案ずるに、幼年以下、疑うらくは読者の加うる所ならん。本は注の下に在るも、誤りて正文に入る者なり」とする一文を引用し、幼年以下の十五字は范曄の正文ではなく、「読者」の書き入れが誤入したとする馬叙倫の指摘を示し、それは結論こそずれたものの、この断簡によってその理論が裏付けられたとする。[5]傾聴すべき見解である。なお李賢注は「有名称」の下に「績字公紀、呉史有伝」として呉史の参照を促している。私見では「読者」とは誰とも特定できないが、この二十七字は後述する鈔本断簡の原本成書後より北宋版後漢書が上梓されるまで三〇〇年をこえる期間に[6]李賢『後漢書注』に加筆された注文が本文に竄入し、宋版に刻まれたものと考えられる。またさらに一言すれば、それは「読者」の創作とも見なせるが、李賢が捨てた劉昭の『集注後漢』紀伝部注など先行する注釈の逸文である可能性も考えられよう。[7]

ついで鈔本断簡の注文を確認すると、それは「也」および①「変易公……而」、②「仲尼」の七字を欠き、また①「也之」および③「左伝、専劌諫□□公之詞（□□は判読不能字）」のつごう十二字が加えられている。ここで注目すべきは左の三点である。

①は、本文「故に魯の宣は畝に税し、而して蝝（いなご）の災（さい）自ずから生ず」に付された「公羊伝曰」にはじまる八十余字の注文の末尾に見られる異同で、鈔本断簡は「注云、上謂宣公。田旧制税畝也之」につくり、百衲本は「注云、上謂宣公。変易公田旧制而税畝」につくる。その『春秋公羊伝』宣公十五年何休注の該当部分は「上謂宣公。変易公田古常旧制而税畝」

（上とは宣公を謂う。公田の古常・旧制を変易して畝に税す）につくるが、鈔本断簡は「変易」を欠くために通暁せず、また「也之」とする加筆も「之」の解釈に無理を生ずる。これは唐鈔本の恣意的な書き改めを慎み、一字一句を忠実に書き写したとされる日本における誤写や補筆とは考えがたいので、唐の原本成書時または書写時に由来するものではなかろうか。(8)

②は、本文「哀公は賦を増し、而して孔子之を非る」に付された「左伝曰」にはじまる四十余字の注文半ばに見られる異同で、鈔本断簡は「季孫欲以田賦、使冉有訪諸仲尼。私於冉有曰」につくり、百衲本は「季孫欲以田賦、使冉有訪諸仲尼。仲尼私於冉有曰」につくって「仲尼」を重ねる。その『春秋左氏伝』哀公十一年の該当部分は「季孫欲以田賦、仲尼曰、丘不識也。三発、卒曰子為国老、待子而行。若之何、子之不言也。仲尼不対、使冉有訪諸仲尼。而私於冉有曰」につくり、注文は「○」の部分を節略して「季孫田を以て賦せんと欲し、冉有をして諸を仲尼に訪わしむ。冉有に私して曰く」とする。ここでは左伝の原文に忠実である鈔本断簡を原形と考え、「仲尼」を重ねる百衲本の注文は書写時または上梓時の補筆と見るべきではないか。

③は、鈔本断簡の本文「伝に曰く、君の挙は必ず書す。而して法ならずんば、後代何をか述べんと」（百衲本は「伝曰君挙必書書而不法後世何述焉」につくって「書」を重ね、また「世」を避諱しない）に「左伝、専劌誅□□公之詞」とする注文が付せられる。これは百衲本以下の現行李賢注に見られぬものである。范曄が撰述した本文は『春秋左氏伝』荘公二十三年の「公如斉観社、非礼也。曹劌諫曰、夫礼所以整民也。故会以訓上下之則、制財用之節、朝以正班爵之義、帥長幼之序、征伐以討其不然。諸侯有王、王有巡守、以大習之。非是君不挙矣。君挙必書、書而不法、後嗣何観」とする一文の「○」を付した部分を節略し、さらに改変したもので、注文はその典拠が左伝にあることを指摘しているのである。なお左伝の原文「曹劌諫」を鈔本断簡注文は「専劌誅」につくるが、(9)この誤写は『後漢書注』の成書時のものか、あるいは書写時のものかは明らかでないが、①のばあいと同じく日本における誤写とはなしがたいのではなかろうか。

二、鈔本『後漢書』断簡に見える唐室避諱と則天文字

断簡中の唐室避諱

鈔本『後漢書』断簡には唐の皇帝の諱を避ける避諱が見られ、その原本の書写年代を比定する一証左となる。次頁の**表1**は鈔本断簡に見える避諱の事例である。なお太祖（虎）・

表1　断簡に見える唐室避諱の例

廟号	諱	百衲本本文	同上注文	鈔本断簡本文	同上注文
太宗	世	4例	ナシ	すべて代につくる	ナシ
	民	7例	ナシ	すべて人につくる	ナシ
高宗	治	2例	ナシ	化につくる1例 理につくる1例	ナシ
玄宗	隆	1例	ナシ	避諱せず	ナシ
	基	ナシ	ナシ	ナシ	ナシ

代祖（昺）・高祖（淵）・中宗（顕）・睿宗（旦）の該当字は鈔本断簡に用いられていない。[10]

表1に示すように、鈔本断簡では太宗の「世」（四例）はすべて「代」に、「民」（七例）はすべて「人」に、高宗の「治」（二例）は「化」と「理」に改められ、また玄宗の「隆」は避諱されていない。解題はこれを受けて「原本ハ高宗以後、玄宗以前（孝徳天皇ノ白雉元年ヨリ元明天皇ノ和銅五年マデ）六十二年間ニ写セルモノニシテ、此断簡ハソレニ拠リタルモノナルベク、本書ノ写本中、古キモノヽ一ナリ」と記し、原本は高宗の即位（永徽元年・六五〇）から玄宗の即位（先天元年・七一二）までの間に書写されたと考える。

ここで注意すべきは、景龍四年（七一〇）六月に中宗を鴆殺して政権奪取を謀った韋后一党を自らの挙兵によって殲滅し、父（睿宗）の重祚を実現させた隆基が皇太子に冊立されたことである。睿宗朝における太平公主との角逐を差し引いても、その威勢は宮中内外を制して、[11]皇太子として諱が避けられたことは疑いないところである。[12]したがって鈔本断簡が「隆」を避けぬことは原本成書時の下限を重祚後の中宗朝（七〇五～一〇）にまで上げる証左となる。

断簡中の則天文字

ついで鈔本断簡に見える則天文字について考察すると、それは一例だけではあるが、陸康伝を記す第四葉四行目に「康上疏諫曰恵聞先王」とあって「臣」の則天文字である「恵」が確認される。蔵中進によると、則天文字は「曌」（照）、「𠀑」（天）、「埊」（地）、「㘝」（日）、「𠥱」・「囝」（月）、「〇」（星）、「𠺞」（君）、「恵」（臣）、「𡕀」（載）、「𥘉」（初）、「𠡦」（年）、「𠙺」（正）、「𥠢」（授）、「𧗟」（証）、「𨲢」（聖）、「圀」（国）、「𤯔」（人）のつごう十七種十八字とされ、この「恵」は載初元年（六九〇）に制定公布された第一次則天文字の十二字に含まれることから、[13]原本成書時の上限は同年まで下がることになる。

次頁の**表2**は、鈔本断簡に則天文字の該当字が三十二例あることを示す。ここで注目すべきは「恵」のほかはすべて常体字になっていることである。

これをどう解釈すべきか。仮に、それが武周時代（六九〇

～七〇五）に成書したものであれば、そこには特異で複雑な則天文字が散見されたに相違ない。当然ながら、それは則天武后が全土に公布して使用を強制した勅令を奉ずるもので、それをおざなりにすることは天意に背くこととなるのである。(14) この観点から、「𢘑」のみが用いられた鈔本断簡の原本は武后全盛期の成書とは考えられないのである。なお、ここで一言すれば「天」・「地」・「月」・「君」・「臣」・「初」・「年」・「聖」・「国」・「人」とあるなかで、なにゆえ「𢘑」だけを用いたのであろうか。それは武周の臣を以て自ら任じる成書者の意図とも受けとれようが、これ以上の憶測は慎まねばなるまい。

表2　断簡に見える則天文字該当字の数

該当字	照	天	地	日	月	星	君	臣	載	初	年	正	授	証	聖	国	人	計
本文	0	3	1	0	1	0	1	1	0	0	5	0	0	0	3	3	6	24
注文	0	1	0	0	0	0	0	0	0	1	0	0	0	0	0	0	6	8

断簡原本の成書年代

それでは、その原本の成書はいつか。結論からすると、それは中宗朝をおいてほかにないとすべきである。すなわち則天武后を抑えて神龍元年（七〇五）一月末に重祚した中宗は、翌二月初に国号を唐に復すとともに郊廟、社稷から服色、文字にいたるまで高宗の永淳元年（六八二）以前にもどす諸政一新を発令したものの、その五年余にわたる朝廷には、なお則天武后を慕い、武周朝を是とする武氏派および韋氏派が闊歩し、宮中内外を威圧した、この時代こそがふさわしいと考えるのである。(15) 則天文字にかぎれば、その廃止は宣言されたものの、その使用はなお継続されていたのである。(16)

以上、鈔本断簡に見える唐室避諱の厳格な適用と則天文字の不徹底な使用の二点から、その原本は中宗朝期に成書したことが明かとなった。なお当然ながら、その原本は十帝后紀・八十列伝にわたる『後漢書注』

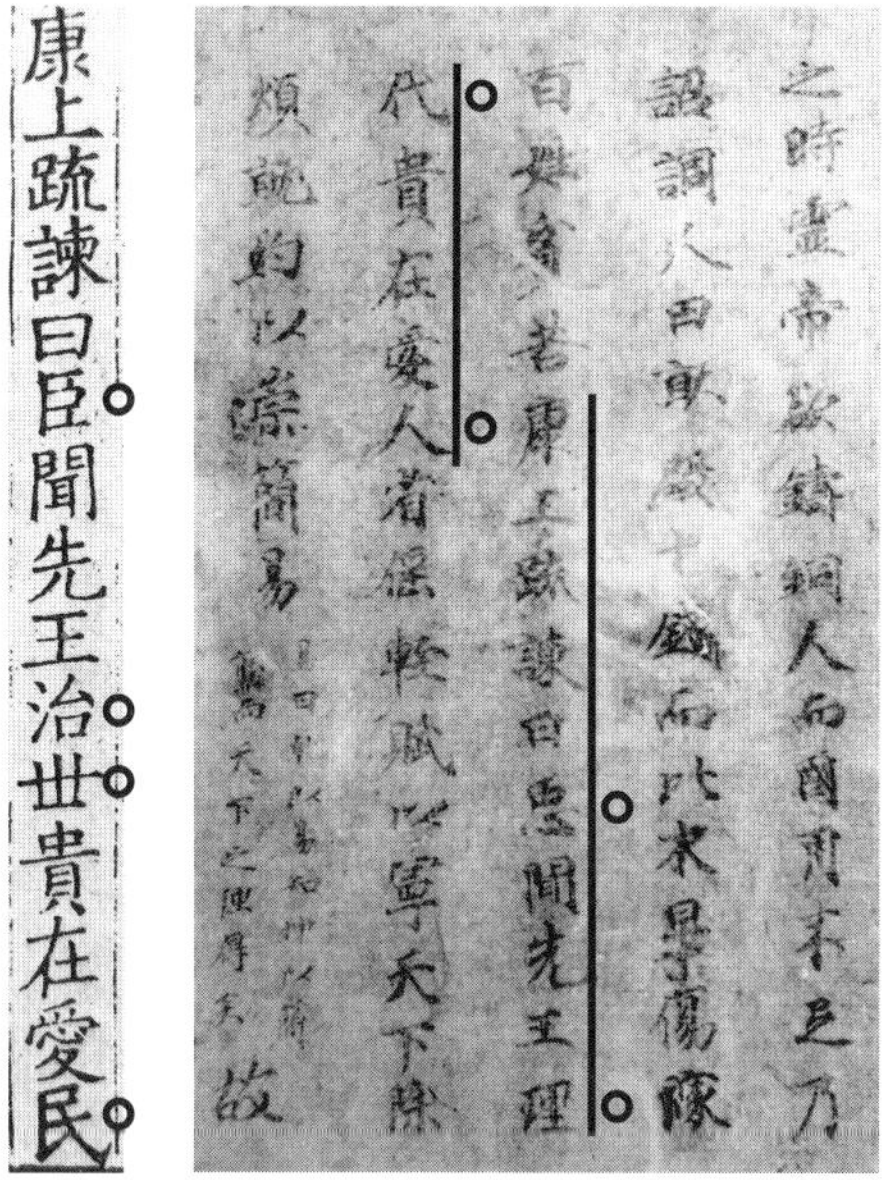

鈔本断簡に見える則天文字と避諱字

三行目の「康上疏諫曰」の下に「𢘑聞、先王理代、貴在愛人」とある。「𢘑」は「臣」の則天文字。「理」は高宗の諱「治」の、「代」は太宗の諱「世」の、「人」は同じく「民」の改字である。百衲本は「臣」・「治」・「世」・「民」につくることに注意。

の全文を書写したものであろうから、私はこれを中宗本『後漢書』と称することにする。以下節をあらため、李賢の失脚と復権の観点から『後漢書注』の変遷を概観することにしたい。

三、李賢『後漢書注』の則天武后批判と禁忌

『後漢書注』の武后武氏派批判

『後漢書注』は、当代きっての学者を招聘した皇太子李賢が、自身も筆を執って范曄『後漢書』の本紀と列伝に注釈を挟入したものである。それは儀鳳元年（六七六）十二月に奉呈され、高宗の褒賞のもとで秘閣に収蔵されて公認の書となったが、ほどなく李賢は母則天武后と対立して調露二年（六八〇）八月に廃され、ついで自殺に追いこまれたことから、その書は禁忌とされ、重祚後の中宗によって李賢の名誉回復がなされるまで四半世紀にわたって挟書閲覧すら憚られたのである。[17]

以下、『後漢書注』に見える則天武后と外戚に対する李賢の指弾からその経緯を説明することにしたい。

（1）前書に曰く、高帝功臣と約すらく、劉氏に非ざれば王たるべからず。有功に非ざれば侯たるべからず。約に如らざれば、天下共に之を撃つべし、と。

（『後漢書』巻一〇皇后紀上李賢注）

（2）高帝の呂后、昭帝の上官后、宣帝の霍后、成帝の趙后、平帝の王后、章帝の竇后、和帝の鄧后、安帝の閻后、桓帝の竇后、順帝の梁后、霊帝の何后らの家は、或いは貴盛を以て驕奢となり、或いは摂位を以て権重きも、皆な盈極を以て誅せらるるなり。

（『後漢書』巻一六鄧寇伝李賢注）

（3）外家とは、当に后家為るべし。二十なる者は、謂えらく、高帝の呂后の産と禄とは謀反して誅され、恵帝の張皇后は廃され、文帝の母薄太后の弟昭は殺され、孝文帝の竇皇后の従昆弟の子嬰は誅され、景帝の薄皇后、武帝の陳皇后は並びに廃され、衛皇后は自殺し、昭帝の上官皇后の家は族誅され、宣帝の祖母史良娣は巫蠱の為めに死し、宣帝の母王夫人の弟の子商は下獄して死し、霍皇后の家は破れ、元帝の王皇后の弟の子莽は位を簒い、成帝の許皇后は死を賜わり、趙皇后は廃されて自殺し、哀帝の祖母傅太后の家属は合浦に徙され、平帝の母衛姫の家属は誅され、昭帝の趙太后は憂死する是れなり。四人なる者は、哀帝の母丁姫、景帝の王皇后、宣帝の許皇后、王皇后にして、其の家族も並びに全し。

（『後漢書』巻五二崔駰伝李賢注）

（4）呂后専制するや、兄の子禄を以て趙王上将軍と為し、産を梁王相国と為し、各おの南北の軍を領せしむ。呂后崩じ、乱を為さんと欲すれば、絳侯周勃、朱虚侯劉章ら共に之を誅す。（『後漢書』巻七四上袁紹伝李賢注）

（1）は漢高祖の有名な約定で、ここでは「劉氏に非ざれば王たるべからず。有功に非ざれば侯たるべからず。約に如らざれば、天下共に之を撃つべし」とする。（2）は前漢高帝の呂皇后、昭帝の上官皇后、宣帝の霍皇后、成帝の趙皇后、平帝の王皇后および後漢章帝の竇皇后、和帝の鄧皇后、安帝の閻皇后、桓帝の竇皇后、順帝の梁皇后、霊帝の何皇后の生家は「或いは貴盛を以て驕奢となり、或いは摂位を以て権重きも、皆な盈極を以て誅せらる」とする。（3）は竇太后の臨朝称制時に、詔命を私したその兄竇憲を誡告する上書に付した注記で、前後漢の皇后と皇太后二十人のうち十七人が廃位、賜死、自殺し、その一族も族誅や獄死したことを記して、自身と家族を保全したのは哀帝の母丁姫、景帝の王皇后、宣帝の許皇后および王皇后の四人のみとする。（4）は呂太后の臨朝称制時に、その次兄の子呂禄を趙王上将軍に任じて禁衛北軍の指揮を委ね、長兄の子呂産を梁王相国に任じて南軍を指揮させたが、二人ともに太后崩御後に反乱を企てたため、絳侯周勃と朱虚侯劉章が族誅したとする。(18)

これはいずれも漢代の皇后と外戚に関する注記であるが、その忌憚のない内容から則天武后は、わが子である大唐の皇太子が高宗の不例を理由として垂簾聴政を継続する自身にすみやかな退休を迫るとともに、自身の即位をめざし、あわせて強権をふるう外戚武氏一党に発した警告と見なしたのではなかろうか。李賢に対する憎悪と警戒はいや増しに増したに相違ない。その結果として李賢は廃され、文明元年（六八四）二月、謫徙先の巴州で自殺に追いこまれたのである。李賢の遺骸は翌垂拱元年（六八五）三月に巴州化城県境に葬られたが、その葬柩は二十年あまりかの地に置かれることとなった。

『後漢書注』の禁忌

それではなぜ、李賢は則天武后に警戒されつづけたのであろうか。それについて私は、李賢の死後ほどない光宅元年（六八四）九月に勃発した李敬業の乱で李賢の名が旗印に掲げられ、十余万の勝兵を糺合する威名を示したためと考える。この乱は高宗の崩御後にも継続された則天武后の専横を糾弾するもので、揚・潤・楚三州にまたがる大乱となって則天武后を震撼させたが、ここでは李賢が武后打倒の象徴的人物として利用され、絶大な威力を発揮したことに注意を要する。(19)そして、この乱では李敬業との関係を疑われて殺戮籍没される大官宿将が続出し、さらにこれを契機として則天武后が「密告の門を開く」ことによって反武后派の情報を収集し、徹底した粛清をくり返したために、[20]李賢に関する発言には従来に倍加する配慮が必要となったはずである。

ここで『後漢書注』を顧みると、そこに則天武后と武氏派への指弾が散見することは前述のごとくである。したがって則天武后の全盛期とくに武周朝では我身と一族の安寧を願う人士は『後漢書注』の挟書はもとより、閲読さえ憚ったのではなかろうか。管見のかぎりでは、それを禁書とする発令は確認できないが、公的な場所で不用意に李賢の名を唱えることに危険が伴うように、『後漢書注』にも慎重な取扱が必要とされたに相違ない。

四、『後漢書注』の解禁と中宗本『後漢書』の将来

『後漢書注』の解禁

『後漢書注』を呪縛した禁忌が解けるのは、中宗朝による李賢の名誉回復を端緒とする。それは神龍元年（七〇五）一月、老衰した則天武后を抑えて重祚した中宗が、十一月の武后崩御ののち、神龍二年（七〇六）七月に李賢の葬柩を巴州から迎え、乾陵に陪葬することによって天下に示された。ただし前述のごとく、中宗朝にはなお則天武后を敬慕する勢力が残存したため、その復権が十全となるのは景雲元年（七一〇）六月に韋后ら反唐室勢力を一掃して重祚した睿宗朝まで待たねばならない。そして、この過程で『後漢書注』の挟書閲読にともなう障碍は消滅するのである。[21]これは鈔本断簡の原本は中宗朝期に成書したとする結論を補完するものとなろう。

中宗本『後漢書』の将来

それでは、中宗本『後漢書』はいつ日本に将来されたのであろうか。私は、それを成書ののち長い年月を経ることのない時期と考える。何となれば、唐室忌避の厳格な適用と則天文字の不徹底な使用の交点にあるそれは五年ほどの中宗朝でのみ成書・書写された希な鈔本で、それが滅べば二度と作られぬ稀覯本と考えられるからである。ここで注目すべきは、開元十年（七二二）に玄宗が『後漢書注』に政治的な判断規準を求めた事例が見られること、[22]さらに開元年間（七一三〜七四一）に『後漢書』が『東観漢記』に替わって『史記』、『漢書』にならび「三史」を構成することになるという二点である。[23]このように玄宗朝では『後漢書注』が重んじられて書写が重ねられるようになったと思われるが、その新たな鈔本に則天文字が用いられることは考えがたいとしなければならない。よってここから中宗本『後漢書』の将来年次が推定

できる。池田昌広は『後漢書』の日本初伝者を天平七年（七三五）に帰朝した吉備真備に比定する。[24]刮目すべき論説である。私は、これを受けて真備が舶載した『後漢書』はまさに中宗本である可能性が高いと考える。すなわちその前次の大宝の遣使（七〇二年出発、七〇四年帰国、執節使粟田真人）は武周朝末期にあたり、老いたりとはいえ則天武后は健在であるから李賢と『後漢書注』は禁忌とされ、その入手はもとより、日本に持ち出すことは許されるはずがないのである。また後次の天平勝宝の遣使（七五二年出発、七五四帰国、大使藤原清河）は副使として真備の再入唐はあるものの、それは中宗朝から五十年あまりが経過した玄宗朝の極盛時にあたるため、則天文字を置く『後漢書注』の入手は困難と考えるからである。この観点から、真備の中宗本『後漢書』の入手は、開元五年（七一七）から同二十二年（七三四）まで十七年間におよぶ第一次入唐時の、それも早い段階でなされたとするのがもっとも蓋然性が高いのではなかろうか。

将来後の中宗本『後漢書』

　前掲の解題は鈔本断簡の書写年代を平安中期以前とするが、それは祖本となる中宗本『後漢書』の将来時よりかなりの年次を経たころとなり、その間にも書写がなされたと推測するのが無理のないところである。この観点から『日本国見在書目録』に「後漢書九十二巻、宋太子詹事范曄撰。麄本」と記される『後漢書』にも言及せざるを得ないであろう。この「麄本」について、孫猛『日本国見在書目録詳考』は①狩谷棭斎の「按ずるに麄本とは即ち正文なり」および②王利器の「粗は蓋し細に対して言い、所謂粗本は蓋し節本を謂う。完具の本に非ざるを以て、故に之を粗本と謂うのみ」とする二説を提示し、「案ずるに狩谷棭斎説是に近し」と結論する。[25]ここで狩谷説にしたがえば、この『後漢書』は無注本となって中宗本とは無関係となるが、王利器説を是とすれば有注本の可能性も生じて中宗本またはその系統本と想定することも否定できぬのではあるまいか。紙幅の都合によって考察は別稿に譲るが、いずれにもせよ、中宗本『後漢書』を祖本とする鈔本が九条家に伝来し、鈔本『後漢書』断簡としてその面影を伝えていることは奇跡に近いことに相違ない。

おわりに

　以上、小論は九条家旧蔵鈔本『後漢書』断簡を精査し、それに李賢『後漢書注』の禁忌と解禁の情況を重ねて考察をおこなった。その要点をまとめると左のごとくなる。

（1）　鈔本断簡と現行本の異同によって現行本本文に注文の竄入箇所があること、また注文に欠落があることが確認され、范曄『後漢書』と李賢注の原文を知ることができる。

（2）鈔本断簡に見える唐室避諱の厳格な適用と則天文字の不徹底な使用例から、その原本は中宗朝による李賢の復権が進められるなかで十帝后紀・八十列伝からなる『後漢書注』の全文が書写され、成書したと考えられる。これは中宗朝期の特徴が顕著であるため中宗本『後漢書』と称するのが相応しい。

（3）中宗本『後漢書』は、第一次入唐中（七一七〜七三四）の吉備真備が入手し、天平七年（七三五）の帰朝時に将来した可能性が高い。

注

（1）小林岳『後漢書劉昭注李賢注の研究』（汲古書院、二〇一二年）。

（2）『古簡集影』第一輯（東京帝国大学史料編纂掛、一九二四年）所収。阿部隆一「本邦現存漢籍古写本類所在略目録」（『阿部隆一遺稿集』第一巻宋元版篇所収、汲古書院、一九九三年）史部正史類に①「後漢書、巻二明帝紀断簡（鎌倉）写、九条家旧蔵一、書陵影」、②「同、列伝第二一断簡写、紙背延喜式巻二六、不明」とある。②は小論が対象とする抄本『後漢書』断簡であるが、現在は所在不明とされる。①は「書陵影」にもとづいて宮内庁書陵部で調査したところ、現蔵の『後漢書』明帝紀一巻は無注の巻子本で資料詳細（図書寮文庫）に「清原家点、写、江戸末期」とあることから、鎌倉期の写本には該当しないようである。なお書陵部職員より現時点で①に該当する九条家旧蔵の『後漢書』明帝紀は確認されていないとの説明を得た。

（3）『後漢書』の善本である南宋紹興年間（一一三一〜一一六二）刊行の両淮江東転運司本（紹興本）を底本とし、その欠を他の善本で補綴したものを商務印書館が影印して「百衲本二十四史」の一書として中華民国二十六年（一九三七）に出版したもの。中華書局本（標点本）も紹興本を底本とする。百衲本『後漢書』に関する詳細は尾崎康『正史宋元版の研究』（汲古書院、一九八九）を参照。

（4）百衲本賈琮伝本文は三九一字、李賢注は五十字である。断簡本文は一九七字で、後半部五〇パーセント強が残存する。

（5）洲脇武志「『古簡集影』所収の『後漢書』旧鈔本」（『旧鈔本の世界——漢籍受容のタイムカプセル』所収、勉誠出版、二〇一一年）。

（6）尾崎康『正史宋元版の研究』（汲古書院、一九八九年）序章「北宋初期における四部の書と宋元代の正史の開版」、三「後漢書」。

（7）拙著第四章「劉昭『後漢書』注について——『集注後漢書』の内容をめぐって」を参照。

（8）榎本淳一「遣唐使による漢籍将来」（同氏『唐王朝と古代日本』所収、吉川弘文館、二〇〇八年）、神鷹徳治「序論　旧鈔本と唐鈔本」（『旧鈔本の世界——漢籍受容のタイムカプセル』所収、勉誠出版、二〇一一年）。

（9）『古簡集影』解題は「裏打ノ上ヨリ撮影シタル為メニ、鮮明ナラザル文字ヲ左ニ掲グ」として「六葉八行注専。劆誄□□公。之詞」と注記する。「。」は原文のまま。ここで影印版を注視すると「専劆」は鮮明である。また「誄」はやや不鮮明ではあるが、「諫」にとれる可能性がある。『春秋左氏伝』は「諫」につくり、「誄」とすれば誤写となるが、小論は鈔本断簡を実見したであろう解題子の判読にしたがう。

（10）拙著第八章第二節（ⅰ）「注釈指数と避諱字の確認」を参照。

（11）拙著第七章第二節（ⅳ）「「章懐墓誌」の改刻と太平公主」を参照。

（12）金子修一「唐代詔勅文中の則天武后の評価について」（『東洋史研究』第六八巻第二号、二〇〇九年）。

（13）蔵中進『則天文字の研究』（翰林書房、一九九五年）。なお張涌泉「敦煌写巻武周新字新証」（『中国文字学報』第七輯、商務印書館、二〇一七年）は第一次則天文字の公示年次について「𢘑同臣。唐武后載初元年正月初八（公元六八九十二月二十五日）頒布的新字之一」とする。

（14）則天文字の制作と強制については、蔵中前掲書の序章「則天文字の創出とその時代」に詳しい。

（15）『資治通鑑』巻二〇八唐紀神龍元年二月条に「甲寅、復国号曰唐、郊廟、社稷、陵寝、百官、旗幟、服色、文字皆如永淳以前故事」とある。なお、韋氏派および武氏派の動向については拙著第七章第二節「李賢の復権と中宗朝および睿宗朝の政変」を参照。

（16）神龍元年以降の則天文字使用については蔵中前掲書を参照。なお辻正博「唐代写本における避諱と則天文字の使用　P.5523 recto の書写年代について」（『敦煌写本研究年報』第一〇号、二〇一六年）は、敦煌文献『唐高宗天訓』の書写年代について、唐朝廟諱を忌避せず、則天文字を厳密に使用することは武周期写本の特徴であるとし、この観点から、完璧ではないが廟諱が避けられ、また則天文字の使用が徹底されない事例を考慮してその書写年代を八世紀初頭（おそらくは中宗朝）と推測する。

（17）拙著第六章第三節「李賢の皇太子冊立と廃位」、第七章第二節「李賢の復権と中宗朝および睿宗朝の政変」を参照。

（18）この則天武后と外戚に対する李賢の批判は拙著第八章第三節（ⅰ）「李賢の武后外戚批判」および後掲注21拙文に依拠する。

（19）拙著第六章第三節（ⅳ）「李賢の巴州謫徙と李敬業の乱」を参照。

（20）李敬業との応接を讒言され、則天武后に処刑された大官として程務挺、裴炎があげられる。またこの乱を契機に則天武后が密告を奨励し、反武后派を誅殺した事例については横田滋「武周政権成立の前提」（『東洋史研究』第一四巻第四号、一九五六年）に詳しい。なお李賢の三子をふくめて則天武后に幽閉、謫徙、誅殺された唐室一門の惨状については拙著第七章第一節（ⅳ）「李賢の三子について」を参照。

（21）さきに私は、「唐宋における『後漢書』の合綴と合刻について――李賢『後書書注』に劉昭『集注後漢』八志を補うこと」（榎本淳一編『古代中国・日本における学術と支配』（同成社、二〇一三年）において、『後漢書注』の禁忌期間を高宗調露二年（六八〇）の李賢廃詘から睿宗景雲年間（七一〇〜七一一）における完全な名誉回復までの三十年間としたが、本論によって中宗朝期の『後漢書注』成書が明らかになったため、その期間を二十五年ほどに改める。

（22）拙著第八章第四節（ⅱ）「『後漢書注』の再公認」を参照。

（23）池田昌広「范曄『後漢書』の伝来と『日本書紀』」（『日本漢文学研究』第三号、二〇〇八年）、拙著第八章第四節（ⅲ）「『後漢書注』の三史昇格と『集注後漢』の佚亡」を参照。

（24）池田前掲論文を参照。

(25) 孫猛『日本国見在書目録詳考』(上海古籍出版社、二〇一五年)の「考証」(五七〇—五七一頁)に「静嘉堂文庫蔵狩谷棭斎校本識語解釈麁本。後漢書麁本、按麁本即正文本也。(中略)。王利器日本国見在書目録提要、粗蓋対細而言、所謂粗本蓋謂節本。以非完具之本、故謂之粗本耳。(中略)。案狩谷棭斎説近是、日本国見在書目録此書蓋無注本也」とある。なお王利器の論説は『王利器論学雑著』(北京師範学院出版社、一九九〇年)に収められる。

附記 小論は平成二十八年度科学研究費補助金(課題番号16H0017)による研究成果の一部である。

古代東アジアにおける兵書の伝播
――日本への舶来を中心として

吉永匡史

よしなが・まさふみ――金沢大学人間社会研究域准教授。主な著書・論文に『律令国家の軍事構造』(同成社、二〇一六年)、「古代国家の軍事組織とその変質」(大津透ほか編『岩波講座日本歴史第4巻 古代4』岩波書店、二〇一五年)などがある。

『孫子』に代表される兵書は、中国国内に留まらず、東アジア各地に伝播していった。東方伝播の終着駅が、日本である。中国兵学の結晶である兵書は、どのような経路を辿ってもたらされたのだろうか。本稿では日本への舶来に焦点をあて、日本最古の漢籍目録である『日本国見在書目録』兵家を素材とし、基礎的検討を行っていきたい。

はじめに

「兵」とはなにか。試みに本稿が検討対象とする七~九世紀の書物を紐解くと、『隋書』経籍志は兵を「暴を禁め乱を静む」ものとし、『唐六典』は兵法を「権謀を紀め変を制す」と説く。(1) いずれも為政者の立場からの定義であるが、変乱を鎮め、策謀を制し、戦いに勝利するための用兵や戦術・戦略を考究する学問が兵学であり、その一見解を著したものが兵書ということになろう。

古代東アジアにおける兵学・兵書の基点は中国古代王朝であり、著名な『孫子』は現在に至るまで多くの人々に読み継がれている。(2) では、兵書はどのように所有され、各地に伝播していったのか。管見では兵書の伝来に焦点をしぼった専論は見当たらず、日本古代史学界における兵書にかんする研究自体も、ごくわずかと評してよい。(3) そこで本稿では、古代日本を終着点に設定し、中国諸王朝からどのような兵書が伝来していたのか、その具体像をうかがうための基礎作業を行っていくこととしたい。

一、唐と日本における兵書の管理

唐王朝の兵書規制

兵書はその内容が軍事行動を対象とするゆえに、叛乱（反乱）の道具となりうるものである。そのため、唐王朝では私有を禁じられていた。『故唐律疏議』職制律20玄象器物条には、次のようにある（細字注は山括弧で表記する。以下同じ）。

諸て玄象器物、天文、図書、讖書、兵書、七曜暦、太乙雷公式は、私家に有ることを得ず。違う者は徒二年。〈私に天文を習うもまた同じ。〉其れ緯候及び論語讖は、禁ずる限りに在らず。

本条で私有を認められていない文物の殆どは、玄象器物（観天器を指す）や天文書を筆頭に、いずれも天文現象や式盤の様相などを読み解き、国家・社会の変転を占う行為に該当する。これは国家の盛衰に直結するため、本条のような禁令が定められたのであった。このうち図（河図）・讖書・緯候の私有は隋文帝の開皇十三年（五九三）に禁止されており[4]、唐律のあり方は隋の方針を基本的に継承したものとみなせよう[5]。

「兵書」について、本条律疏は「太公六韜、黄石公三略の類」と注釈する。ここでは『六韜』と『三略』のみを具体的に挙げているが、瀧川政次郎氏が指摘するように、疏文にいう「類」には、のちの武経七書に撰される諸書（『孫子』『呉子』『司馬法』『尉繚子』など）のいくつかも含まれているとみてよいだろう[6]。本条に基づき、兵書は私家に所蔵されることはなく、国家的教育機関、あるいは都督府・折衝府などの軍事機関などに必要に応じて配架され、国家のコントロールのもとに置かれていたと考えられる。

兵法と占術

次に兵書と関連して注目したいのは、「太乙雷公式」（太乙式・雷公式）である。これは式盤を使用する式占の手法を記した書物であり[7]、当時の代表的な式占にはほかに六壬式があった。太乙式・雷公式はいずれも国家の将来を予知する占書であるため、唐職制律20条に規定するように民間で執り行うことは許されなかったが、六壬式は個人にかかわる内容であることから、士大夫・庶人ともに通用されていたようである[8]。

春秋時代より、兵法のカテゴリーには作戦の日時や地形、気象などを読むための呪術性の強いものが含まれていた。このような呪術的兵法の兵書を、『漢書』藝文志では兵陰陽家としてまとめ、「陰陽は、時に順いて発し、刑徳を推し、斗撃に随い、五勝に因り、鬼神を仮りて助けと為す者なり」と解説する。(9) のちに兵陰陽家は、兵法の呪術的・神秘的要素を否定する『孫子』や『呉子』が重視されていくにつれ、中国兵学の主流から外れるが、『新唐書』李靖伝の賛に「世言う、靖は風角・鳥占・雲祲・孤虚の術に精しくして、善く用兵を為すと。是れ然らず。特に以て機に臨むこと果、敵を料ること明にして、忠智に根ざすのみ。俗人、怪詭禨祥を伝著するは、皆信ずるに足らず」とあるように、俗人の間では依然として大きな影響力を保ち続けていたことが知られる。(10) 兵法は呪術的・神秘的要素とも深いかかわりがあることに、留意しておきたい。

古代日本の規制

さて、このような唐制を、古代日本ではどのように継受したのだろうか。養老職制律20玄象器物条は、次のように定める。(11)

> 凡て玄象器物、天文、図書、讖書、兵書、七曜暦、太一雷公式は、私家に有ることを得ず。違う者は徒一年。〈私に習うもまた同じ。〉其れ緯候及び論語讖は、禁ずる限りに在らず。

一見して、唐職制律20条とほぼ同内容であることがわかるものの、重要な相違点が二つある。まず第一に、罰則が唐律よりも二等軽いことである。ただ、基本的に日本律は唐律に比して刑罰を軽くする傾向があるため、これをもって兵書の私有を軽視したとは一概に言えず、むしろ次の二点目より真逆の結論を導きうる。すなわち、唐律では注で天文を私的に学ぶことをあわせて禁じていたが、日本律では天文に限定せず、対象を兵学など私有禁止書物の学問すべてに拡大したのである。(12) ここから中央政府は、〝知〟の集積体である書物だけでなく、兵学の知識そのものの拡散にも警戒していたことがうかがえよう。

僧侶と兵書

右の点は、さらに別の条文からも支持できる。養老僧尼令1観玄象条は、僧尼が天文現象の観察を行ったり、妖言を以て百姓を惑わすことと並んで、兵書を習い読むことを禁止している。

> 凡て僧尼、上つかた玄象を観、仮りて災祥を説き、語国家に及び、百姓を妖惑し、并せて兵書を習い読み、人を殺し、奸し、盗し、及び詐りて聖道得たりと称さば、並びに法律に依りて、官司に付けて罪を科せ。

本条の『令義解』、および『令集解』が引用する令私記（令釈・讃説）によれば、習読だけでなく所有も禁止であって、所持していた場合は養老僧尼令21准格律条を適用し、俗人と同じく職制律20条に基づき罰することとなっていた。なお、周知のように日本の僧尼令は唐の道僧格をもとにして令の一篇目に立てられており、[13]制度の淵源が気にかかるところであるが、本条に対応する唐格文は現段階で見出せず、詳細は不明である。

奈良時代の社会において、官人のほかに、漢籍を読破しうる代表的知識人は僧侶であった。ゆえに僧尼令1条の規定が特に定められ、僧侶が天文・兵法にもとづいた妖言を用い、人々を扇動して反乱を主導することを防ごうとしたのである。[14]しかし少なくとも留学僧にかんしては、本規定の徹底は難しかったらしい。なぜなら、天平二十年（七四八）作成の内典（仏典）・外典（漢籍）を列記した更可請章疏等目録は、新羅に留学した経験のある大安寺僧審詳の蔵書の一部を示すものであるが、[15]この中に『日本国見在書目録』兵家に収載するところの「安国兵法一巻」と「黄帝太一天目経二巻」を見出せるからである。[16]このほか、書名から兵書と推測される「軍論斗中記」も確認できる。中林隆之氏によれば、五月一日経の書写事業より前においては、国家による留学僧の将来経典の把握は必ずしも充分でなく、「私持経」（とりわけ章疏類）は秘匿される傾向が強かった。[17]審詳は兵書を、私持経とあわせて秘匿していたのだろう。

更可請章疏等目録の本文末尾をみると、「天平廿年六月十日、平摂師の手より転撰して写し取れり」とあり、審詳の弟子である平摂が、師の死後、その典籍群を管理していたと推察される。[18]さらに次行（本目録の最終行）には、前年の天平十九年十月一日に僧綱の大僧都行信と佐官臨照が「共知検定」したことが記されており、この頃になって審詳の蔵書は官によって把握されるようになっていた。禁書であった兵書の存在が特に問題視されていないのは、本人が死去していること、そして蔵書群が僧綱によって認知され、内裏も関知していたことに起因すると考えられるが、更可請章疏等目録のさらに詳細な考察が求められるため、断定することは差し控えたい。ただ、審詳所蔵の兵書は、中林氏が指摘するように、留学先の新羅で入手した可能性が高いと考えられる。[19]日本への兵書の舶来は、遣唐使などによって中国から直接行われただけでなく、朝鮮半島からも為されたのである。

それでは、日本には具体的にどのような兵書が将来されていたのだろうか。九世紀末の史料ではあるが、最古の漢籍目録である『日本国見在書目録』をもとに、中国諸王朝からの伝播の状況を考えてみたい。

二、書目にみる兵書の伝播――『日本国見在書目録』兵家を手がかりに

最古の漢籍目録

『日本国見在書目録』（以下、『目録』と略称）は、九世紀末までに日本に所在した漢籍（仏典を除く）を対象として、藤原佐世が著した書籍目録である。その分類は、易家に始まって四十家を数え、『隋書』経籍志の四部分類を踏襲したものであった。[20] 但し、日本で著された書籍も若干数混入することが判明しており、[21] 室生寺に伝来した写本のみが現存する（書写の下限は平安時代末。以下、室生寺本と表記する）。[22]

本目録は、勅を奉じて撰述したことが本文冒頭よりわかるものの、室生寺本には序や上表文の類がなく、完成した年月日すら不明である。さらに「本の如し」「私に之を略す」という注記がみえることから、室生寺本は天皇に奏上された原本そのままの内容を伝えるのではなく、ある段階で省略を施された写本であると判断される。

この点は兵家も例外でなく、「卅三兵家」とある冒頭部に「私に之を略す。目録二百四十二巻」と注記されており、書写の際に省略されている。収録する兵書の巻数は、明記されていない二書（『兵書対敵権変逆順法』と『兵書要略』）を除くと計一七八巻であって、全体の約三分の一弱にあたる六十四巻が省かれている。兵家の性格を考える際に、留意すべき特徴と言えよう。

書目における兵書

そこで具体的に検討するにあたり、『目録』兵家に収載する兵書と、『隋書』経籍志（兵）、『旧唐書』経籍志（兵書類）および『新唐書』藝文志（兵書類）において同一書であると推測される兵書を対照させると、次頁の**表1**のようになる。[23]

表1を通見してまず感じるのは、『目録』収載の兵書には、『隋書』『旧唐書』『新唐書』の兵書と一致するものが思いのほか少ない、ということである。一致件数が最も多い『隋書』経籍志においてすら、梁代に存在したと注記する書籍を除くと、二十五点にすぎない。これは、『目録』に掲載する六十点の半数以下である。また、唐代では『新唐書』が最も多く計二十点であり、三分の一に留まる。この事実は、遣隋使や遣唐使が、大量の良本を一括将来した可能性は低いのではないか、との疑いをもたせる。

ただこれは、遣唐留学生が兵学を修めずに帰国したことを意味するのではない。『続日本紀』天平宝字四年（七六〇）十一月丙申条には、

授刀舎人春日部三関、中衛舎人土師宿祢関成ら六人を大

表1　『日本国見在書目録』兵家と隋唐正史書籍目録

	『日本国見在書目録』兵家（私略之）	『隋書』経籍志、兵	『旧唐書』経籍志（経籍下、兵書類）	『新唐書』藝文志（藝文三、兵書類）	備考
1	『司馬法』三巻〈斉相司馬穰苴撰〉	『司馬兵法』三巻〈斉将司馬穰苴撰〉	『司馬法』三巻〈田穰苴撰〉	田穰苴『司馬法』三巻	
2	『孫子兵法』二巻〈呉将孫武撰〉	『孫子兵法』二巻〈呉将孫武撰、魏武帝注、梁三巻〉	『孫子兵法』十三巻〈孫武撰、魏武帝注〉	魏武帝注『孫子』三巻	
3	『孫子兵法書』一〈巨詡撰〉	『鈔孫子兵法』一巻〈魏太尉賈詡鈔〉			『目録』の「巨」は「賈」の誤りか。
4	『孫子兵書』三〈魏武解〉				
5	『孫子兵書』一〈魏祖略解〉	『孫子兵法』一巻〈魏武・王凌集解〉			
6	『六陣兵法図』一				
7	『八陣書』一				
8	『陣法』一				
9	『孫子兵法八陣図』二				
10	『陣図』一	『陣図』一巻			
11	『続孫子兵法』二〈魏武帝撰〉	『続孫子兵法』二巻〈魏武帝撰〉		魏武帝注『続孫子兵法』二巻	
12	『太公六韜』六〈周文王師姜望撰〉	『大公六韜』五巻〈梁六巻。周文王師姜望撰〉	『太公六韜』六巻	『六韜』六巻	
13	『太公陰録符』一巻	『太公陰符鈐録』一巻			
14	『黄在公三略記』三〈下邳神人撰成氏撰〉	『黄石公三略』三巻〈下邳神人撰、成氏注〉	『黄石公三略』三巻	『黄石公三略』三巻	『目録』の「在」は「石」の誤写か。
15	『黄帝用兵勝敵法』一				
16	『黄帝陰符』一				
17	『黄帝蚩尤兵法』一	（梁に「黄帝蚩尤兵法一巻」あるも、亡ぶ）			
18	『兵林玉府』三	『兵林』六巻〈東晋江都相孔衍撰〉	『兵林』六巻〈孔衍撰〉	孔衍『兵林』六巻	『目録』の書名が正式名称か。

No.	1	2	3	4	5
19	『兵林正府』一	『兵林』一巻			『隋書』経籍志の書名は略称か。
20	『太公明金遺用兵要記』一	『太公金匱』二巻	『太公金匱』二巻	『金匱』二巻	『目録』の「遺」は「匱」の誤写か。
21	『太公謀卅六甲法』一	『太公伏符陰陽謀』一巻	『大公陰謀三十六用』一巻	『陰謀三十六用』一巻	
22	『武林』一〈王略撰〉	『武林』一巻〈王略撰〉		王略『武林』一巻	
23	『梁武帝勅抄要用兵法』一				
24	『慮敗』一				
25	『出軍禁忌法』一				
26	『兵書要』八〈魏徴撰〉				
27	『六軍鏡』三			李靖『六軍鏡』三巻	
28	『安国兵法』三				
29	『軍誡』三〈李定遠撰〉				
30	『軍令』五	（梁に「軍令八巻」あり）			
31	『斉兵法』二				
32	『簡日法』一				
33	『練習令』一				
34	『兵書対敵権変逆順法』一	『対敵権変逆順』一巻			
35	『武王代殷法』一				
36	『河上公兵法』一				
37	『帝王秘録』十				
38	『金壇秘決』二巻				
39	『孝子宝決』一				
40	『真人水鏡』十	『真人水鏡』十巻	『真人水鏡』十巻〈陶弘景撰〉	陶弘景『真人水鏡』十巻	
41	『軍勝』十	『軍勝見』十巻〈許昉撰〉	『許子新書軍勝』十巻	『許子新書軍勝』十巻	
42	『黄帝太一天目経』三〈李淳風注〉				
43	『魏武帝兵書』十三				
44	『兵書要』三				

45	『兵書接要』三〈魏武帝撰〉	『兵書接要』十巻〈魏武帝撰、梁有兵書接要別本五巻。…（下略）〉		『兵書接要』七巻〈孫武〉	
46	『瑞祥兵法』二				
47	『雲気兵法』一	『用兵秘法雲気占』一巻		『兵法雲気推占』一巻	
48	『遁甲兵法』一	（梁に「兵法遁甲孤虚斗中域法九巻」あり）			
49	『投壺経』二				
50	『象戯経』一	『象経』一巻〈周武帝撰〉	『象経』一巻〈周武帝撰〉	周武帝『象経』一巻	新旧唐書では雑藝術に分類する。
51	『投壺経』二〈張東之撰〉	『投壺経』一巻	『投壺経』一巻〈郝沖・虞譚法撰〉	郝沖・虞譚法『投壺経』一巻	新旧唐書では雑藝術に分類する。
52	『仗経』一巻				
53	『弾棊法』一	『碁法』一巻〈梁武帝撰〉			
54	『樗蒲経』一				
55	『王帳』一		『玉帳経』一巻	『玉帳経』一巻	『目録』の「王」は「玉」の誤写か。
56	『壺中秘兵法』一				
57	『兵書論要』一〈魏武帝撰〉	（梁に『兵書要論』七巻あるも、亡ぶ）			丸括弧内は45番の下略部分に該当。
58	『兵書要略』〈同撰〉	『兵書略要』九巻〈魏武帝撰〉	『兵書要略』一巻	『兵書要略』十巻	
59	『梁武帝兵法』二	『梁主兵法』一巻		『梁武帝兵法』一巻	
60	『金海』卌七〈隋蕭吉撰〉	『金海』三十巻〈蕭吉撰〉	『金海』四十七巻〈蕭吉撰〉	蕭吉『金海』四十七巻	

【備考】
・本表の作成にあたっては、狩谷棭齋『日本現在書目證注稿』（日本古典全集刊行会、一九二八年）および興膳宏・川合康三『隋書経籍志詳攷』（汲古書院、一九九五年）、孫猛『日本国見在書目録詳考』中（上海古籍出版社、二〇一五年）を参考にした。
・書名に附された注記は、山括弧で示した。
・『隋書』経籍志に注記されている梁代の書籍情報については、丸括弧を使用して付記した。

宰府に遣して、大弐吉備朝臣真備に就きて、諸葛亮の八陳、孫子の九地と結営向背とを習わしむ。

とあり、授刀舎人春日部三関らが大宰府に赴き、吉備真備から兵学を学んでいるからである。兵書の観点から言えば、「諸葛亮の八陳」は『目録』の『八陣書』（7番）、「孫子の九地と結営向背」は『孫子』（2・3・4・5番）にそれぞれ対応しており、吉備真備が唐で兵学を学び、兵書を持ち帰ったことはほぼ確実と言える。しかし、八陣にかんする書籍は一点だけだが、『孫子』は注解の異なるものが複数点確認でき、これら全てを吉備真備が一括将来したと考える必然性はないだろう。むしろ、各兵書は将来時期・経路がそれぞれ異なっているのではないか、と推測されるのである。

梁代の兵書

　こうした疑念をさらに深めるのが、17番の『黄帝蚩尤兵法』一巻である。『隋書』経籍志には、次のようにある。

　黄帝蚩尤風后行軍秘術二巻〈梁、黄帝蚩尤兵法一巻有るも、亡ぶ。〉

　注記より、梁代に『黄帝蚩尤兵法』一巻が存在したものの、隋・唐の頃には既に失われてしまっていたことがわかる。『隋書』経籍志の梁代に関する情報は、梁の阮孝緒が著した『七録』に依ったものと推測されている。(24) 梁朝が集積した書籍は、侯景の乱、ついで西魏の江陵侵攻によって壊滅的打撃を受けており、(25) このさなかに『黄帝蚩尤兵法』は亡失し、隋以降に伝わらなかったのである。『目録』の『黄帝蚩尤兵法』は巻数も一致することから、まさしくこの佚書とみてよい。ゆえにこれは、遣隋使・遣唐使による将来とは考えられない。

　また、このほかにも『目録』の『軍令』五巻（30番）は『隋書』経籍志に「梁、魏時群臣表伐呉策一巻、諸州策四巻、軍令八巻、尉繚子兵書一巻有り」（『魏武帝兵法』の注記）とみえ、同様に『遁甲兵法』一巻（48番）は「梁、兵法遁甲孤虚斗中域法九巻有り」（『孤虚法』の注記）とあり、『兵書論要』一巻（57番）も「梁、……（中略）……、又、兵書要論七巻有るも、亡ぶ」（『兵書接要』の注記）と、それぞれ確認できる。いずれも巻数や書名に異同があるものの、同様の事例と判断できよう。

兵書将来のルート

　以上の検討結果は、『目録』に収載する兵書の中に、南朝の梁に由来するものが存在することを示している。しかし周知のように、倭国は梁と直接の国交をもたなかった。ゆえにこれらの兵書は、南朝の歴代王朝と関係を結んでいた百済を経由して、倭国にもたらされたと推測されよう。また、南朝で書写された兵書そのものが将来された可能性だけでなく、百済で書写された写本であったり、前章で検討した審詳のケースのように、百済・新羅に渡った留学・請益僧（生）によって、朝鮮半島で入手・書写され、もたらされたことも想定できる。榎本淳一氏は、『目録』から梁代の書籍を抽出し、百済が六世紀前半に梁の学術・文化を受容していたことをふまえ、(26)百済からの主な将来時期を「多くの学者・僧侶・技術者などが渡来したこの六世紀後半から七世紀初めの頃と考えて大過ないのではないか」とした。(27)兵書に関してはそれだけでなく、〝百済滅亡後における新羅からの将来〟も、榎本氏の見解に付け加えることができるだろう。

遁甲と兵法

次に**表1**では、先にもふれた梁代の書籍である『遁甲兵法』一巻（48番）に注目したい。遁甲は式盤を使って占う式占の一つであり、その名は、軍が出陣の際に六甲（甲子・甲戌・甲申・甲午・甲辰・甲寅）の日を遁れる（避ける）ことに起因するもので、古代中国の兵学の一要素として発達したものであった。(28)日本では大海人皇子が「天文・遁甲」に堪能であり、壬申の乱において、伊勢国隠評の横河のほとりで自ら式を乗り占ったことは、よく知られている。(29)『目録』で遁甲書は兵家と五行家に収録されており、(30)兵学と占術の双方の性質をあわせもつものとして認知されていた。

このような性格をもつ遁甲の書籍を、倭国に伝えたのは百済であった。『日本書紀』推古天皇十年（六〇二）冬十月条に、「百済僧観勒来れり。仍て暦本及び天文地理の書、并せて遁甲方術の書を貢る。是の時に、書生三四人を選びて、観勒に学び習わしむ。陽胡史の祖玉陳、暦法を習う。大友村主高聡、天文・遁甲を学ぶ。山背臣日立、方術を学ぶ。皆学びて業を成す」とあって、百済僧観勒が「遁甲方術の書」をもたらしたのである。『遁甲兵法』は、まさしくこのときに将来された可能性があるだろう。観勒について天文・遁甲を学んだ大友村主高聡は中国由来の渡来系氏族出身であり、(31)遁甲はまず渡来系氏族によって担われたことが知られる。また、降って天智天皇十年（六七一）に亡命百済人四名が「兵法に閑えり」と賞されて位を授かっていることも注目できよう。(32)

その後、大海人皇子のように遁甲に習熟する者もいたが、占術としての遁甲は、奈良時代に至っても渡来人が関与する状況が続いたようである。正倉院文書に慶雲・和銅年間の考文断簡が残されており、陰陽師高金蔵・陰陽博士觮兄麻呂・天文博士王中文の「能」に、「遁甲」がみえる。(33)高金蔵と王中文は高句麗からの渡来人であり（『新撰姓氏録』左京諸蕃下）、かつ陰陽寮の主たる官職であるこれら三職いずれにも、遁甲を修めた人物が就いていた。唐では、遁甲は民間で殆ど行われなくなったが、[34]これに対し日本では、百済から継受した遁甲を継承していったと言えよう。陰陽寮官人が習得した遁甲が兵法としての性格をもっていたことは、辺要の大宰府に陰陽師が設置され、また時代は降るが、九世紀になると鎮守府、陸奥・出羽・武蔵・下総・常陸等の諸国にも同じく置かれたことからもうかがえる。[35]兵法の呪術的要素としての遁甲は、陰陽寮官人が専門的に修得することで、国家が独占的に活用したと評せるのである。

おわりに

本稿では、古代日本における兵書・兵学研究の基礎的作業として、『日本国見在書目録』兵家に注目し、大陸から日本への兵書の伝播について検討してきた。これらの中には梁代の書籍が複数存在し、朝鮮半島を経由して、もしくは当地で書写されて将来されたものであることを指摘した。この兵書の事例に明らかなように、遣隋使・遣唐使だけでなく、百済・新羅からの学術・書籍の受容という観点からの研究を、よりいっそう個別具体的に深めていく必要があろう。

また今回触れられなかったが、**表1**には『孫子』と並んで中国兵学の基本であった『呉子』が見当たらず、さらに『尉繚子』も確認できない点が気にかかる。兵学をどのように学んだのかという観点からの検討も、今後進めなければならないだろう。これらはすべて今後の課題とし、ひとまず筆を置くこととしたい。

注

(1)『隋書』巻三四、志二九、経籍三、子、兵。『唐六典』巻十、秘書省秘書郎。

(2)『孫子』の軍事思想とその史的意義については、湯浅邦弘『『孫子』の思想史的意義」(『中国古代軍事思想史の研究』研文出版、一九九九年)を参照。

(3) 中国から日本への兵書の伝来を意識した先駆的研究としては、瀧川政次郎「支那の兵学と兵書」(『資料公報』二―七・八、一九四一年)が挙げられる。

(4)『隋書』巻二、帝紀二、高祖下、開皇十三年二月丁酉条。なお「図書」とは、本条疏文によれば河図と洛書を指す。河図は伏羲が黄河中に現れた竜馬の背に見出した文、洛書は禹が洛水に出現した神亀の背に見出した文とされる。

(5) ただし唐職制律20条では緯候の私有は禁じられておらず、隋制そのままではない。

(6) 瀧川政次郎「日唐律玄象器物条考」(『國學院法学』十八―一、一九八〇年)三頁。

(7) 式占については、瀧川政次郎「遁甲と式盤」(日本歴史考古学会編『日本歴史考古学論叢』吉川弘文館、一九六六年)を参照。

(8)『唐六典』巻十四、太常寺、太卜署太卜令。

(9)『漢書』巻三十、藝文志十。なお、史料上には「陰陽十六家」とあり「兵」字がみえないものの、兵家のその他が「兵権謀十三家」「兵形勢十一家」「兵技巧十三家」とあり「兵」字を冠しているため、これを補って表記した。

(10)『新唐書』巻九三、列伝十八、李靖・李勣。湯浅邦弘「『李衛公問対』の兵学思想」(『大阪大学文学部紀要』三九、一九九九年)二二―二八頁参照。

(11) 唐律の継受を論じる際には大宝律の状態が問題となるが、兵書にかんする箇所は復原できない。よってここでは、養老律は大宝律を大きく変更しなかったとみる利光三津夫氏の指摘に従い、大宝律の本条も同内容の規定であったと仮定し、論を進める。利光三津夫「大宝律考」(『律の研究』明治書院、一九六一年)一二九―一三〇頁参照。

(12) 転写時における「天文」字句の脱漏でないことは、日本思想大系『律令』(岩波書店、一九七六年)の当該条文補注を参照。

(13) 佐藤誠實「律令考」(瀧川政次郎編『佐藤誠實博士律令格式論集』汲古書院、一九九一年、初発表一八九九年)一二四―一二五頁。

(14) 本条の位置づけについては、佐伯有清「八世紀の日本における禁書と叛乱」(『日本古代の政治と社会』吉川弘文館、一九七〇年、初発表一九五五年)を参照。

(15) 山下有美「東大寺の花厳衆と六宗――古代寺院社会試論」(『正倉院文書研究』八、吉川弘文館、二〇〇二年)、中林隆之「日本古代の「知」の編成と仏典・漢籍――更可請疏等目録の検討より」(『国立歴史民俗博物館研究報告』一九四、二〇一五年)を参照。審詳の来歴と将来経典については、堀池春峰「華厳経講説よりみた良弁と審詳」(『南都仏教史の研究 上 東大寺篇』法藏館、一九八〇年、初発表一九七三年)が先駆的研究として挙げられる。堀池氏によれば、審詳の新羅留学・帰国の時期は、天平十二年(七四〇)を遡る。

(16)『大日本古文書(編年)』三巻、八四―九一頁。

(17) 中林隆之「寺院・僧侶の仏典と古代国家」(『経典目録よりみた古代国家の宗教編成策に関する多面的研究』〔研究代表者中林隆之、二〇一〇~二〇一二年度科学研究費補助金研究成果報告書〕、二〇一三年)八―一七頁を参照。

(18) 前掲注15山下・中林両氏の論文を参照。

(19) 中林氏前掲注15論文、一六三頁。

(20) 和田英松「日本見在書目録に就いて」(『國史説苑』明治書院、一九三九年。初発表一九三〇年)参照。

(21) 和田氏前掲注20論文、拙稿「『日本国見在書目録』刑法家と『律附釈』――律受容の一断面」(榎本淳一編『古代中国・日本における学術と支配』同成社、二〇一三年)を参照。『日本国見在書目録』については、矢島玄亮「日本国見在書目録の研究」(『日本国見在書目録――集証と研究』汲古書院、一九八四年)、孫猛『日本國見在書目録詳考』上・中・下(上海古籍出版社、二〇一五年)などを参照。

(22) 山田孝雄「帝室博物館御蔵 日本国見在書目録 解説」(『日本國見在書目録』名著刊行会、一九九六年、初発表一九二五年)九七頁。

(23)『隋書』巻三四、志二九、経籍三。『旧唐書』巻四七、志二七、経籍下。『新唐書』巻五九、志四九、藝文三。なお、書名が完全に一致しない場合でも、いずれかが略称であると判断できたり、もしくは『目録』の誤写とみなせるケースも掲出している。

(24) 倉石武四郎『目録学』(東京大学東洋文化研究所附属東洋学文献センター、一九七三年)四五―五七頁。

(25) 興膳宏「解説」(興膳宏・川合康三『隋書経籍志詳攷』汲

古書院、一九九五年）二七―二八頁。

(26) 榎本淳一「比較儀礼論」（石井正敏ほか編『日本の対外関係2　律令国家と東アジア』吉川弘文館、二〇一一年）参照。

(27) 榎本淳一「『日本国見在書目録』に見える梁代の書籍について」（前掲注21同氏編著書に収載）一四五―一四七頁。

(28) 本稿における遁甲の理解は、主に瀧川氏前掲注6・7論文に拠っている。

(29) 『日本書紀』天武天皇即位前紀、および天武天皇元年（六七二）六月甲申条。

(30) 『目録』五行家には、『遁甲』六巻、『遁甲』二巻、『遁甲』一巻、『門元大一遁甲経』六巻、『遁甲秘要』一巻、『遁甲経要抄』一巻、『三元九宮遁甲』三巻、『遁甲立成』六巻、『遁甲経序』一巻、『遁甲用決』一巻がみえる。

(31) 大友村主氏の一部が改賜姓されて成立した志賀忌寸氏は、『新撰姓氏録』摂津国諸蕃に後漢献帝の後とみえる。

(32) 『日本書紀』天智天皇十年正月是月条

(33) 『大日本古文書（編年）』二四巻、五五二―五五四頁。本文書の年代は、田中卓「続・還俗――大日本古文書の編年を訂して養老以前と認められる史料による補説」（『壬申の乱とその前後』国書刊行会、一九八五年、初発表一九五六年）を参照。

(34) 瀧川氏前掲注7論文、六五九―六六〇頁。

(35) 養老職員令69大宰府条。陰陽師と軍事の関係については、松本政春「奈良朝陰陽師考――その軍事史的意義を中心に」（『律令兵制史の研究』清文堂出版、二〇〇二年）を参照。

陸善経の著作とその日本伝来

榎本淳一

陸善経は、唐の開元・天宝期に活躍し、『大唐開元礼』や『唐六典』などの国家的な編纂事業にも参加した一流の学者であった。彼の著作の殆どは唐では早く喪われたにも関わらず、日本には多くもたらされていた。善経の著作が将来された背景・理由について考察し、「東アジア世界」の学術伝播における人と人とのつながりの重要性について述べる。

はじめに

『日本国見在書目録』には遣唐使がもたらした唐代の書籍が数多く著録されているが、その中で一際存在感を示しているのが陸善経の一連の著作である。(1) 個人の撰著としては最多の八種の書籍が著録されている。(2) また、『日本国見在書目録』に著録されていないが、日本に船載された彼の著作として『文選注』、『史記注（史記決疑）』があり、日本では大きな影響力を有していたことが知られている。(3) 更に彼が編纂に加わった国家的な編纂物には『開元礼』『唐六典』『御刊定礼記月令』（『日本国見在書目録』は、『御刪定礼記月令』と記す）があるが、それらも全て将来されている。(4)

陸善経は両唐書に立伝されておらず、その著作に関する記録が中国側に殆ど残っていないこともあって、彼の著作が数多く日本にもたらされた理由・背景が未解明のままとなっている。本稿では、陸善経の経歴、著作の内容・成立時期などの検討により、上記の問題の解明を目指すことにしたい。

えのもと・じゅんいち――大正大学文学部教授。専門は日本古代史。主な著書に『唐王朝と古代日本』（吉川弘文館、二〇〇八年）、『日唐賤人制度の比較研究』（同成社、二〇一九年）などがある。

一、陸善経の経歴

（一）出自・家族

陸善経は多くの著作を残し、盛唐の国家的な学術書編纂にも度々関わっていながら、正史に立伝されてないため、早くからその経歴に関する研究が行われてきた。(5) それら先行研究の成果に拠りながら、陸善経の経歴を確認することにしたい。

陸善経は、呉郡呉県の陸氏の出で、晋の太常陸始の後、唐蘇州刺史陸孜（りくし）の兄敬の玄孫にあたる。(6) 父母については、不詳である。その名は、一般に善経として知られるが、諱は該で、善経は字という説もある。(7) 男子に左補闕・史館修撰となった鼎（てい）、(8) 代宗朝の監察御史・殿中侍御史となった珽（てい）、(9) 女子に贈尚書工部侍郎張諴（ちょうかん）の妻となった者（諱不詳、追封嘉興県太君、呉郡太夫人）がいたことが知られる。(10)

善経の生没年を記す史料は残存していない。しかし、女子の死亡年が貞元二年（七八六）、春秋六十六であることから(11)その誕生は開元八年（七二〇）となり、父である善経の生年は七〇〇年前後と見込まれる。後述のように、善経の事績を確認できるのは天宝五載（七四六）までであることから、天宝年間（七四二～七五五）の後半には亡くなっていたものと推察される。

（二）事績・官歴

善経の足跡を辿れるのは、集賢院入院後からである。集賢院は開元十三年（七二五）に設けられた国家的学術研究機関であり、多数の一流学者と唐代最大級の蔵書を有し、多くの国家的な編纂事業にあたったことで有名である。(12) 善経の入院年次は、蕭嵩（しょうすう）が集賢院学士知院事、張九齢が集賢院学士副知院事となった開元十九年（七三一）と思われる。(13) 蕭嵩は集賢院を統べる先の地位に就くと、すぐさま『文選』の改注と国史編纂に着手し、その要員として陸善経の入院を奏請している。(14) なお、この二つの事業は完成を見ず、中止されているが、どちらも中止時期は定かでは無い。

開元二十年（七三二）九月には、集賢院の編纂になる『開元礼』が完成したが、善経も修撰に加わっていたことが知られる。(15) 前年に入院後、三つの編纂事業に同時に関わっていたことになり、その能力が高く評価されていたものと思われる。

開元二十二年（七三四）五月、張九齢が集賢院学士知院事となると、陸善経は『唐六典』の編纂に加えられた。(16) 同書は開元二十六年（七三八）に完成するが、それまではその編纂に従事していたのであろう。

開元二十四～二十七年（七三六～七三九）に『御刊定礼記月令』が完成したと推定されるが、(17) 善経はその編纂にも関わった。李林甫の「進御刊定礼記月令表」に集賢直学士・河南府倉曹参軍の肩書きで善経の名が見える。(18)『唐六典』完成の翌年、開元二十七年（七三九）には、太常寺の禘祫という祭祀に関する議論に集賢学士として詳細な検討（詳覈）を加えたことが記録されており、(19) 礼学の権威と認められていたことが知られる。

天宝三載（七四四）正月、陸善経は、官を辞し帰郷する賀知章に餞送の詩「送賀秘監帰会稽」を贈っている。(20) 天宝五載（七四六）八月には、饒州刺史李良に代わり「薦蒙求表」を作っている。(21) 時に善経は、教育行政を司る国子監の次官である国子司業であった。

この他の事績としては、年次不詳ながら、湖南に遊び、「寓汨羅芭蕉寺」という詩を作ったことが伝えられている。(22)

善経の官歴については、上記の事績でも触れているが、改めて整理すると、以下のようになろう。

開元十九年（七三一）　集賢院入院により集賢直学士（六品以下）となったか(23)

開元二十四～二十七年（七三六～七三九）　集賢直学士・河南府倉曹参軍事（正七品下）

開元二十七年（七三九）　集賢（院）学士（五品以上）

天宝五載（七四六）　国子司業（従四品下）、集賢（院）学士も兼ねたか

「（陸）珽、国子司業善経之子也」(24)、「夫人陸氏、即国子司業・集賢殿学士善経之女」(25) と子女の父の帯官として挙げられていることから、国子司業が善経の極官と見てよいであろう。

上述のように、七百年前後の生まれとすると、天宝五載（七四六）の時は四十代半ばから五十代初め頃と思われ、この後の事績・官歴ともに途絶えているということは、その後の人生はそれ程長くはなかったと思われる。

二、陸善経の学問と著作

（一）学問の内容と評価

陸善経の修めた学問の内容については、その著作の名称から窺うことができるだろう。著作名は、『日本国見在書目録』に著録された八書（『周易注』、『古文尚書注』、『周詩注』、『三礼注』、『春秋三伝注』、『論語注』、『孟子注』、『列子注』。その内『孟子注』は、一部現存）、日本伝来の注釈書の引用によって知られる二書（『文選注』、『史記注（史記決疑）』）、輯佚書一書（『新字林』）、伝存書一書（『古今同姓名録（続）』）に由って知られる。(26) その著作名を大まかに分類すると、以下のようになる。なお、著作の後に集賢院で関わった編纂事業についても「＊」を付して注記しておく。

①経学（儒学）

『周易注』、『古文尚書注』、『周詩注』、『三礼注』、『春秋三伝注』、『論語注』、『孟子注』＊『開元礼』編纂、『御刊定礼記月令』編纂

②史学

『史記注（史記決疑）』、『古今同姓名録（続）』＊国史編纂、『唐六典』編纂

③文学

『文選注』＊『文選』改注

④道家

『列子注』

⑤小学

『新字林』

右の著作はあくまでも現在その名前が知られるものに限られるが、経学・史学を中心に幅広い学識を有していたと思われる。その子斑の人物評に「少くして父業を伝へ、頗る経史に通ず」とあるように、善経の経史の学問は高く評価されていたことが知られる。(27) 上述の事績でも触れたように、礼書や国史・職官書の国家的編纂事業に抜擢されたのも、その実力が認められていたからに他ならない。善経は正史に立伝されてはいないが、開元年間後期から天宝年間前半における代表的な学者の一人であったと考えてよいだろう。

（二）著作の成立時期

善経はその実力が買われて集賢院の国家的編纂事業に抜擢されたと考えられるが、その評価はやはり著作によるものであったのではないだろうか。そのように考えてよいならば、経学・史学に関する著作の多くは集賢院入院以前に成立したものであり、開元十年代（七二三〜七三二）、善経二十代の作が少なくないと推測される。

集賢院入院後の著作と考えられるのは、『文選注』である。注文に「江夏（郡）」、「南安（康の誤りか）（郡）」という天宝元年（七四二）から乾元元年（七五八）の間の郡名が見えることから、天宝年間（七四二〜七五五）に執筆・完成したのではないかと考えられる。(28) 事績・官歴から推察したように、善経は天宝年間中に死去したと思われることから、『文選注』はその晩年の作であったと見做し得るであろう。

善経の著作個々の成立年代は不明確であるが、著作の期間は大まかに言って開元十年代から天宝年間に収まるものと考えられる。

（三）著作湮滅の原因

善経は開元年間後期から天宝年間前半における代表的な学者の一人であったと考えられるが、彼の著作は中国では殆ど

伝存せず、また書籍目録にもその形跡がほぼ残っていないのは何故なのだろうか。『旧唐書』経籍志に著録されていないのは、経籍志の元になった『古今書録』四十巻は『群書四部録』二百巻を省略したものであり、その『群書四部録』の完成が開元九年（七二一）であることに由る。[29] 先に述べたように、善経の著作は開元十年代以降と考えられることから、『群書四部録』編纂時にはまだ善経の著作は存在しておらず、著録されていないのは当然である。

それでは、『新唐書』芸文志以降の書目には、『孟子注』以外が見えない理由は何であろうか。その答えとしては、『新字林』や『古今同姓名録（続）』のように一部伝存したものもあるが、善経の主要な著作の大半が原本・写本共に『新唐書』芸文志の元になる書目作成以前に喪われてしまったと考える他無いだろう。[30] 写本時代の常として書物の流布には多大な時間がかかり、書物完成後間もない時期に「書厄」のような大規模な書物被害が生じると、原本・写本合わせても少部数しか無いため、書物が完全に世間から消失してしまうことが間々あった。[31] 存生中に高い評価を受けた善経の著作の多くが伝わらなかったのは、著作完成からそれ程年数を経ないうちに「書厄」が発生したためと考えざるを得ないのではないだろうか。その想定に合致するように、実際に「書厄」が存在した。それは、天宝十四載（七五五）に発生した安史の乱である。

安史の乱は唐朝を滅亡の淵まで追い込んだ大規模な内乱で、人的にも物的にも大いなる損害を生んだことが知られる。書籍についても「禄山の乱に、両都覆没し、乾元の旧籍、亡散し殆ど尽きぬ」、「安禄山の乱に、尺簡も蔵せず」[32] とその甚大な被害が記録されている。開元十年代から天宝年間に成立した善経の著作の多くは、流布する間も無く戦禍に巻き込まれ、歴史の闇へ消え去ったものと考えられる。また、著作と共に善経に関する情報・記録も散逸し、新旧両唐書に伝を立てることが出来なかったのではないだろうか。

三、日本伝来の背景

（一）日本伝来の時期と経路

唐土では喪われた善経の著作が日本に多くもたらされたのは、当然、喪われる前に日本へ運び出されたからと考えられる。即ち、安史の乱以前に日本に舶載されたと考えてよいだろう。当時、新羅を経由した漢籍の流入もあったが、成立後間もない時期に同一人物の著作が多くもたらされていることを考えるならば、やはり遣唐使による直接的な将来であった蓋然性が高いものと思われる。

『文選注』完成が天宝年間と考えられることから、天宝年間かつ安史の乱以前の遣唐使ということになると、天平勝宝度の遣唐使が正に該当する。天平勝宝度の遣唐使は天平勝宝二年（七五二）、即ち唐の天宝十一載に派遣され、翌年日本に帰国した。この遣唐使は、唐僧鑑真を日本に連れ帰ったことや、阿倍仲麻呂と大使藤原清河の帰国に失敗したことなど多くのエピソードに満ちている。そのような天平勝宝度の遣唐使で注目されるのは、副使に吉備真備が加わっていたことである。彼は二度の入唐を通じて多くの漢籍を持ち帰ったことで知られており、(33)この度の渡唐においては『開元礼』や『後漢書』などを持ち帰ったことが指摘されている。(34)善経の著作を日本にもたらしたのも、真備と考えてよいものと思う。

なお、付言しておくならば、天平勝宝度の遣唐使が持ち帰ったことを前提とするならば、『文選注』は天宝十一載以前に完成していたことになる。

（二）陸善経と吉備真備

唐国内においてもまだあまり流布していなかったと思われる陸善経の著作をまとめて将来できた背景には、著者である陸善経と将来者と目される吉備真備の個人的なつながりが想定される。写本時代においては、本を入手するためには持ち主から借りて、写さなければならなかった。また、完成間も無い書籍については、何処の誰が持っているのかという情報自体入手が難しく、例え持ち主が判明しても貴重な書籍を誰にでも貸してくれるというものでもなかった。(35)そのような当時の状況を踏まえるならば、善経と真備が親しい関係にあり、善経がその著作の貸与ないし贈与といった便宜を図ってくれたのではないか、という事情が想像される。これは大胆な推測と思われるかもしれないが、その推測を補強する史料をいくつか示したい。

真備は長年にわたる留学期間を通じて、できるだけ価値ある書籍の入手に努めていたことは、『日本国見在書目録』に著録された『東観漢記』の注記に示されている。

右、『隋書』経籍志所載数也。而件『漢記』、吉備大臣所将来也。其目録注云、「此書凡二本、一本百二十七巻、与集賢院見在書合。一本百四十一巻、与見書不合。又得零落四巻。又与両本目録不合。真備在唐国、多処営求、竟不得其具本。故且随写得如件」。今本朝見在百四十二巻。

（右、『隋書』経籍志に載せるところの数なり。而して件の『漢記』は、吉備大臣の将来するところなり。其の目録注に云はく、「此の書は凡そ二本にして、一本は百二十七巻にて、集賢院見在書と合ふ。一本は百四十一巻にて、見書と合はず。

又零落の四巻を得る。又両本の目録と合はず。真備、唐国に在りて、多く営み求むるところ、竟に其の具本を得ず。故に且く写し得るに随ふこと件の如し」と。今本朝に見在するは、百四十二巻なり。）

この注記で注意したいのは、真備が蒐書するにあたって、集賢院の蔵書目録を手がかりにしていたということである。集賢院の蔵書は唐代最高・最大級の書籍群であり、関係者以外は閲覧できない秘書であった。その蔵書目録も本来集賢院の内部資料のはずであり、それを真備が入手し得たのは集賢院内に親密な関係者が存在したと考えなければならない。真備が集賢院内に人脈を築いた端緒として、次の『旧唐書』巻一百九十九上・日本国伝の記事（『唐会要』巻百・日本国条にもほぼ同様な記事あり）に着目したい。

開元初、又遣使来朝。因請授士授経、詔四門助教趙玄默就鴻臚寺教之。乃遺玄默闊幅布、以為束修之礼。題云、「白亀元年調布」。人亦疑其偽。（後略）

（開元の初め、又使を遣して来朝す。授士の授経を請ふに因りて、四門助教趙玄默に詔して鴻臚寺に就きて之に教へしむ。乃ち玄默に闊幅布を遺して、以て束修の礼と為す。題に云はく、「白亀元年の調布」と。人亦た其の偽りを疑ふ。）

開元の初めとは具体的には開元五年（七一七）であり、ここに記された日本国が遣わした使とは霊亀度（養老度とも）の遣唐使のことである。日本の遣唐使の要請により、四門助教の趙玄默（ちょうげんもく）が鴻臚館で経学（儒学）を講義したことが記されているが、この時講義を受けた中に吉備真備がいたことは間違いない。束脩の礼を納めることで、真備は玄默との間に師弟関係を結んだと思われる。この玄默もこの時期を代表する学者の一人であり、開元十三年（七二五）に四門博士を以て集賢直学士となっている。[36] 善経入院の六年前にあたり、玄默は集賢院における善経の先輩であった。玄默を介して、真備は善経の知遇を得たと想定することにはそれ程の無理はないのではないか。

真備は諸学に通じていたとされるが、その学問の中心には経史があったと思われる。[37] 真備は東宮学士として、皇太子阿倍内親王（孝謙・称徳天皇）に『礼記』や『漢書』を講じたことが知られている。[38] 経史に通じていた真備であれば、善経の学問やその著作の重要性にいち早く気づいたものと思われる。なお、真備は持統天皇九年（六九五）の生まれで、善経ともそれ程歳の差はなく、同じく経史を中心に幅広く学識を有していたことから、二人は親密に交わっていた可能性も考えられる。実際どれほど親密であったかは不明だが、真備の要請に応える形で、善経がその著作を貸与ないし贈与したと考えるものである。

集賢院の編纂した『開元礼』を真備が将来できたのも、あるいは善経の協力に由ったのではないかとも思われるが、推測を述べるに留めておきたい。(39) 推測の是非はともかくも、真備が蒐書活動するにあたって、集賢院の蔵書目録を活用したように、集賢院内の人脈が大いに役立てられたことは認められるだろう。

おわりに

推測に推測を重ねた拙い論を展開してきたが、唐で早くに喪われた陸善経の著作が、日本に多くもたらされたことの背景や理由について、一案を提示できたのではないかと思う。拙論が唐文化の将来に活躍した吉備真備の唐での活動を考える際の踏み台となれば、幸いである。

しかし、残された問題も少なくなく、例えば善経の八種の著作は『日本国見在書目録』に著録されているが、『文選注』『史記注（史記決疑）』が著録されていないのは何故なのかなど、まだまだ詰めなければならない点があることを自覚している。また、真備による日本の文選学への貢献については従来から指摘されているが、善経の『文選注』舶載との関連などについても考える必要があるだろう。(40)

最後に、「東アジア文化圏」における文化の伝播の具体相を解明する上で、国家間の関係のみならず、人と人とのつながりに着目する重要性を指摘し、この蕪雑な稿を閉じることにしたい。

注

(1) 『日本国見在書目録』に著録された遣唐使将来の漢籍については、拙稿「遣唐使による漢籍将来」（『唐王朝と古代日本』吉川弘文館、二〇〇八年）を参照。なお、同論文の注39において、本稿の主旨を述べている。

(2) 『日本国見在書目録』には、易家に「周易八巻（陸善経注）」、尚書家に「古文尚書十巻（陸善経注）」、詩家に「周詩十巻（陸善経注）」、礼家に「三礼卅巻（陸善経注）」、春秋家に「春秋三伝卅（陸善経注）」、論語家に「論語六巻（陸善経注）」、儒家に「孟子七（陸善経注）」、道家に「列子八（陸善経注）」と見える。本稿では、その書名をそれぞれ『周易注』、『古文尚書注』、『周詩注』、『三礼注』、『春秋三伝注』、『論語注』、『孟子注』、『列子注』と表記する。

(3) 陸善経の『文選注』に関する研究には、藤井守「文選集注に見える陸善経注について」（『広島大学文学部紀要』三七、一九七七年）、森野繁夫「陸善経「文選注」について」（『中国中世文学研究』二一、一九九一年）、富永一登「陸善経注」（『文選李善注の研究』研文出版、一九九九年、初出一九九七年）、清常民「『文選』及び『玉台新詠』の伝来時期について」（『新しい漢字漢文教育』二六、一九九八年）、佐藤利行「『文選集注本』離騒経一首所引陸善経注について」（一）（二）（三）（『広島大学文学部紀要』五八・五九・六〇、一九九八年・一九九九年・二〇〇〇年）、佐竹保子「総集『文選』のなかに見える別集の痕跡［1］――奇妙な自称と「奏弾劉整」、および陸善経注本『文選』の価値について」（『東北大学中国語文学論集』九、二〇〇四年）などがある。また、東野治之「『文選集注』所引の『文選鈔』」（『史料学遍歴』雄山閣、二〇一七年、初出一九八六年）にも言及がある。『史記注』については、水沢利忠「鄒誕生・劉伯荘・陸善経の史記注佚文」（『史記会注考証校補』八、史記会注考証校補刊行会、一九六一年）を参照。なお、虞万里「唐陸善経行歴索隠」（『中華文史論叢』二〇〇〇年六四期）は、『史記注』ではなく『史記決疑』という書名を用いている。善経の『文選注』を引用する『文選集注』のテキストとしては周勛初纂輯『海外珍蔵善本叢書　唐鈔本文選集注彙存』（上海古籍出版社、二〇〇〇年）、善経の『史記注』逸文の参観には張玉春『《史記》古注疏證』上・下（斉魯書社、二〇一六年）が便利である。

（4）『日本国見在書目録』には、礼家に「御删定礼記月令一巻　冷然録云　一巻第一巻」、「唐開元令(礼)百五十巻」、職官家に「大唐六典（李林甫注）」と見える。

（5）新美寛「陸善経の事績に就いて」（『支那学』九―一、一九三七年）、森野氏注3論文、富永氏注3論文、虞氏注3論文などを参照。陶敏輯校『景龍文館記集賢注記』（中華書局、二〇一五年）においても、善経の集賢院関係の経歴に関する考証が見られる。

（6）陶敏遺著・李徳輝整理『元和姓纂新校証』（遼海出版社、二〇一五年）巻十。

（7）黄奭撰『黄氏逸書考』（『玉函山房佚書続編・玉函山房佚書補編』上海古籍出版社、一九九五年）、新美氏注5論文、虞氏注3論文などを参照。

（8）常袞「授陸鼎史館知修撰制」（『全唐文』巻四一二常袞）。なお、『元和姓纂』巻十では左補闕ではなく、右補闕とする。

（9）『旧唐書』巻一一八元載伝（李少良伝）、『冊府元亀』巻一五二帝王部明罰一・大歴六年（七七一）条、『新唐書』巻六代宗紀・大暦六年（七七一）五月戊申条、『新唐書』巻二二〇東夷伝新羅条など。

（10）白居易「唐贈尚書工部侍郎呉郡張公神道碑銘幷序」（『白氏文集』巻四一碑碣）。

（11）注10の史料参照。

（12）池田温「盛唐之集賢院」（『北海道大学文学部紀要』一九―二、一九七一年）、中純子「中唐の集賢院――中唐詩人にとっての宮中蔵書」（『東方学』九六、一九九八年）などを参照。

（13）『職官分紀』巻一五所引『集賢注記』。

（14）『玉海』巻四六・五四所引『集賢注記』。

（15）『新唐書』藝文志二、『新唐書』礼楽志一。

（16）『新唐書』芸文志二、『大唐新語』著述など。

（17）『御刊定礼記月令』完成年代の考証は、虞氏注3論文に依る。なお、森野氏注3論文・陶氏注5書は「天宝元年～四載（七四二～七四五）」とす。森野・陶両氏の年代比定では、天宝初年に河南府倉曹参軍事（正七品下）であった善経が、いきなり天宝五載（七四六）までに国子司業（従四品下）に昇進したことになり、不合理である。

（18）『全唐文』巻三四五、『新唐書』芸文志一。

（19）『旧唐書』礼儀志六、『唐会要』巻一六。

（20）『会稽掇英総集』巻二、『独異志』巻上、『全唐詩』巻三明皇帝・「送賀知章帰四明并序」等を参照。

（21）早川光三郎著『新釈漢文大系58　蒙求』（明治書院、一九九八年、初版一九七三年)。

(22)『平江県志』(『岳州府四県志』所収、清同治十年(一八七一)修、光緒十八年(一八九二)重刊)巻五十四芸文志・志・唐に陸善経の漢詩所収。なお、本史料は、東洋文庫所蔵本を閲覧。

(23)『唐会要』巻六四集賢院、開元一三年(七二五)四月五日条所掲の詔には、「院内五品已上為学士、六品已下為直学士」とある。

(24)『旧唐書』巻一一八元載伝(李少良伝)。

(25)注10に同じ。

(26)『孟子注』は、清・馬国翰編『玉函山房輯佚書』(清光緒一〇年(一八八四)刊、湖南思賢書局、光緒一八年(一八九二)印)所収。『新字林』は、「陸善経新字林一巻」として『黄氏逸書考』(注7前掲)所収。『古今同姓名録(続)』は、清・李調元輯『函海』(乾隆中刊、嘉慶中重校、道光五年(一八二五)補修印本)第一函、『欽定四庫全書』(清乾隆中敕輯、台湾商務印書館、一九八二~八六年)第八八七冊・子部第一九三、王雲五主編『叢書集成簡編』(台湾商務印書館、一九六五年)に収められている。

(27)注24に同じ。

(28)新美氏注5論文参照。

(29)『旧唐書』巻四六経籍志上を参照。

(30)『新唐書』芸文志が利用した書目が何であり、いつ頃の成立か、は全く不明である。しかし、『白氏長慶集』など九世紀以降の書籍も著録されていることから、早くとも九世紀半ば以降成立の書目に拠ったと考えてよいだろう。

(31)拙稿「中日書目比較考」(『東洋史研究』七六―一、二〇一七年)を参照。

(32)『旧唐書』巻四六経籍志上、『新唐書』巻五七芸文志一を参照。

(33)太田晶二郎「吉備真備の漢籍将来」(『太田晶二郎著作集』一、吉川弘文館、一九九一年、初出一九五九年)などを参照。

(34)『大唐開元礼』の日本伝来については彌永貞三「古代の釈奠について」(『日本古代の政治と史料』高科書店、一九八八年、初出一九七二年)、『後漢書』の舶載については、注1拙稿を参照。なお、池田昌広「范曄『後漢書』の伝来と『日本書紀』」(『日本漢文学研究』三、二〇〇八年)は、吉備真備の『後漢書』将来を天平七年(七三五)の帰朝時とする。

(35)注31拙稿を参照。

(36)『唐会要』巻六四集賢院所収(開元)一三年(七二五)四月五日条。

(37)宮田俊彦『人物叢書 吉備真備』(吉川弘文館、一九八八年、初版一九六一年)などを参照。

(38)『続日本紀』宝亀六年(七七五)十月壬戌条。

(39)将来時期を確定できていないが、『唐六典』や『御刊定礼記月令』もその編纂に関わった陸善経の協力の下にもたらされた可能性があるものと考える。

(40)大平聡「留学生・僧による典籍・仏書の日本将来――吉備真備・玄昉・審詳」(『専修大学東アジア世界史研究センター年報』二、二〇〇九年)などを参照。

附記 本稿は、科学研究費補助金(研究課題領域番号18H00708, 19K00981)による研究成果の一部である。成稿後、科学研究費補助金(基盤研究(B))「日本古代国家における中国文明の受容とその展開――律令制を中心に」(研究代表者:大津透氏)の研究会(二〇一九年五月十九日、東方学会会議室にて開催)において報告し、出席者から有益な助言を得た。記して謝意を表す。

『日本書紀』は『三国志』を見たか

河内春人

こうち・はるひと――関東学院大学経済学部准教授。専門は日本古代史・東アジア国際交流史。主な著書に『東アジア交流史のなかの遣唐使』(汲古書院、二〇一三年)、『日本古代君主号の研究』(八木書店、二〇一五年)、『倭の五王――王位継承と五世紀の東アジア』(中公新書、二〇一八年)などがある。

『日本書紀』は巻九神功皇后摂政紀において『魏志』を引用している。この『魏志』はこれまで後代の付加の可能性が疑われていたが、原注における引用と見なして問題ない。それは書紀において創出された神功皇后の時代に絶対年代を与えるために必要な措置であった。また、この『魏志』は『三国志』の揃本ではなく、単刊本であると推定される。こうした事実は律令国家初期の漢籍受容や書紀編纂を考えるうえで興味深い情報である。

はじめに

『日本書紀』(以下、書紀)の編纂にあたって漢籍がいかに利用されたのかという課題は、中国文化こそが政治文化の土台に他ならなかった当時においては当然念頭に置くべき視座である。そうした問題意識を立脚点とした書紀へのアプローチは、主として二つの方法を設定できる。第一に、記事の潤色における典拠としての漢籍の利用状況を見定めるものである。小島憲之氏によって確立された書紀出典論研究(1)は、現在でも有効な分析手法として用いられている。(2)第二に、漢籍など海外史料そのものが書紀に直接引用されていることの意義を問うものである。

書紀が海外史料を引用していることはよく知られるところである。主だった書目を挙げても、百済記、百済新撰、百済本記、日本旧記、日本世記など多様な書目がすぐに思い浮かぶ。そして、それは分注という形式で引用されている。(3)ただし、それらの多くは朝鮮系の史料である。それに対して、書紀編纂段階で『後漢書』倭伝〜『隋書』倭国伝まで複数の正史倭伝を始めとして倭について言及する多くの中国史料があるにも拘らず、その書名を挙げて引用することはほとんどない。むしろ書紀編者は中国史料を直接引用しないことを方針としていたかのようである。ところが、そのような編纂傾向にそぐわない例外が見受けられる。それが巻九神功皇后摂政紀（以下、神功紀）が引用する『魏志』と『晋起居注』である。

　書紀と漢籍の関係を問う研究は近年長足の進歩を遂げているが、その研究はほとんど第一の視座に基づくものであり、第二の視座による研究はほとんどない(4)。それはなぜかといえば、書紀が中国史書を直接引用する箇所は神功紀に限定されるレアケースであり、なおかつ後述するようにそれが後世の攙入である疑いが根強く持たれているからであろう。また、書紀注釈の最高峰である日本古典文学大系（以下、大系本）の頭注や補注においてほぼ言い尽くされているという側面もそこにはあろう(5)。

　しかし、中国の史書を書紀編者はどのように利用したのか、すなわち中国の学術が古代日本においてどのように流通し、そして咀嚼されたのかという観点に立つ時、いまだ二、三の指摘が可能なように思われる。小稿では神功紀が引用する中国史書のうち、特に『魏志』に注目し、書紀が中国史書を直接引用するということの意味を問い、かつその内実について扱うものである。

一、神功皇后紀の概要

（一）日本書紀が引用する『魏志』

　まず『魏志』の引用状況とそれをめぐるこれまでの研究について概観する。

　神功紀における同書の引用は全部で三ヵ所である。検討の都合上、大系本に従って原文を挙げると次のようになる。なお、漢字は新字体に改めた

卅九年。是年也、大歳己未。魏志云。明帝景初三年六月、倭女王遣大夫難斗米等、詣郡、求詣天子朝献。太守鄧夏遣吏将送詣京都也。

卌年。魏志云、正始元年、遣建忠校尉梯携等、奉詔書印綬、詣倭国也。

卌三年。魏志云、正始四年、倭王復遣使大夫伊聲者掖耶約等八人上献。

神功皇后摂政三十九年・四十年・四十三年条に引用されている。なお、六十六年条には『晋起居注』が同じ形式で引用されている。

　これらの記事について、特に本文がないという記述形式は古くから特異なものとして問題視されていた。『釈日本紀』

秘訓では「魏志云。先師曰、魏志文惣不可読之」として読むべきではない旨を記している。また、『書紀集解』では三十九年〜四十三年条について「古本及清家本并無之。後人所加明矣」とする。『日本書紀通証』も三十九年[6]〜四十三年条について「今按、以下三条、当削去。蓋後人所添也」とする。記載形式の異例はすでに前近代の注釈においても不審に捉えられていたのである。近代においてもその傾向は変わらない。『日本書紀通釈』では『書紀集解』を引きながら、「もとより本文ならぬ事は著明けれは」として四条を削除している。[7] こうした思考の背景には、国史である書紀が中国史書に依拠することへの抵抗感の表れがあろう。

(二)戦後の研究

戦後、日本史研究は皇国史観の軛から解放される。歴史上の人物としての卑弥呼と伝承上の人物としての神功皇后を対照させることがタブーではなくなったのである。藤間生大氏は、英雄時代論の立場から書紀の『魏志』引用に言及し、英雄的人物である卑弥呼がもととなって神功皇后が描写されているとする。[8] この問題に本格的に取り組んだのが平田俊春氏である。平田氏は原注説を肯定したうえで、書紀の対外的な信頼性を高めるために卑弥呼を神功皇后に擬したとする。[9] さらに神功皇后紀の紀年を明確化するために中国史書の記事を照応させたと述べている。この点は田中卓氏によって深められている。[10]

一方で、原注否定説も近代以前とは異なる観点から論じられるようになる。村上啓一氏は、三十九年条の「女王」が卑弥呼に対して、六十六年条で『晋起居注』が言及する「女王」が台与であり別人であるにも拘らず神功皇后紀では同一人としていることを問題視して、編者による引用を疑問視する。[11] 和田博徳氏は、通常各天皇の元年条に記される太歳記事が途中で掲出されていることや本文がないという記事形式の異例など書紀の基本的編集方針との齟齬から原注説を否定した。[12] 編纂論の立場からの指摘として無視してはならないだろう。

ここにおいて論点が概ね出揃った。かりに原注を肯定するとして次の三点が問題視される。一、三十九年条に太歳が記されていることの意味。[13] 二、四十年・四十三年・六十六年条は年記のみ記して本文はなく、分注として『魏志』『晋起居注』を引用していることの意味。三、書紀編者は卑弥呼と神功皇后を同一人物と見なしていたのか。これを説明できなければ原注と見なすことは困難になる。

ところで、近年では議論が低調化した観があるが、この問題に言及する最近の研究を紹介したい。仁藤敦史氏はこれらの記事を「編纂当時のものか、平安初期の追記であるかについては問題が残る」として原注問題への判断を留保して慎重な立場をとる。[14] これに対して遠藤慶太氏は平田説を支持したうえで、細字双行形式の『三国志』が当時通用しており、それに倣った書き方が書紀にも採用された可能性を探る。また、神功皇后紀の現存最古（十四世紀）の写本である熱田本や北野本に記されていることから原注であると見なしている。[15] ただし、神功皇后紀の写本が十四世紀を遡らない以上、平安初期に竄入した可能性を完全に排除することはできない。とはいえ、それは原注がなかったことを立証するものでもなく、肯定論と否定論の議論はすれ違っているようにも見受けられる。

（三）神功皇后紀の特徴

ではどのように考えるべきか。神功皇后紀の年代は西暦換算すると、摂政元年（二〇一）〜六十九年（二六九）となる。その内容はいわゆる「三韓征討」の摂政前紀が三分の二近くを占める。ついで海外、特に百済関連記事が目に入る。また、新羅関連の微叱許智（未斯欣）説話も載せている。このように対外関係記事の多さに比べて国内の記事は摂政二年の仲哀喪葬、三年の応神立太子と十三年の応神の笥飯大神奉拝のみであり、少ないといわざるを得ない。

これらの記事群において年代を比定する手掛かりは二つある。一つは本稿の主題とする中国史書による年次表記である。もう一つは百済系史料における国王の死没・即位記事である。神功紀には近肖古王の死去と貴須王の即位から貴須王死去・枕流王即位、枕流王死去・辰斯王即位までが記されている。これらの「史実」は『三国史記』において年代を同定することが可能である。そして、『三国史記』の年代と神功紀のそれが一二〇年ずれていることはすでに周知の事柄である。[16]

両者を比較すると『三国史記』の年代に整合性があり、書紀編者が意図的に干支を二運遡らせて神功紀にその記事を配置したことはよく知られている。ただし付言すると、そのような操作が可能になったのは百済系史料群の年次表記のあり方と関わる。百済系史料では年次を示すのに年号を用いず、干支を使用していた。そもそも太歳記載そのものが百済系史料群の影響であることが指摘されている。[17] また、唐・張楚金の手になる『翰苑』の百済条に「六甲に随い以て年を標す」とあり、年号を使わなかったことが明記されている。[18] かかる干支は六十年ごとに同じ表記となる相対的な年次表記であり、絶対年代を確定しづらいという特徴がある。そのため百済史料群に基づく歴史年代は年次よりもいずれの王の代に属するのかということが焦点とならざるを得ない。

一方で書紀では神武即位を紀元前六六〇年に設定した。それを史実として強調するためには、そこを起点とする「歴史」に時間的に大きな空白があってはならない。その引き延ばしは神武～仁徳紀に顕著である。その中にあって神功紀の内容を見ると、摂政十四年（記事無し）以降、没したとされる六十九年までは海外記事で占められており、国内記事は全くない。加えていうなれば、その国内記事すら応神関連の出来事であり神功皇后単体の記事は存在しない。要するに国内の出来事では神功皇后摂政の歴史は担保されないのである。

それゆえ書紀編者は、創出した神功紀に百済の歴史を作為的に当てはめることでその「史実性」を補強しようとした。それが神功紀における百済史料群の位置付けである。絶対年代ではない百済史料群における年次の相対性はそれに好都合であったという側面もあろう。しかし、一方でその相対性は神功紀を古い年代のこととして確定させることについて不十分でもある。そこで書紀編者がそれを補強するために利用したのが、年号という絶対年代を有する中国史書だったと考えられる。

（四）『日本書紀』以前の歴史意識

律令制以前の倭国の時代に絶対年代に基づく歴史感覚は定着していない。稲荷山鉄剣は相対的時間表記である干支とともに、「獲加多支鹵（ワカタケル）大王」という王に体現される時間表記を行なっている。そうした王代の累積として歴史が把握されており、その歴史が文字によって可視化されたものが帝紀であった。その帰結が『古事記』である。(19)そうした書紀編纂段階の歴史感覚において、応神は『古事記』が記すような百済と外交が始まった頃の古い王というイメージこそあれ、たとえば「約三五〇年前」という明確な時間認識はなかったであろう。その一代前に設定された母たる神功皇后は、百済史料群によって応神を起点としてそれよりも古い人物というイメージは付与できるものの、編年体という形式をとる書紀のスタイルにはなじまない。それを解決するためには百済史料群以外の、編年体形式と適合する絶対年代を有する根拠が必要となる。

右のように考えた場合、その条件に適う史料は中国史書しかない。すなわち、神功紀に中国史書が採用されることはむしろ必然であった。現時点で神功紀の写本が十四世紀よりも以前に遡ることができない以上、平安時代における注釈の付加の有無をめぐる議論は水掛け論に陥らざるを得ない。書紀における中国史書の直接引用の認否という問題にアプローチするためには、引用の蓋然性という点に依拠せざるを得ないだろう。結論としては、書紀をそれまでにはなかった絶対年代を有する編年体の史書として成り立たせるために、中国史書は直接引用されなければならなかったということになる。

なお、このように考えると中国史書の位置づけは、平田説のいうような書紀の対外的信頼性とともに、神功紀の記す歴史そのものへの信用性を高めるためということになり、引用の目的という点の理解については若干の修正が必要となる。

神功紀の中国史書引用は認め得るという点を確認したうえで、以下で実際に引用された『魏志』の分析に入る。

二、典拠としての『魏志』

(一) 魏志倭人伝と日本書紀所引『魏志』

前掲書紀のように、神功紀三十九・四十・四十三年の三条[20]において「魏志」が引用されている。先行研究は特に疑うこともなく、これを『三国志』魏書巻三十烏丸鮮卑東夷伝の倭人条と見なして分析を加えている。この問題から扱う。

校訂が施され現在もっとも通用している標点本『三国志』の倭人条を掲出し、神功紀と比較してみる。分析の便宜のために年次ごとにA~Eの段落に分けた。傍線箇所が神功紀にも該当するとされている文である。

A [1]景初[2]二年六月、倭女王遣大夫難[3]升米等詣郡、求詣天子朝獻、太守[4]劉夏遣吏將送詣京都[5]。其年十二月、詔書報倭女王曰「制詔親魏倭王卑彌呼。帶方太守劉夏遣使送汝大夫難升米・次使都市牛利奉汝所獻男生口四人・女生口六人・班布二匹二丈、以到。汝所在踰遠、乃遣使貢獻、是汝之忠孝、我甚哀汝。今以汝為親魏倭王、假金印紫綬、裝封付帶方太守假授汝。其綏撫種人、勉為孝順。汝來使難升米・牛利涉遠、道路勤勞、今以難升米為率善中郎將、牛利為率善校尉、假銀印青綬、引見勞賜遣還。今以絳地交龍錦五匹・臣松之以為地應為綈、漢文帝著皁衣謂之弋綈是也。此字不體、非魏朝之失、則傳寫者誤也。絳地縐粟罽十張・蒨絳五十匹・紺青五十匹、答汝所獻貢直。又特賜汝紺地句文錦三匹・細班華罽五張・白絹五十匹・金八兩・五尺刀二口・銅鏡百枚・真珠・鉛丹各五十斤、皆裝封付難升米・牛利還到錄受。悉可以示汝國中人、使知國家哀汝、故鄭重賜汝好物也。」

B 正始元年、太守弓遵遣建[6]中校尉梯[7]儁等奉詔書・印綬詣倭國[8]、拜假倭王、并齎詔賜金・帛・錦罽・刀・鏡・采物、倭王因使上表答謝詔恩。

C [9]其四年、倭王復遣使大夫伊聲[10]者・掖邪[11]狗等八人、上獻生口・倭錦・絳青縑・緜衣・帛布・丹・木弣・短弓矢。

掖邪狗等壹拜率善中郎將印綬。

D 其六年、詔賜倭難升米黄幢、付郡假授。

E 其八年、太守王頎到官。倭女王卑彌呼與狗奴國男王卑彌弓呼素不和、遣倭載斯・烏越等詣郡説相攻撃狀。遣塞曹掾史張政等因齎詔書・黄幢、拜假難升米為檄告喩之。卑彌呼以死、大作冢、徑百餘歩、狥葬者奴婢百餘人。更立男王、國中不服、更相誅殺、當時殺千餘人。復立卑彌呼宗女壹與、年十三為王、國中遂定。政等以檄告喩壹與、壹與遣倭大夫率善中郎將掖邪狗等二十人送政等還、因詣臺、獻上男女生口三十人、貢白珠五千、孔青大句珠二枚、異文雜錦二十匹。

倭人条（倭）と神功紀（神）を比較したうえでの異同について挙げると次のようになる。

A　1（倭）ナシ―（神）明帝、2（倭）二―（神）三、3（倭）升―（神）斗、4（倭）劉―（神）鄧、5（倭）ナシ―（神）也

B　6（倭）中―（神）忠、7（倭）儁―（神）携、8（倭）ナシ―（神）也

C　9（倭）其―（神）正始、10（倭）耆―（神）者、11（倭）狗―（神）約

右の異同についての所見は次の通りである。第一に、字形から書写の際に誤りが生じたと思われるもの（3・4・6・7・10・11）。なお、2もこれに準ずるが、書紀の誤写なのか、倭人条の方が誤って伝わり書紀が原文を保っているのか見解が分かれるところである。解釈にも大きな影響を及ぼすことはよく知られる通りであり、他の異同とは区別しておく。この問題は後述する。第二に、引用にあたって書紀編者が補足的に修正したもの（1・9）。第三に、その他（5・8）、具体的には引用の文末に倭人条にはない「也」が付されている。

右の点から次のことが指摘できる。第一点のような書写上の誤りを勘案したうえで倭人条と神功紀の字句を比較すると、その文章は基本的に一致する。ただし、倭人条全体を引用するのではなく、引用において書紀編者の取捨選択の判断が働いている。その結果、引用において不明瞭な箇所が生じる。その問題を解消するために第二点のような補足修正が施されている。例えば、1は当時の皇帝を明記することで読み手の理解を助けようとするものである。9では「其四年」を「正始四年」としており、元の表記が省略形であったものを分かりやすいかたちに表記し直している。

(二) 引用と改変

さて、書紀編者は倭人条の全文を引用していない。そこにいかなる引用文選択の判断が働いているだろうか。そこで引

用されなかった箇所について検討してみる。

Aでは魏から卑弥呼への詔書全文が削除されている。一見すると、詔書を授かったということが難点になって引用されなかったようにも見える。しかし、Bでは詔書・印綬を奉じて倭国に到来した箇所は引用されており、詔書の授受は引用におけるネックとなっていないことが見て取れる。むしろ詔書授与において「制詔親魏倭王卑弥呼」とあるため、「倭女王」＝神功皇后として年次を明確化しようとする書紀の構想が破綻することを避けようとしたものであろう。

Bでは主語の太守弓遵が引用の際に意図的に削られていることが分かる。これは「倭女王」の交渉相手が本来帯方郡であったところを、魏そのものであるとすり替えようとするものである。倭国の対魏交渉は基本的には帯方郡を媒介とするものであり、魏朝との直接交渉はむしろ例外に属する。そうしたことをふまえると、主語の削除は書紀編者の方針が単に年次を示すだけではなかったことを示唆する。外交の際の形式を、出先機関で済ませるようなものではなく君主間で行われる正式なものであったように見せかけることで、魏と互する外交を展開していたかのように調整しているのである。後半部も「倭王」に拝仮されたことが明記されており、冊封されたという事実は不都合と判断して引用を見送っている。

Cでは献上品が列記される箇所で引用を止めており、外交上のモノのやり取りは不要と判断していたことが看取できる。なお、A・Bにおいても引用しなかった部分に贈答品が具体的に列記されており、モノについては取り上げない方針であったことを確認できる。

D・Eに関しては全く引用していない。Dは帯方郡を通じて幢を授与する記事である。Bで述べたように、帯方郡が介在する交渉記事は不要として引用しなかったのであろう。Eも帯方郡太守の赴任と倭国内での軍事的衝突の報告、卑弥呼の死と台与の即位に関する内容となっており、神功皇后の国内統治や応神即位という書紀の歴史とはそぐわないという判断が下されたと考えられる。

このように神功紀における『魏志』の引用は、書紀全体の編集方針に合わせた意図的な操作を含むものであり、やはり後代に挿入されたとは考えがたい。

(三)「景初二年」問題

最後に、「景初二年」問題についてふれておきたい。現存する『三国志』の信頼できる刻本は百衲本・武英殿本・金陵活字本・江南書局刻本の四種があるが、(21) いずれも「景初二年」とする。これに対して本稿で検討の対象としている書紀が引用するところの『魏志』、及び『梁書』倭伝には「景初三年」とする。景初二年に公孫氏が滅亡するという情勢から、卑弥呼の遣使は「二年」より「三年」の方が妥当ではないかという指摘は、すでに松下見林が取り上げ、内藤湖南によって通説として確立している。ただし、景初二年説も全く否定されたわけではない。現存する写本は全て「二年」につくるという史料的状況からこれを支持する見解も根強く説かれている。[22] この問題の基本的な争点は南宋以前の書写状況をめぐって誤写があったのかどうかという点にあるが、それを明らかにし得ないため議論が決着していない。卑弥呼の魏遣使という状況説明からのアプローチについても、両説ともに一定の蓋然性のある説明が可能なためやはり確定できない。

そこで神功紀所引『魏志』に基づいて異なった視角から考えてみたい。その『魏志』は三十九年・四十年・四十三年の三条において引用されている。そのうち三十九年条が「景初三年」として記されているが、四十年が「正始元年」、四十三年が「正始四年」とされている点にも注目したい。四十年が正始元年であるということは、前年の三十九年は景初三年ということになる。つまり、書紀編者が目にした『魏志』には当該部分が「景初三年」となっていたことは疑うべきではないだろう。少なくとも書紀の書写過程における「景初二年」から「景初三年」への誤写の可能性は否定できるのであり、「景初三年」とする『魏志』写本が八世紀には存在していたことは確実である。

もとよりこれのみで倭人条原本に「景初三年」とあったと断定し得るものではない。同様に『梁書』倭伝も依拠した原史料に「景初三年」の表記があったとして、その編纂時点まで遡り得るとしても、その成立が六二九年であることから参照した原史料の下限もそこに設定されるため、七世紀前半に「景初三年」写本が存在していたという以上のことはいえない。それでも「景初三年」写本が七～八世紀に確実に存在していたということの意味は大きい。

三、『三国志』の将来

(一)三国時代の史書

書紀編者が参観した「景初三年」表記を含む『魏志』は、現行の『三国志』とは異なるところがあったということになる。それではこれは一体何か。この問題で特に注目されるのが、神功紀が引用する倭人条テキストの書名である。神功紀は『魏志』と称する倭人条テキストを参照している。これは当たり前のことではない。倭人条テキストの正式名称は、三国志・魏書・巻三十・烏丸鮮卑東夷伝であり、これに準拠して書名を挙げるならば『魏志』ではなく『三国志』あるいは

『魏書』になるはずである。それにも拘らず神功紀は『魏志』として引用している。それは一体どういうことか。その手掛かりとして『三国志』の社会的流通からアプローチしたい。

『三国志』の当該期のあり方を知る史料として『隋書』経籍志と『旧唐書』経籍志を比べてみる。

まず『隋書』経籍志には三国関係として七種の史書があげられている。列挙すると、「魏書四十八巻晋司空王沈撰。」「呉書二十五巻韋昭撰。本五十五巻、梁有、今残缺。」「呉紀九巻晋太学博士環済撰。晋有張勃呉録三十巻、亡。」「三国志六十五巻叙録一巻、晋太子中庶子陳寿撰、宋太中大夫裴松之注。」「魏志音義一巻盧宗道撰。」「論三国志九巻何常侍撰。」「三国志評三巻徐衆撰。梁有三国志序評三巻、晋著作佐郎王濤撰、亡。」である。

『隋書』経籍志は唐初における宮中蔵書と前代の目録を統合したものであり、七世紀初頭の状況を表していると見なされている。[23] そこに挙げられた三国関係の歴史書は複数あるが、神功紀の依拠したそれは字句の一致率からして陳寿撰のものと見なしてよいだろう。『隋書』経籍志では、陳寿撰『三国志』について裴松之の注を入れ込んだ『三国志』六十五巻として挙げられている。

次に『旧唐書』経籍志を見てみる。三国関係の史書は次の通りである。「魏書四十四巻王沈撰。」「魏略三十八巻魚豢撰。」「魏国志三十巻陳寿撰、裴松之注。」「魏武本紀三巻」「魏武春秋二十巻孫盛撰。」「魏紀十二巻魏澹撰。」「国紀十巻梁祚撰。」「呉紀十巻環済撰。」「蜀国志十五巻陳寿撰。」「呉国志二十一巻陳寿撰、裴松之注。」「呉書五十五巻韋昭撰。」「華陽国志三巻常璩撰。」「蜀李書九巻常璩撰。」以上の十三種となる。

(二)『三国志』の流通

右について神功紀が参照したと思しい陳寿撰のテキストをそれぞれ見ると、『隋書』と『旧唐書』の顕著な違いに気づく。『隋書』経籍志では陳寿撰『三国志』六十五巻となっているのが、『旧唐書』経籍志では『魏国志』三十巻・『蜀国志』十五巻・『呉国志』二十一巻に分かれているのである。

なお、『旧唐書』経籍志は、玄宗朝に整理された毋煚撰『古今書録』に依拠して作成されたものであり、八世紀前半の状況を示していると判断して差し支えない。この点について渡邉義浩氏は、それぞれの完結性の高さから単独で刊行されることもあったとされ、静嘉堂文庫所蔵宋版『呉志』を実例として挙げている。[24] 静嘉堂『呉志』は咸平三年（一〇〇〇）十月二十三日に奉命して咸平六年に完成したものを底本として南宋初期に刊行されたものであるが、形態から『呉志』の専刻本である。[25] すなわち、『三国志』は隋代までは魏・呉・蜀の揃本として流通していたが、唐代に入って国ごとに分けたものが流通するようになり、宋代においてもそれは続いていたということになる。その書名に注目すると、渡邉氏は分割にあたって北魏史である『魏書』と区別するために『魏書』と称さなかったという指摘をされている。それを前提として『三国志』は分割書写する際にそれぞれの国名を冠した魏国志・呉国志・蜀国志となり、さらに「国」を除いて魏志・呉志・蜀志として流通したという推移が想定されよう。

かかる唐代前半期における『三国志』のあり方をふまえると、神功紀が引用する『魏志』についても注意が必要となる。すなわち、書紀編者が神功紀編集において利用した陳寿撰の倭人伝テキストは揃本としての『三国志』ではなく、それが王朝別に分割されたうちの魏国史にあたるものであったのではなかったか。そして、書紀撰者が参照したそれは『魏志』という書名で扱われていたのではないかという推測に逢着するのである。

なお、小島憲之氏は書紀の出典について、『三国志』のなかでは『魏志』と『呉志』が利用されているのに対して、『蜀志』は利用されていないことを指摘している。(26)これは『三国志』が、日本に将来されながらも書紀編者が蜀志部分のみ採らなかったというのではなく、そもそも『魏国志』『呉国志』がもたらされる一方で『蜀国志』は編纂時点で日本に入っていなかったと理解すべきである。

要するに、神功紀編纂の際に利用された陳寿撰のテキストは『魏志』という書名であったと考えられる。

㈢　日本への伝来

その後の『三国志』の伝来状況は次の通りである。

『続日本紀』神護景雲三年十月甲辰

大宰府言、此府人物殷繁、天下之一都会也。子弟之徒、学者稍衆。而府庫但蓄五経、未有三史正本。渉獵之人、其道不廣。伏乞、列代諸史、各給一本、伝習管内、以興学業。詔賜史記・漢書・後漢書・三国志・晋書各一部。

これによると、神護景雲三年（七六九）に中央から大宰府に『三国志』が賜与されており、この時点で都に『三国志』が揃っていたことが窺える。

なお、寛平三年（八九一）頃に成立したと考えられている、藤原佐世編『日本国見在書目録』にも「三国志六十五巻晋太子中鹿子陳壽撰宋中大夫裴杜子注」が挙げられている。(27)誤字が多いが、『隋書』経籍志の記述と比べると「叙録一巻」がみえないものの、書名・巻数・撰者・官職名などが一致する。『三国志』が神護景雲三年の時点で日本に到来していたとすると、それが宮中に伝来したと見なしてよい。

それでは揃本としての『三国志』はいつ将来されたのか。

神護景雲三年以前ということ、養老四年（七二〇）撰上の書紀編纂に供されなかったということを基準にすると、それ間に実際に派遣された遣唐使としては、天平五年（七三三）出発（天平次）、天平勝宝二年（七五二）出発（勝宝次）、天平宝字三年（七五九）出発（宝字次）が挙げられる。このうち宝字次は迎河清使という特殊目的で派遣されたものであり、[28]かつ当時安史の乱という状況下で漢籍の持ち帰りは想定しがたい。天平次は下道真備が『東漢観記』を持ち帰るのをはじめとして、楽器・武具・暦器など多様な品がもたらされた。[29]それを考慮すると天平次がもっとも妥当なように見える。

ただし、史書の将来という点で注目したいのが、榎本淳一氏が論じた『晋書』の動向である。書紀の編纂に『晋書』ではなく『晋起居注』が用いられていることから、書紀編纂段階で『晋書』は将来されていなかったと見なされる。一方で、天平二年写書雑用帳や天平三年皇后宮職移に[30]『晋書』の書写のことが記録されており、天平次派遣以前に日本に将来されている。榎本氏はこれらのことから、『晋書』は新羅船によって持ち込まれたか、養老元年（七一七）出発（霊亀次）の遣唐使が持ち帰ったものの編纂に反映させることができなかった可能性を述べている。[31]いずれもあり得るが、霊亀次の遣唐使は「所得賜賚、尽市文籍、泛海而還」[32]と特筆されており、『晋書』や揃本『三国志』もこの時にもたらされた蓋然性が高いと思われる。そうであるとすれば、『魏志』や『晋起居注』を引用しながら『三国志』『晋書』を挙げない神功紀の叙述は霊亀次が帰国した養老二年（七一八）十月以前の段階ですでに完成していたといえるだろう。

おわりに

神功皇后紀が引用する『魏志』について雑駁な見解を述べた。本稿で述べたことをまとめると次のようになる。

・神功紀所引『魏志』はこれまで後代の付加の可能性が疑われていたが、原注の引用と見なして問題ない。
・引用にあたって書紀編者は慎重に冊封の痕跡を削除しようとしている。
・この『魏志』には「景初三年」と記されていた。
・この『魏志』は魏呉蜀の三書がそろった『三国志』ではなく、単刊本である。なお、『呉志』も『日本書紀』成立以前に将来されていたと思しいが、『蜀志』はもたらされなかった。
・揃本としての『三国志』は養老二年（七一八）かそれ以降に将来された。

屋上に屋を架する議論に終始するばかりで慚愧に堪えない。

また、本来ならば神功紀に掲載されているもう一つの中国史書・晋起居注についても併せて扱うべきであったが、紙幅の都合上叶わなかった。いずれ稿を改めることとして読者のご海容をお願いする次第である。

注

(1) 『上代日本文学と中国文学』上(塙書房、一九六二年)。
(2) 近年の『日本書紀』における出典論研究としては、池田昌広「『日本書紀』の出典――類書問題再考」(瀬間正之編『古代文学と隣接諸学10 「記紀」の可能性』竹林舎、二〇一八年)、髙田宗平「日本書紀神代巻における類書利用」(遠藤慶太他編『日本書紀の誕生』八木書店、二〇一八年)など。
(3) 遠藤慶太『『日本書紀』の分註」(『日本書紀の形成と諸資料』塙書房、二〇一五年)。
(4) 海外史料の引用について、朝鮮系史料に関しては着実に進められている。近年の研究としては、廣瀬憲雄「百済三書と日本書紀」(『日本書紀の誕生』八木書店、二〇一八年)がある。
(5) 坂本太郎他校注『日本古典文学大系　日本書紀　上』(岩波書店、一九六七年)。
(6) 『日本書紀通証』では「二十九年」に作る。
(7) 飯田武郷著、一八九九年成立。
(8) 藤間生大『日本民族の形成』(岩波書店、一九五一年)。
(9) 平田俊春「神功皇后紀の成立と日本書紀の紀年」(『芸林』二―二、一九五一年)。
(10) 田中卓「神功皇后をめぐる紀・記の所伝」(『古典籍と資料　田中卓著作集10』国書刊行会、一九九三年)。
(11) 村上啓一「日本書紀編集に関する私見(一)」(『天理大学学報』五、一九五一年)。
(12) 和田博徳「神功皇后と女王卑弥呼」(『朝鮮学会会報』一三、一九五二年)、同「神功皇后紀の倭女王注記について」(『史学雑誌』六二―一、一九五三年)。
(13) なお、神功皇后紀には摂政元年・三十九年・六十九年の三ヵ所に記されている。他の天皇で太歳記事に異なるところがあるのは、神武紀(東征開始の直前に記す)、綏靖紀(即位前紀と元年紀にある)、天武紀(二年紀に記す)である。
(14) 仁藤敦史「倭国と東アジア」(『岩波講座日本歴史1　原始・古代1』岩波書店、二〇一三年)。
(15) 遠藤慶太前掲注3論文、同『東アジアの日本書紀』(吉川弘文館、二〇一二年)。
(16) 池内宏『日本上代史の一研究』(中央公論美術出版、一九七〇年)、三品彰英『日本書紀朝鮮関係記事考証』上下(天山舎、二〇〇二年)。
(17) 遠藤慶太「古代国家と史書の成立」(前掲注3書所収)。
(18) 木村誠「百済史料としての七支刀銘文」(『人文学報』三〇六、二〇〇〇年)。『翰苑』については、竹内理三校訂・解説『翰苑』(吉川弘文館、一九七七年)参照。なお、陵山里廃寺出土の舎利龕に「丁酉年二月十五日百済王昌」と記されており、百済において干支年次表記であることが実際に確認できる(その評価については、鈴木靖民編『古代東アジアの王権と仏教』勉誠出版、二〇一〇年)。
(19) 拙稿「日本書紀系図一巻と歴史意識」(『日本書紀の誕生』八木書店、二〇一八年)。
(20) 原文では「卅」「卌」であったと思しいが、便宜的に「三十」「四十」と表記する。

（21）「三国志出版説明」（標点本『三国志』一、中華書局、一九五九年）。

（22）近年の代表的な論著としては、金文京『中国の歴史04 三国志の世界』（講談社、二〇〇五年）、仁藤敦史『卑弥呼と台与』（山川出版社、二〇〇九年）などを挙げることができる。

（23）興膳宏・川合康三『隋書経籍志詳攷』（汲古書院、一九九五年）。

（24）渡邊義浩『魏志倭人伝の謎を解く』（中公新書、二〇一二年）。

（25）「解題」（『呉書』汲古書院、一九八八年）。

（26）小島憲之前掲注1書、同「解説」（『日本古典文学大系 日本書紀 上』岩波書店、一九六七年）。

（27）続群書類従本（雑部）による。

（28）拙稿「律令制下における遣唐使の組織構成」（『東アジア交流史のなかの遣唐使』汲古書院、二〇一三年）。

（29）太田晶二郎「吉備真備の漢籍将来」（『太田晶二郎著作集 一』吉川弘文館、一九九一年）。

（30）いずれも『大日本古文書』一巻所収。

（31）榎本淳一「遣唐使による漢籍将来」（『唐王朝と古代日本』吉川弘文館、二〇〇八年）。

（32）『旧唐書』日本伝。

日本古代における女性の漢籍習得

野田有紀子

のだ・ゆきこ――お茶の水女子大学グローバルリーダーシップ研究所研究協力員。専門は日本古代史。主な論文に「日本古代の鹵簿と儀式」(『史学雑誌』一〇七編八号、一九九八年)、「行列空間における見物」(『日本歴史』六六〇号、二〇〇二年)などがある。

日本古代において漢学は律令国家の官人養成や職務遂行のための公的な学問と位置づけられ、女性は漢籍を習得しうる環境にあっても、漢才を外に向けて発信する機会は極めて限られていた。平安中期になると仮名および和文の発達にともない、女性も漢才を文学や宮中などの交流の場で発揮し、職務として漢才を活かす好機にも恵まれたのである。

はじめに

律令国家建設を目指した古代の日本では、文書行政を担う官人養成のために、唐制に倣って大学寮や国学での教育システムや登用試験制度が学令および選叙令として規定された。大学寮等の教育や登用試験では『論語』『孝経』といった経書がテキストとされ、それらは下級官人や地方にまで浸透したが、このほか公的な儀式や集会に不可欠な『文選(もんぜん)』などの漢文学や、『千字文(せんじもん)』などの幼学書も普及していたことが、出土木簡等から明らかになっている。(1)

さて、日本古代において女性は、こうした大学寮教育および登用試験制度から対象外とされ、公的な儀式や集会への参加の機会も限られていたが、平安初期の勅撰漢詩集に作品を残し、平安中期に花開いた女流文学は漢学の豊富な教養が背景にあったと指摘されている。なお、唐代の女性も官学教育や登用試験制度の対象ではなかったが、かなり広い層で経書や詩文の教育が施されていた。(2) 日本の場合、漢籍は外国語文献であることもあり、女子による習得は相当容易でなかったと推測されるが、こうしたなか女性たちはどのような方法で漢籍と接し、習得していったのだろうか。本稿では、律令制下から平安貴族社会にかけて、女性が漢籍を習得していく方法と過程、およびその知識や教養をいかに活用していったのかを考察したい。(3)

一、律令制下における女性の漢籍習得

(一)女医への漢籍教授

律令条文のなかで、対象を女性と特定して漢籍教育を施す規定は、医疾令16女医条のみである。(4) 宮内省典薬寮所属の医博士・針博士が、医生・針生といった男性医学生のほか、中務省内薬司に置かれた女医の養成にもあたった。

女医、取二官戸婢年十五以上、廿五以下、性識慧了者卅人一、別所安置、教以二安胎産難、及創腫傷折、針灸之法一、皆案レ文口授。毎レ月医博士試、年終内薬司試、限二七年一成。

(女医は、官戸および官婢といった官有賤民の女性のうち、年齢が十五歳以上、二十五歳以下で、頭脳明晰な者三十名を採用し、別所(内薬司の側)に安置して、助産、傷・腫れ物・骨折・捻挫などの手当、針灸の技術を、みな口頭で教えよ。月ごとに医博士が、年末には内薬司が定期試験を行い、最長七年間で養成せよ)

女医が医療行為を施す対象はおもに後宮に奉仕する宮人らと考えられるが、平城京長屋王邸跡から「(表)竹野王子女医二口/(裏)一升半受真木女」等、女医が記された木簡数点が出土している。「竹野王子」は長屋王姉妹たる竹野女王と推定され、そうした高位の皇族・貴族邸に女医が出向もしくは派遣され医療行為を施すこともあったらしい。

ただし女医と男性医師とでは、養成方法や習得すべき医学知識・医療技術のレベルに歴然とした格差が存在していた。医生・針生は入学すると『本草』『脈決』『明堂』といった医学漢籍を直接読んだり(4医針生初入学条)、博士から『本草』『素問』『黄帝針経』『甲乙』等の医学漢籍の講義を受けたりする(11教習本草等条「案文講説」)。これに対して女医の場合は「案文口授」、すなわち「女医不レ読二方経一、唯習二手治一。故博士於二其所一レ習、案二方経一、以口授也」(令義解)のごとく、医学漢籍を直接読むのではなく、博士から漢籍の内容を間接的に口頭で教授され、手技による治療法を習うのみであった。これは賤民女性の識字率の低さに加え、女医に求められた医学知識や医療技術のレベルが、男性医師に比べ相当低かったことを示すものだろう。なお、十世紀前半『延喜式』典薬寮式によれば、天皇・皇后が使用する白粉の製造に

女医が補助として動員されており、漢籍で得た知識が実際にどれだけ活用されていたか不明である。

(二)天平期における女性の漢籍習得

ではこの時期、女性による漢籍習得はどの程度の範囲まで広がっていただろうか。天平七年(七三五)に唐から帰朝し、十三年に東宮学士に任じられた吉備真備は、皇太子阿倍内親王(孝謙天皇)の師として『礼記』および『漢書』の講義を授けたという(『続日本紀』宝亀六年(七七五)十月壬戌条薨伝)。東宮学士は東宮に「執経奉説」(儒教の経典を講説すること)を職掌とする官であり(東宮職員令1東宮傅条)、女性であっても皇太子としての漢籍教育を受けたのである。

また正倉院御物として、その母光明皇后が臨書した王羲之『楽毅論』および『杜家立成雑書要略』(隋末唐初の書簡文例集)が納められている。これらは内容理解というより書道テキストとしての利用かとも考えられるが、高位の皇族・貴族層の女性の間では、何らかの形で漢籍に触れる機会が少なくなかったのであろう。

では下級官人層や地方豪族層の女性たちはどうであったか。正倉院文書として伝わる天平年間の「読誦考試歴名」(5)は、優婆夷(女性の在家信者)または出家人の考試に関する文書とみられ、歴名の女性たちは下級官人もしくは地方豪族の一族と考えられている。(6)女性たちは「佐日物能　法花経一部」「上君五月　唯識論一部」「佐紀方名女　最勝王経一部」のごとく漢訳仏典を読誦することで、上中下の評価を受けた。ただし丹比真人気都という女性だけは仏典『百法論』のほか、『毛詩』『論語』を「読」み、『毛詩』『孝経』および初唐詩人駱賓王の漢詩集を暗「誦」している。

丹比真人気都　読　毛詩上帙　論語十巻
誦　毛詩三巻　孝経　駱賓王集一巻
百法論

ここで想起されるのは平安中期、紫式部が少女時代に、文人である父藤原為時が弟に漢籍教育を施すのを傍らで聞いて学習したという逸話である(『紫式部日記』)。天平期には中央だけでなく地方にまで『論語』等の経書や『文選』などの漢文学、『千字文』などの幼学書が普及していたことが知られており、官人や豪族の家庭内にそうした漢籍が収蔵され、子弟への教育が行われていたと推測される。この丹比真人気都もおそらく、家庭内で兄弟等の男子が漢籍教育を受けている側で聞き覚えたか、もしくは家庭内に収蔵されていた漢籍を自ら読むなどして習得したのではないだろうか。すなわち天平年間には、高位の皇族・貴族層の女性だけでなく、下級官人および地方豪族層の女性の一部も漢籍に触れ、習得しうる環境にあったと推測できよう。

(三) 弘仁・天長期の女性と漢詩

平安初期、嵯峨朝を中心とする弘仁・天長期には「文章経国」の理念のもと、漢詩や漢文学は国家の運営を支える根幹と位置づけられたとされている。[7] 大学寮で学び登用試験を経て出身した官人(とくに文章科出身の文人)が重用され政治の中枢で活躍するようになった。また宮中や行幸先ではしばしば天皇主催の詩宴が催され、そこには皇族・公卿や、殿上から地下まで幅広い階層が集い賦詩を行い、天皇のもと君臣秩序が保たれていることが繰り返し称揚された。[8] 勅撰漢詩集である『文華秀麗集』(弘仁九年、八一八年)には姫大伴氏、『経国集』(天長四年〈八二七年〉成立)には有智子内親王や惟氏といった女性の漢詩作品も納められている。

有智子内親王は嵯峨天皇第八皇女、『史記』『漢書』に通じ、漢文を善くした。賀茂斎王であった弘仁十四年(八二三)に嵯峨天皇が行幸し、文人らとともに詩宴を催した際には、塘・光・行・蒼を韻とする七言律詩に父帝への感謝を見事に詠みこんだので、感嘆した天皇は三品を授け、「文章は邦家を著す」(文章によって国家経論を示す)で始まる七言絶句と、文人を召す料を賜ったという(『続日本後紀』承和十四年〈八四七〉十月戊午条薨伝)。

内親王者、先太上天皇幸姫王氏所二誕育一也。頗渉二史漢一、兼善属レ文。元為二賀茂斎院一。弘仁十四年春二月天皇幸二斎院一花宴。俾下二文人一賦中春日山庄詩上、各探勒レ韻。公主探二得塘光行蒼一、即瀝レ筆曰、「寂々幽庄水樹裏、仙輿一降一池塘、栖レ林孤鳥識二春沢一、隠レ澗寒花見二日光一、泉声近報初雷響、山色高晴暮雨行、従レ此更知恩顧渥、生涯何以答二穹蒼一」。天皇歎レ之、授二三品一。于時年十七。是日、天皇書レ懐、賜二公主一曰、「忝以二文章一著二邦家一、莫下将二栄楽一負中煙霞上。即今永抱二幽貞意一、無レ事終須レ遣二歳華一」。尋賜下召二文人一料封百戸上。

このほか『経国集』には「奉レ和二除夜一」「奉レ和二春日作一」「奉レ和二巫山高一」「奉レ和二関山月一」「奉レ和二漁歌一」といった嵯峨天皇(上皇)との奉和詩が残される。

姫大伴氏は大伴氏一族の女性で、『文華秀麗集』収載「晩秋述懐」は女性漢詩の初見である。弘仁期の官人巨勢識人の作品に「和二伴姫秋夜閨情一」があることから、嵯峨天皇に仕えた女官と推測されている。また惟氏は惟良氏一族の女性と考えられ、嵯峨天皇との奉和詩「奉レ和二擣衣引一」「奉レ和二除夜一」や、「和二出雲巨(巨勢識人か)太守茶歌一」が残ることから、こちらも嵯峨朝に宮中に仕えた女官とされる。[9]

このようにこの時期に残された女性漢詩は嵯峨天皇との奉

和詩がほとんどである。『経国集』等は勅撰集とはいえ、嵯峨天皇に対する奉和詩が多くを占め、嵯峨天皇を中心とする私的なサロンで読まれた、私的な性格が強い作品と指摘されている。(10) よって女性が詩宴に参加し、天皇や男性官人らと漢詩を詠み交わす行為も、嵯峨天皇が強く推奨したことによりその周囲のごく一部のみで盛んであった可能性が否定できない。実際、日本古代においてはこれ以降、女性の手による漢詩作品は確認できなくなる。

　漢学はあくまでも律令国家の官人養成や職務遂行のための公的な学問と位置づけられており、男性官人には必須の教養であった。女性は大学寮教育や登用試験制度から対象外とされていたが、高位の皇族・貴族層の女性だけでなく、下級官人および地方豪族層の女性の一部も漢籍に触れ、習得しうる環境にあった。ただし、そうして得た漢学の知識や教養を外に向けて発信し、漢才を以て活躍する機会は、まだまだ限られていたのだろう。

　これが十世紀以降になると、漢学の知識や教養を新たな形で表現することで、漢才を以て貴族社会で活躍する女性が現れるようになる。

二、平安貴族社会における女性の漢籍習得

（一）『倭名類聚抄』と和文への関心

漢籍や漢詩は男性官人のための公的な文学とされたが、仮名文字や和文が普及した九世紀末から十世紀前半にかけては、漢文学の文学性をどのように和文に表現するかが模索された時期である。大江千里『句題和歌（大江千里集）』（寛平六年〈八九四〉成立）は『白氏文集』等の秀句を和歌に翻案した作品集であり、たとえば『白氏文集』巻一八・春江の一句「鶯声誘引来㆓花下㆒」を題とする和歌「うぐいすのなきつる声にさそはれて花のもとにぞ我はきにける」が詠まれた。また、承平五年（九三五）ごろ成立した紀貫之『土佐日記』も同様の実験的作品のひとつであり、「男もすなる日記といふものを、女もしてみむとてするなり」と、紀行文を公的な性格を帯びる漢文ではなく、私的な性格が強い和文で記述するにあたり、女性作者に仮託している。

　さて、これとほぼ時を同じくして、醍醐天皇皇女勤子内親王（延喜四年〈九〇四〉～天慶元年〈九三八〉）源高明同母姉、藤原師輔室）は、父帝から箏を習い、その崩御後は書画で心を慰めていたが、さまざまな字体に通じ、万物を表す漢字に興味を持つようになる。そこで、外戚（再従弟）にあたる

源順に、和語を知るための手引きの編纂を依頼した。承平四年（九三四）ごろ成立したその書『倭名類聚抄』序文には、勤子内親王の言葉として、「我聞思二拾芥一者、好探二義実一、期二折桂一者、競採二文華一」（高位高官につこうと思う者は、好んで書物の教えを学び、競って華麗な文章を求めるということだ）とあり、当時もやはり、漢籍や漢詩文の知識は栄達を図ろうとする男性官人が身につけるべき必須の教養と見なされていたことが分かる。

勤子内親王は続けて、和語については問題にする者もなく、『文館詞林』『白氏事類』等の漢籍は漢詩文を作る材料となるだけで、「世俗之疑」（実際の言葉に関する疑問）を解決できない。従来ある『楊氏漢語抄』『和名本草』といった書籍は内容に偏りや間違いが多いなど十分な内容ではない。そこで、さまざまな書物から善説を集めて、読書時の疑問を解決できるようにしてほしい、と命じたのである。(11)

源順はその命に従い、下記のようにまず「雨」「腰輿」「簾」「鳩」「昌蒲」など万物に関する漢語で項目を立て、それに『説文』『唐令』『野王案（玉篇）』『養性要集』といった和漢の書籍から説明を加え、さらに「阿女」「太古之」「須太礼」「夜万八止」「阿夜女久佐」のごとく万葉仮名で和名を付けた、実用的で簡易な漢和対訳辞書を編纂した。項目には日常で用いる言葉も多く含まれ、漢詩作製が目的ではなく、通俗小説などを含むさまざまな漢文学を読むための参考書であった。

雨、説文云、水従二雲中一而下也、音禹、和名阿女（巻一）

腰輿、唐令云、行障六具分二左右一夾レ車、其次腰輿、和名太古之（巻一一）

簾、野王曰、簾、音廉、和名須太礼 編レ竹帳也（巻一四）

鳩、野王案、鳩、音丘、和名夜万八止 此鳥種類甚多、鳩其捴名也（巻一八）

昌蒲、養性要集云、昌蒲一名昆蒲、和名阿夜女久佐（巻二〇）

『倭名類聚抄』成立の背景には、当時の皇族・貴族女性はさまざまな漢文学作品に触れる機会に恵まれ、それらを読みこなす教養が求められていたことがあろう。(12) さらにそうした漢文学の文学性を和文に表現したいという欲求が女性たちの間にも沸き起こりつつあったのではないだろうか。

やがて十世紀後半になると、和文による女流文学が次々と生み出されていくが、それらの作品には漢文学からの強い影響が認められる。早くは女流日記文学の嚆矢とされる、藤原倫寧女（道綱母）『蜻蛉日記』（天延三年〈九七五〉前後成立）に、「西王母」など中国の伝説や、「衣錦還郷」などの故事の引用、漢文的な表現や語彙が多く見出せる。(13) 漢詩からの引用は漢文そのままではなく和文化され、たとえば「夜長うしてねぶることなければ」(上巻)は「夜長無レ睡天不レ明」(『白氏文集』巻三・上陽白髪人)の、また「暖かにもあらず、寒くもあらぬ風」(下巻)は、「不レ明不レ闇朧朧月、非レ暖非レ寒慢慢風」(同巻一四・嘉陵夜有レ懐)の和文化を試みたものとされる。

なお、こうした漢詩名句は漢籍から直接ではなく、その多くが漢詩名句集『千載佳句』(大江維時、十世紀前半成立)などからの引用と指摘されている。『千載佳句』は『白氏文集』など漢文学から名句を集め、四時部(立春・早春など)・時節部(元日・七夕など)等に部立てしたもので、厖大な漢籍を読み尽くさなくても容易に名句を抑えられるため、詩作の際の参考書として当時の貴族社会に歓迎され大いに普及した。本書は男性のみならず女性にも読まれ、『枕草子』や『源氏物語』にも和文化されて活用されている。(14)

(二)平安貴族家庭における初等教育と漢籍

ここで平安中期の貴族家庭において、どのような漢籍が初等教育のテキストとして利用されたかをみてみよう。男子はまず『蒙求』『千字文』『李嶠百詠』といった幼学書を暗誦し、同時に「難波津」「浅香山」の歌などを手本として手習いを始める。やがて七歳前後になると「読書始」を行うが、これは博士の指導のもと『孝経』『史記』といった漢籍をはじめて読むという、正式な初等教育開始を告げる儀式である。藤原師輔『九条殿遺誡』(十世紀中ごろ成立)では「凡成長頗知二物情一之時、朝読二書伝一、次学二手跡一。……元服之後、未レ趁二官途一之前、其所為亦如レ此」のごとく、男子は官人として出仕するまでは、毎朝漢籍を読み、ついで手習いをすべきとされた。

平安中期の文人源為憲は、藤原為光の子松雄君(藤原誠信)のために幼学書『口遊』(天禄元年〈九七〇〉成立)を著したが、その序文には「吏幹之備」(官人としての仕事に必要な事柄)や「朝廷之儀」(朝廷の儀礼)と無関係であるものを排除して、経籍の文章や古老の教えの中で、朝廷でも民間でも役に立つようなものを集成し、一巻の書物とした(15)とある。つまり男子の場合、初等教育の目的とは、朝廷に仕える官人となるために役立つ知識や教養を身につけることにあると認識されていた。

これに対して女子の家庭教育は、手習いについては男子とほぼ同様であったが、漢籍講読は必修ではなかった。村上天皇の女御藤原芳子は、幼いころ父師尹から「一つには御手を習ひたまへ。次には琴の御琴を、人よりことに弾きまさらむとおぼせ。さては古今の歌二十巻をみな浮かべさせたまふを御学問にはせさせたまへ」との教えを受けたといい(『枕草子』二一段・清涼殿の丑寅の隅の）、当時、入内が予定されているような上流貴族子女の「学問」とは、手習い・琴（古琴）および和歌知識の習得とされていた。漢籍習得はあくまでも官人になるための学問であったため、女子の場合は、すくなくとも表向きは積極的に行われていなかったようである。

（三）文人家庭における女子の漢籍教育

ただし文人家庭では、女子もある程度本格的な漢籍教育を受ける機会があった。紫式部は文人藤原為時の娘であるが、弟惟規が父から漢籍講義を受けている間、いつも傍らで聞き習っていて、弟がうまく読めない箇所も早く理解したので、父が「口惜しう、男子にて持たらぬこそ幸ひなかりけれ」といつも嘆いていたという（『紫式部日記』）。

文人高階成忠は大学頭や東宮学士を勤めるなど非常に学才が高く、一族の女性もみな漢学の才能に恵まれた。その娘貴子は女ながら漢字などもよく書いたので円融朝に内侍として宮中に出仕した。「まことしき文者（本格的な漢詩人）」（『大鏡』道隆）であり、御前の詩宴にも、参列はしないものの、漢詩を奉った。また、「母北の方の才などの、人よりことなりければにや、この殿の男君達も女君達も、みな御年のほどよりはいとこよなうぞおはしける」と、母としても藤原道隆との間に生まれた息子や娘の教育に漢学の優れた才能を発揮した（『栄花物語』第三・さまざまのよろこび）。長女の一条天皇中宮定子は漢学の教養がたいへん豊かであったことが、その女房清少納言の著『枕草子』から十分うかがえる。三女は冷泉天皇皇子帥宮（敦道親王）の妻となり、帥宮主催の詩宴で漢詩の優劣を判じるなどしており、相当な漢籍教育を受けていたものと思われる。

文人として名高い大江匡衡は、娘の江侍従が生まれたとき、乳母の乳の出が悪いので、「はかなくもおもひけるかなちもなくて　はかせのいへのめのとせんとは」（乳（知）もなくて文章博士の家で乳母をしようだなんて）と妻の赤染衛門に詠みかけているが（『後拾遺和歌集』一二一七）、これは文人家庭では女子にも漢籍教育を施すという特殊性や気概を反映したものではないだろうか。

文人家庭において女子にもある程度本格的な漢籍教育が行われた要因のひとつに、十世紀以降、学問の家として固定化・世襲化の傾向が高まったことがあげられよう。平安中期、藤原氏による摂関体制が強固になるにつれ、文人は政治の中枢から締め出され政治的地位は低下し、職務は経国治世とは関係のない文章や漢詩の作製などへと矮小化する。[16]こうしたとき文人は権力者の要求に応えるという新たな存在理由のために、家庭において子弟に幼少期から専門文人養成のための漢籍教育を施す体制が強化・徹底され、女子も経籍やその講義に比較的容易に触れられる環境に置かれたと考えられる。さらにそうした文人家庭には漢詩を作るための名句集や類書、また唐代伝奇小説や絵草子の類も豊富に収蔵されていたであろうから、(17) さまざまなジャンルにわたる漢文学作品の文学性を潤沢に吸収できたのであろう。女流文学として名高い『蜻蛉日記』（藤原倫寧女〈道綱母〉）や『更級日記』（菅原孝標女）なども漢学の教養が強く表れていることが指摘されているが、ともに作者は文人の娘である。

ただし当時の貴族社会においては女性が漢籍を習得することは必ずしも理解されていなかった。高階貴子のことを世間が「女のあまりに才（漢才）かしこきは、もの悪しき」（『大鏡』道隆）と批判し、また紫式部に仕える女房たちも「おまへはかくおはすれば、御幸ひはすくなきなり。なでふをんなか真名書（漢籍）は読む。むかしは経読むをだに人は制しき」（『紫式部日記』）と陰口を叩いたという。『源氏物語』帚木では、式部丞の妻「博士の娘」が、「才」（漢学の才能）は生半可の博士も顔負けするほどで、書状に仮名を使わずしっかりとした漢文で書き、夫にも漢文を教えている様子が描かれるが、文人家庭における女子教育の特殊性や世間からの批判を自虐的に揶揄したものであろう。

（四）宮中女房としての清少納言と漢文学

『枕草子』には、「文は、文集（白氏文集）、文選、新賦、史記、五帝本紀」（一九八段・文は）と記されるごとく、清少納言が慣れ親しんださまざまな漢籍の影響がうかがえる。(18)

> 雪のいと高う降りたるを、例ならず御格子まゐりて、炭櫃に火おこして、物語などしてあつまりさぶらふに、「少納言よ、香炉峰の雪いかならむ」と仰せらるれば、御格子上げさせて、御簾を高く上げたれば、笑はせたまふ。人々も、「さる事は知り、歌などにさへうたへど、思ひこそよらざりつれ。なほこの宮の人にはさべきなめり」と言ふ。　（二八〇段・雪のいと高う降りたるを）

中宮定子とのこのやりとりは、『白氏文集』巻一六「香炉峰下、新卜山居、草堂初成、偶題東壁」のうち「遺愛寺鐘欹枕聴、香炉峰雪撥簾看」の句を踏まえたもので、清少納言の漢才の高さを物語るエピソードとして知られている。ただし、その場にいた他の女房も「その故事は知っていて和歌にも詠み込みますが」と述べているとおり、同句は『千載佳句』巻下・山居、のちには『和漢朗詠集』巻下・山家にも採られているほど、宮中に仕える官人や女房としては当然備えるべき共通知識であって、(19) その上でいかに機転の利いた知的な即答ができるかが競われていた。なかでも漢才豊かな定子に仕える女房たちは「なほこの宮の人にはさべきなめり」と、ことさらそうした能力が求められていた。

藤原行成との次の逸話も『史記』巻七五・孟嘗君伝の故事を踏まえた応答である。

「いと夜深くはべりける鳥の声は、孟嘗君のにや」と聞えたれば、立ち返り、『孟嘗君の鶏は函谷関をひらきて、三千の客わづかに去れり』とあれども、これは逢坂の関なり」とあれば、「夜をこめて鳥のそら音にはかるとも世に逢坂の関はゆるさじ　心かしこき関守侍り」と聞ゆ。……さて、「その文は、殿上人みな見てしは」とのたまへば、　（一三〇段・頭弁の、職にまゐりたまひて）

ここで清少納言は漢文学のエピソードを踏まえた上で、それを和歌に読み込むという、機智に富んだ返答をしているが、注目すべきはその和歌が行成の手によって殿上人らに回覧されていることである。続く章段でも、定子のもとに大勢の殿上人がやってきて、清少納言が誰か尋ねたところ、御簾の下から呉竹を差し入れたので、『晋書』巻八〇・王徽之伝の故事「徽之但嘯詠、指竹曰、『何可一日無此君邪』」を踏まえて、「おい、この君にこそ」と答えたところ、源頼定ら殿上人たちは「いざいざ、これまづ殿上に行きて語らむ」と、殿上の間での話題とするためにすぐさま戻っていったという（一三一段・五月ばかり、月もなういと暗きに）。清少納言の漢籍の知識と才能は、その場かぎりではなく、広く貴族社会に伝達され評価を受けたのである。

またある夜には、藤原斉信が仲違いしている清少納言を試そうと、宿直所にいた大勢の殿上人と相談して、「蘭省花時錦帳下」の下句を問いかける手紙を出したところ、清少納言から「草の庵を誰かたづねむ」と和歌の句で応じた返事が届いたので、殿上人らは感嘆して大騒ぎし、上句を付けようとしたができずに終わってしまった。この句は『白氏文集』巻一七「廬山草堂、夜雨独宿」の第三句で、『和漢朗詠集』巻下・山家にも採られるなど当時の貴族社会には当然周知されていたが、それを漢詩句「廬山雨夜草庵中」そのままではなく和文化して即答したのが清少納言の才気であった。評判は殿上人のあいだだけでなく、翌朝までには一条天皇や中宮定子の耳にまで達するなど、即座に宮中全体に広まったのである（七八段・頭中将のすずろなるそら言を聞きて）。

以上のように宮中において漢籍の知識と才能は、女房が男性官人と同じ学問的世界において互角に交流し、自らの存在を認めさせる手段のひとつであった。そしてその評価は広く平安貴族社会に情報として共有された。[20]

(五) 宮中女房としての紫式部と漢文学

紫式部は一条天皇の中宮藤原彰子に仕えた女房で、その著『源氏物語』は『白氏文集』巻一二・長恨歌(ちょうごんか)のモチーフを取り入れるなど、さまざまな漢文学の影響を強く受けていることで知られる。一条天皇も『源氏物語』を評して「この人は日本紀(日本書紀)をこそ読みたるべけれ。まことに才あるべし」と賞賛したように、紫式部は宮中において漢学の才能を認められていた。

ただし、女房として出仕する以前から、その漢文学の才能は宮中においてすでに評判になっていたと考えられる。たとえば以下は出仕前の、おそらく夫藤原宣孝(のぶたか)とのやりとりであるが、自分の手紙を宣孝が「ふみちらしけり」(周囲に回覧している)と聞き、手紙を返すよう言ってやったところ、全部返して恨み言を伝えてきた。

ふみちらしけりとききて、「ありし文ども、とりあつめておこせずは、返事かかじ」と、ことばにてのみいひやりければ、「みなおこす」とて、いみじく怨じたりければ。正月十日ばかりのことなりけり。

(紫式部) とぢたりし　うへの薄氷　とけながら　さはたえねとや　山のした水

すかされて、いとくらうなりたるに、おこせたる

(宣孝) こち風に　とくるばかりを　そこ見ゆる　いしまの水は　たえばたえなん　（『紫式部集』三二・三三）

清少納言の手紙と同様、紫式部の手紙が宣孝周辺に回覧されたのも、漢文学の豊富な知識や機知が発揮されていることに宣孝ら男性官人が感服したからではないだろうか。実際、今回の応酬で交わした和歌は、『礼記』月令「孟春之月、……東風解レ凍」の句を踏まえたものである。[21] 紫式部の漢才の評判もただちに宮中に広まり、おそらく当時の権力者藤原道長の耳にまで届いていた可能性が高い。宣孝死後に執筆を開始したとされる『源氏物語』と合わせて、漢文学の豊かな知識と才能の評判により、道長から娘中宮彰子の女房として招かれたのであろう。

紫式部は出仕後、「さるところにて才さかし出ではべらむよ」と、宮中でも漢才を極力ひけらかさないように心がけていたが、彰子から頼まれ、ひそかに『白氏文集』の新楽府を進講した。彰子もこれを隠していたものの、そのことを耳にした道長は漢籍を書写させて彰子に奉り、漢籍習得を支援している。すなわちこの時期、漢文学の教養を身につけた女性の評判は貴族社会に広まり、それによって宮中女房として招かれ、漢才を以て職務を遂行する機会を与えられるまでになっていたのである。

おわりに

律令制下において漢学とは、律令国家の官人養成や職務遂行のための公的な学問として位置づけられ、男性官人には必須の教養であった。女性は大学寮教育や登用試験制度から対象外とされていたが、高位の皇族・貴族層の女性だけでなく、下級官人および地方豪族層の女性の一部も漢籍に触れ、習得しうる環境にあった。ただし、そうして得た漢学の知識や教養を外に向けて発信する機会は極めて限られていた。

平安中期になっても漢学はあくまでも男性官人としての職務を遂行するための公的な学問という位置づけは変わらなかったため、女性が漢籍を学んだり、公の場で漢才を披露したりすることは表向きには憚られるものであった。ただし文人層が固定化したこともあり、文人家庭では女子にもある程度本格的な漢籍教育が施されるようになっていた。また九世紀末から十世紀前半にかけて仮名文字や和文が普及し、漢文学の文学性をどのように和文に表現するかに関心が集まると、女流文学のなかに漢文学を和文化して盛り込んだり、宮中などで漢籍の知識を活かした機智に富んだ応答を交したりすることで、女性もその豊かな漢才を貴族社会で発揮できるようになった。そうした漢才の評判は貴族社会全体に情報として伝達され、それを以て宮中女房として招かれ、職務として漢才を活かす好機にも恵まれたのである。平安貴族社会においても漢文学の世界はもちろん男性中心ではあったが、こうしたとき女性たちもその一翼を担っていたのであり、女性と男性の漢文学の世界は決して断絶してはいなかったと言えるだろう。

注

（1）東野治之『正倉院文書と木簡の研究』第二部（塙書房、一九七七年）。

（2）唐代の上層家庭においては男子のみならず、女性としての礼を身につける等の目的で、女子にも漢籍教育が施されており、士大夫や読書人家庭の女子は七歳前後から字を覚え、『詩経』や三礼（『礼記』『儀礼』『周礼』）といった儒家の経典を学び、商人・庶民などの家でも文を習い書を読む者が少なくなかった。また詩賦の才や漢籍の教養により後宮に招かれた徐賢妃や宋氏五姉妹などもおり、后妃や公主も漢詩を詠んで宮中サロンを主宰もしくは参加している。高世瑜「女性教育とその著述」（『大唐帝国の女性たち』岩波書店、一九九九年、原著は一九八八年）、李宇玲「唐代と平安朝の宮廷文学――宮帷の詩人たち」（『古代宮廷文学論――中日文化交流史の視点から』勉誠出版、二〇一一年。初発表は二〇〇九年）参照。

（3）なお漢訳仏典も広義には漢籍の一部ではあるが、本稿では考察対象外とする。

（4）本条は唐医疾令女医条の規定をおおよそ継受したものである。異同点については、拙稿「労働空間としての後宮――医疾令女医条をてがかりに」（『お茶の水女子大学人文科学研究』六、二〇一〇年）、「古代の女医」（総合女性史学会編『歴史にみる女性労働――古代から現代まで』勉誠出版、二〇一九年）、「日唐における女医の養成と職務」（『金子修一先生古稀記念論文集（仮題）』二〇二〇年）参照。

（5）『大日本古文書』二四巻五五四頁（続々修二六帙五裏）。

（6）注1東野著書所収「『王勃集』と平城宮木簡」註24（初発表は一九七五年）。

（7）池田源太「文章経国」（『奈良・平安時代の文化と宗教』永田文昌堂、一九七七年。初発表は一九六七年）、小島憲之「弘仁・天長期に於ける勅撰詩集の成立――凌雲新集・文華秀麗集・経国集」（『上代日本文学と中国文学　下――出典論を中心とする比較文学的考察』塙書房、一九六五年）ほか。

（8）滝川幸司「平安初期の文壇――嵯峨・淳和朝前後」（『天皇と文壇――平安前期の公的文学』和泉書院、二〇〇七年。初発表は一九九九年）。

（9）小島憲之『王朝漢詩選』（岩波書店、一九八七年）、同『国風暗黒時代の文学　下Ⅱ――弘仁・天長期の文学を中心として』塙書房、一九九五年）。

（10）注8滝川論文。

（11）序文解釈は、髙橋忠彦・髙橋久子『日本の古辞書――序文・跋文を読む』（大修館書店、二〇〇六年）に拠った。

（12）川口久雄『三訂　平安朝日本漢文学史の研究』中篇（明治書院、一九八二年）、阪倉篤義「倭名類聚抄解題」（京都大学文学部国語国文学研究室編『諸本集成倭名類聚抄　索引篇』臨川書店、一九六八年）、神野藤昭夫「「文」と社会②――女性と文」（河野貴美子ほか編『日本「文」学史　第一冊「文」の環境――「文学」以前』勉誠出版、二〇一五年）。

（13）川口久雄「かげらふ日記　校注」（日本古典文学大系20『土佐日記・かげろふ日記・和泉式部日記・更級日記』岩波書店、一九五七年）、矢作武「蜻蛉日記と漢詩文」（『一冊の講座蜻蛉日記』有精堂出版、一九八一年）、品川和子『蜻蛉日記の世界形成』「漢詩文との関係について」（武蔵野書院、一九九〇年。初発表は一九六三年）ほか。

（14）金子彦二郎『平安時代文学と白氏文集　増補版　句題和歌・千載佳句研究篇』（培風館、一九五五年）。

（15）序文解釈は、注11髙橋著に拠った。

（16）文人の政治的地位および役割の変化については、彌永貞三「仁和二年の内宴」（『日本古代の政治と史料』高科書店、一九八八年。初発表は一九六二年）、後藤昭雄「大江以言考」（『平安朝漢文学論考　補訂版』勉誠出版、二〇〇五年。初発表は一九七二年）、佐藤道生「詩体と思想――平安後期の展開」（『岩波講座日本文学史　三　一一・一二世紀の文学』岩波書店、一九九六年）ほか参照。

（17）注12川口著書。

（18）矢作武「枕草子と漢籍」（枕草子研究会編『枕草子大事典』勉誠出版、二〇〇一年）。

（19）大曾根章介「『枕草子』と漢文学」（『日本漢文学論集　三』汲古書院、一九九九年。初発表は一九六七年）。ほかにも、『源氏物語』総角に引用されている。

（20）拙稿「日本古代における官人の学問的世界と政治的秩序」（古瀬奈津子編『律令国家の理想と現実』〈古代文学と隣接諸学5〉竹林舎、二〇一八年）。

（21）解釈は、田中新一『新注和歌文学叢書2　紫式部集新注』（青簡舎、二〇〇八年）、笹川博司『私家集全釈叢書39　紫式部集全釈』（風間書房、二〇一四年）に拠った。

〔III 日本における中国学術の受容と展開〕

大学寮・紀伝道の学問とその故実について——東坊城和長『桂藥記』『桂林遺芳抄』を巡って

濱田 寛

はまだ・かん——聖学院大学人文学部日本文化学科教授。専門は平安朝日本漢文学・和漢比較文学。著書に『平安朝日本漢文学の基底』（武蔵野書院、二〇〇六年）、『世俗諺文全注釈』（新典社、二〇一五年）などがある。

わが国の「学校」制度は中国の制に範を垂れ、中国の学術たる儒学の教授を前提に整えられた。その後、わが国独自の「紀伝道」の台頭とその発展により、平安朝の日本漢文学に豊かな実りをもたらしたといえよう。本稿は、紀伝道の博士家である菅原家所伝の貴重な資料を収集した、東坊城和長の二つの作品『桂藥記』と『桂林遺芳抄』について検討を行うものである。

はじめに

平安朝の日本漢文学を担った文人たちは、当時の学制に従って大学寮に学んだ経歴を有している。殊に紀伝道出身の文人たちは、その所属する「曹」ごとの学閥を形成するばかりでなく、学問の基盤を共有し、公私にわたる作文・詠詩に多くの作品を残している。紀伝道の実態については同時代の資料が残されており、その他の諸道（明経道・明法道・明算道など）と比較すると明らかな部分は多いものの、断片的な記録として散在している状況にある。このような状況にあって、東坊城（菅原）和長（一四六〇～一五二九）の二つの著作、『桂藥記』と『桂林遺芳抄』は室町期の作品ではあるものの、東坊城家すなわち菅原家において蓄積された故実ならびに平安時代に遡る「先例」たる文書の引用が随所に見られる点、また、これらの記事が「穀倉院学問料（今日の「奨学金」に相当する）」の申請から「対策及第」に至る時系列に従って配置されている点など、資料的価値の高い作品であるといえる。

本稿においては、まずは大学寮ならびに紀伝道について前提となる事項を確認し、『桂蘂記』『桂林遺芳抄』の記事を検討することとする。

一、大学寮の草創

わが国における「学校」制度は律令（『大宝律令』は散逸しているため『養老律令』によってその内実が理解される）によって整備され、式部省所管の「大学寮」において、教授に相当する博士一名（その他音博士二名・書博士二名・算博士二名）、助教二名、そして学生四百名（算生は三十名）を定員とし（職員令）、官僚の安定的な育成を担う制度として運用された。大学寮における具体的な教育内容としては、『孝経』（孔安国注）と『論語』（鄭玄・何晏注）を必修とし、『周易』（鄭玄・王弼注）・『尚書』（孔安国・鄭玄注）・『周礼』（鄭玄注）・『儀礼』（同）・『礼記』（同）・『毛詩』（同）・『春秋左氏伝』（服虔・杜預注）が選択科目として設定された。「算生」については別途規定され、『孫子』・『五曹』・『九章』『海嶋』・『六章』・『綴術』・『三開重差』・『周髀』・『九司』が教授された（学令）。

また、その教授のありようについても以下の通り規定されていた。(1)

> 凡そ学生は、先づ経の文を読め。通熟して、然うして後に義講へよ。旬毎に一日休仮放せ。仮の前の一日に、博士考試せよ。其れ読者試みむことは、千言の内毎に、一帖三言試みよ。講者は、二千言の内毎に、大義一条問へ。惣べて三条試みよ。二通せば第と為よ。一通し、及び全く通せずば、斟量して決罰せよ。年の終毎に、大学の頭・助・国司の芸業優長ならむ者試みよ。試みむ者、一年に受けたらむ所の業を通計して、大義八条問へ。六以上得たらば上と為せ。四以上を得たらば中と為せ。三以下を得たらば下と為せ。頻に三下ならむ、及び学に在りて九年までに、貢挙に堪へずは、並に解き退けよ。

学生はまず前掲の経書を「読」み、それに習熟すると「講義」が行われる。十日ごとに一日の「休仮（休暇）」が与えられるが、その前日には「読（諳誦）」と「義（釈義）」の試験が行われ（「旬試」という）、基準に達しないと「決罰」（『令義解』によれば、その出来具合を斟酌して「笞捶」が行われる）となる。また、一年ごとに「大義八条」の試験（「年終試」という）が行われ、評価される。また、退学についての規定もあることが注目される。

こうして大学寮での研鑽を積み、『孝経』と『論語』の必修の他「二経」以上に習熟すると、出仕を求める者には「挙送」することを許し、国家試験に応ずる前に大学寮において試験が行われ、「大義」十条に対して八以上に通じれば太政官に送った。国学（地方豪族の子弟のための学校）の学生で国家試験の受験を志す者は式部省に申送した。ここにいう国家試験とは後述する「貢挙」の謂いである。

　凡そ学生、二経以上通して、出で仕へむと求めたらば、挙送することを聴せ。其れ挙すべくは、大義十条試み問へ。八以上得ば、太政官に送れ。若し国学生、二経通せりと雖も、猶し情に学びむと願はば、式部に申し送れ。考練するに第得たらば、進りて大学生に補せよ。

その一方で、学生が「講説」に長じないために及第しない場合であっても、文藻に習熟した者で、秀才・進士の試験に堪え得る者には「貢挙」の道が開かれることになる。

　凡そ学生、講説不長なりと雖も、文藻を閑ふて、才、秀才進士に堪へたらば、亦挙送することを聴せ。

ここにいう秀才ならびに進士については「考課令」に以下のように規定されている。

　凡そ秀才は、試みむこと、方略の策二条。文理倶に高くは、上上と為よ。文高くして理平ならむ、理高くして文平ならば、上中と為せ。文理倶に平ならば、上下と為せ。文理粗通せらば、中上と為せ。文劣くして理滞れらば、皆不第と為よ。

　凡そ進士は、試みむこと、時務の策二条。帖して読まむ所は、文選の上秩に七帖、爾雅に三帖。其れ策の文詞順ひ序でて、義理慥に当れらむ、并せて帖過せらば、通と為せ。事の義滞れること有り、詞句倫あらず、及び帖過さずは、不と為せ。帖策全く通せらば、甲と為よ。策通二通し、帖六以上過せらば、乙と為せ。以外は皆不第と為せ。

「秀才」では「方略策」二条が課せられ、「文」すなわち表現力と「理」すなわち「策」に対する解答が総合的に評価されることになっていた。また「進士」では「時務策」二条および『文選』上秩七帖、『爾雅』三帖の諳誦が課せられ、策に対する解答と諳誦が総合的に評価されることになっていた。

尚、「考課令」に規定されている「貢挙」は秀才・明経・進士・明法の四科となっており、明経は『周礼』・『春秋左氏伝』・『礼記』・『毛詩』からは各四条、『周易』・『尚書』・『儀礼』からは各三条、『孝経』・『論語』から併せて三条が課せられ、経文と注文から出題されることになっていた（具体的には、「通二二経一」という条件があるため、例えば『周礼』と『毛詩』の二経の場合、両経から各四条、それに必修たる『孝経』と『論語』から三条、の出題となり、この例では都合十一条の出題に対する解答の当否が問われる)。また、明法は「律令」から十条が課せられることになっていた。

二、紀伝道の成立とその展開

前節の通り、当初の大学寮における教育は儒家の経典を対象とする諳誦と講義によって構成されていたが、貢挙における秀才・進士・明法には儒家の経典とは異なる学問の蓄積が不可欠となる。桃裕行氏は秀才科・進士科の貢挙という制度そのものに後の紀伝道の伏線が潜んでいたとし、平安時代初頭の大学寮は経学に限定された専門化されたものではなく、令の精神たる一般科の性質を残しつつ、後の紀伝道の教科たる史漢(『史記』と『漢書』)や『文選』など、「一般科」として自由な教科選択が行われていた実態を示し、後に経学から文学および史学を教科内容とする学科が分化し、次第に台頭して「紀伝道」が成立したとされた。(2)

これに対して神亀五年(七二八)の勅によって律学博士二人、直講三人、文章博士一人、生廿人が増設されるものの(『類聚三代格』巻四)、天平二年(七三〇)の格において「文章生廿人」の入学資格として白丁・雑任のみに限定されていること(『本朝文粋』巻二「応補文章生并得業生復旧例事格」所引)を踏まえ、久木幸男氏は「もし文学科が秀才・進士科受験コースとして設置されたものとすれば、この七三〇年の措置は、両科の受験資格を白丁・雑任にのみ与えたこととなる」とし、文学科と任官試験の分科との連絡を緊密化する意図のもとに創設されたという見解に疑問が残るとされた。(3)

もともと白丁・雑任の子弟に入学資格が与えられた文学科に、貴族の子弟の入学志望者が増加した結果、八世紀末ごろから「文章生試(省試)」が実施されるようになった。その具体的な年次は未詳であるが、延暦八年(七八九)に菅原清公(道真の祖父)が文章生試に合格したとする記事がその最古の記録である(『続日本後記』承和九年(八四二)十月十七日条)。この文章生試の受験については、直接文章生試を受験することは可能であったが、大学寮の学生すなわち儒学科に入学し、その後に受験する方が有利であることはあきらかである。延暦十七年(七九八)の太政官宣に、

一 諸の読書出身等皆漢音を読ましめよ。呉音を用ふること勿れ。

一 大学生年十六已下、明経に就かんと欲する者、先づ毛詩の音を読ましめよ。史名に就かんと欲する者、先づ爾雅・文選の音を読ましめよ。

とあり、(4)当時の学生に「明経に就かんと欲する者(欲ㇾ就二明経一者)」と「史名に就かんと欲する者(欲ㇾ就二史名一者)」が

併存していたことが知られ、後者を志望する学生は文章生試の「予科」として大学寮に入学することになる。

大同三年（八〇八）の太政官符によると、直講一名を減じて「紀伝博士」一名が置かれ（『類聚三代格』巻四）、史学科が新設されることとなったが、その二十六年後の承和元年（八三四）には「文章博士」一名の追加に伴って、紀伝博士・紀伝得業生および学生が停止されている（『類聚三代格』巻四）。これにより、史学科は廃止され、文学科は博士二名、学生廿名となり、文学と史学を学ぶ学科として整えられることになる。これにともなって「紀伝道」が学科の名称として用いられるようになるのである。一方で、儒学科への「予科」的な進学を解消するために「擬文章生」が設置されることとなる。

「擬文章生」については『延喜式』巻二十に見える。

> 凡そ擬文章生は、廿人を以て限と為よ。其の闕を補ふ者、博士の挙を待ち、即ち寮博士共に一史の文五条を試みよ。三以上通ずる者を以て之に補す。其に寮家に任へざる者、貢挙を得ず。(5)

「擬文章生」の定員は廿名、その選抜試験において「一史文五条」が課される（当該試験を「擬文章生試」あるいは「寮試」という）。この「擬文章生」の設置年代は未詳であるが、久木氏は「八二五年から八六〇年ごろまでの間に求められよう」との見解を示された。(6)

紀伝道の拡充に関連して、その学生のための講堂ならびに寄宿舎（大学寮の学生は寮内に居住することが原則であった。東西の二つの曹司に分かれ、東曹は大江家、西曹は菅原家の管理となる）からなる「文章院」が設置された。その設置年次を徴する史料は無いが、先行研究では概ね九世紀前半が推定されている。(7)

前節において言及した秀才（方略策）・進士（時務策）との関連で、文章得業生について簡単にまとめておきたい。

大学寮における「得業生」の設置は、天平二年（七三〇）年三月二十七日の官奏（『令集解』巻三「職員令」大学寮条所引）によって、「並取二生内人性識聡慧芸業優長者一」という選抜基準により、定員十名として新設された（文章生には二名の得業生の定員が与えられた）。文章得業生は元来、秀才科・進士科の受験のための養成課程ではないものの、延喜十三年（九一三）の宣旨により、諸道の得業生への課試の条件として在学七年以上と定められた（『日本紀略』延喜十三年五月四日条）。秀才科・進士科（但し、十世紀以降、進士科の課試は行われていない）の課試は「文章得業生試」となり、令の規定にある「出仕」のための課試から専門の学者への登龍門と見なされるに至った（そのため、大学寮の学生を今日の「大学生」、「得業生」を「大学院生」に準えて説明されることがある）。その後、承平五年（九三五）には文章得業生ではない橘直幹が「方略宣旨」を受けて方略試を受ける（『類聚符宣抄』巻九）という例が開かれたのであった。(8)

三、東坊城和長と『桂蘂記』・『桂林遺芳抄』について

鎌倉時代以降、菅原氏には唐橋家・高辻家・五条家・坊城家（東坊城家・西坊城家）があらわれる。

唐橋家は道真の六世の孫・在良の末裔で、在良から八世の孫・在雅に至って唐橋を称したことに始まる。高辻家は道真の六世孫・是綱を家祖とする。五条家は高辻家の庶流で、高辻為長の男・高長を始祖とする。坊城家は五条長経（高長男）の次男・茂長を始祖とする。茂長の孫に秀長と言長がそれぞれ一家をなしたことにより、両者を区別して前者を東坊城、後者を西坊城を号した。本稿で取り上げる東坊城和長は秀長から四世の孫である。

清公―是善―道真―高視―雅規―資忠―孝標―定義―是綱（高辻）―宣忠―長守―為長―長成―清長―長宣―国長―長衡

定義―在良―清能―貞衡―在清―公輔―公氏―公頼―在雅（唐橋）

為長―高長（五条）―長経―茂長―長綱―秀長（東坊城）

長綱―言長（西坊城）

言長―長政―顕長―長光

秀長―長遠―益長―長清―**和長**―長淳―盛長―長維

長衡―久長―長広―継長―長直―章長―長雅

東坊城和長の略伝ならびにその著作については伊藤慎吾氏

の研究等に従い、本稿に関わる箇所について簡潔に掲げることとする。(9)

東坊城和長は寛正元年（一四六〇）年に誕生した。父長清は和長十二歳の時、文明三年（一四七一）に卒した。また祖父の益長も文明六年（一四六四）に卒し、和長は若くして重要な後見を失うことになった。文明和長の大学寮入学の年次は明らかではないが、伊藤氏は修行時代の和長は西坊城顕長などの庇護を受けながら、学問ならびに家業の伝授を受けたのではないかと指摘されている。

文明八年（一四七六）二月十三日、和長は「自解欵状」を執筆、穀倉院学問料の受給を申請している。「欵（款）状」とは叙位任官を求めるために奏上される申文のことをいう。(10)「自解」とあるのは、通例では父あるいは祖父の「内挙」による申請を、その不在のために「自薦」の形で行ったからである（尚、この措置には「旧例」無し、として『桂林遺芳抄』に「予一代之誤、不可為後例也」と記している）。

文明十一年（一四七九）四月廿二日、文章得業生に補せられんことを申請（『桂藥記』所収）し、補せられた（「給料四年補得業生例」ということになる）。その三年後の文明十四年（一四八二）九月十九日、文章博士菅原長直の「儒挙」によって「課試」すなわち「方略試」の申請を行い、同年九月廿七日、(11)問頭博士に菅原長直を申請、同年十月二日、「替諫説」「賀夢端」二条の対策文を提出、同日及第した。和長は二十三歳であった。

『桂藥記』は奥書によれば、文明十四年十月廿五日、すなわち対策及第から二十三日後の成書ということになる。この速やかなる成書が可能となったのは、「重代之家記」という菅原家所伝の文書の存在ばかりではなく、和長自身が自身の申請において先例を検索し、「旧草」を整理していたからと推測される。『桂藥記』は大学寮における「大業」に至る和長自身の記録であり、集大成であったといえる。和長は『桂藥記』を「少年楊歴之一鈔」と表現している（『桂林遺芳抄』奥書）。こうして完成した『桂藥記』に対して、永正十二年（一五一五）六月に、収録記事の校正が行われたことが知られる。現存する『桂藥記』の伝本は、和長の方略試の問頭博士を務めた菅原長直の孫・長雅が天文十二年（一五四三）に転写した際に、『長享愚記』長享三年二月十七日条の記事を補足して成ったものである。本稿で引用する『桂藥記』からの記事はこの長雅書写本を寛政八年（一七九六）に柳原紀光（一七四六〜一八〇〇）が書写した宮内庁書陵部蔵本に拠り、私に訓読文を掲げる。

また、永正十二年（一五一五）の正月から五月にかけて和

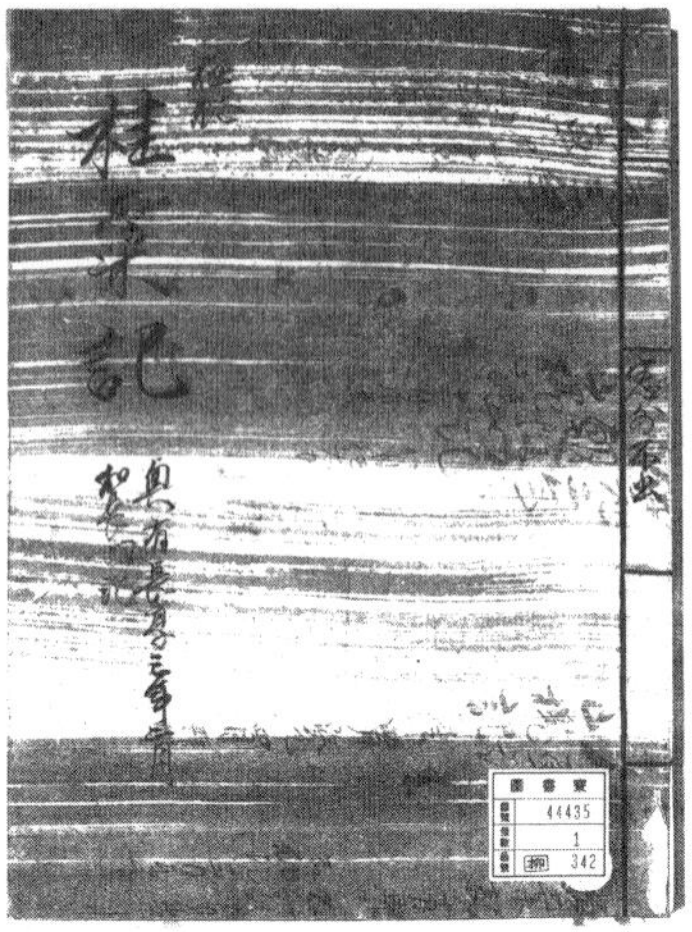

長は『作文古今旧草』上下二冊、『作文作法』上下二巻の編纂を行い（ともに散逸）、同年六月十二日、『桂蘂記』一冊をもとに記事の取捨ならびに増補を行って『桂林遺芳抄』五冊を完成させた。『儒門継塵記』とする写本もある（早大図書館蔵本）。『桂蘂記』と『桂林遺芳抄』の収録記事を比較すると、後者に「旧草」として掲出される記事が増補されていることが明らかで、『作文古今旧草』の編纂において「旧草」を部類したことは『桂林遺芳抄』編纂の動機の一つとなったであろうと推測される。[12] 本書は『群書類従』に収録されたことで広く流布した。

　享禄二年（一五二九）一二月廿日、和長は没するが（七十歳）、生涯に実に多くの著作を残している。伊藤氏はそれらの著作を「文章論」として五種、「次第書」として六種、「勘文参考書」として七種、「詩集その他」として六種を紹介され、和長を「応仁・文明の大乱以後の公家文化を継承・再生することに尽力した一人として看過できない」と評された。[13] 以下、『桂蘂記』『桂林遺芳抄』に引載された「上古」の故実・「近代」の実態を中心に、注目すべき記事の検討を行うこととする。

図1　宮内庁書陵部蔵『桂蘂記』表紙

四、寮試をめぐる記事について

寮試は擬文章生試の謂いで、大学寮所管のこの寮試に合格することで「擬文章生」となる。「擬文章生」は後述の「省試」に合格して「文章生」となるための「予科生」ないし「予備生」とみることができる。その試験の内容は既に本稿三節に示したように、「一史文五条」が課せられ、「通三以上」が合格の要件となる（『延喜式』巻二十）。また、省試は文章生試の謂いで、式部省所管の試験であるため「省試」と称される。この省試に合格することで正規生たる「文章生」となる。その試験の内容は「賦詩」であり、①詩題、②総字数、③韻字などの条件が与えられ、それに応じた詩を賦すことになる。[14]

　『桂蘂記』は「寮省試事」条に『家記』を引用して、以下のようにある。

家記に云ふ、「本儀は寮の試の後、省の試を行ふ。而れども近代同日に相行ふなり。寮試には読書（史記・漢書）、省試には賦詩。但し此の詩は大卿之を作り、試衆に賜ひ清書せしむ。諸方に分ちて賦文と名づく。判は省試の詩の評定なり。省試に就き必ず寮試有るべきなり。試衆は宣旨の分二人、院の御分一人、殿下の御分一人、省官の分三人、両博士の分二人、判儒の分三人、春宮御座の時は御分先例有り」と。

一　院の御分　聖廟の御分共に先例有り。此れ上大卿の給ふ所の進士の名餘重（未詳、「重」字、『桂林遺芳抄』は「貢」字に作る）、代々廿人の定例なり。若し廿人に餘れるの時は、小省試とて別に之を行ふの其の例有り。

右の記事は『桂林遺芳抄』にもほぼ同文の引用が見えるが、『桂林遺芳抄』は「有其例」以下に続けて、(15)

右、此れ等の人員を思ふに、上古の詩試せる者、専ら御前の試を為すなり。其の謂［イ判］は、宸宴の日、堂上堂下詩を献ず。其の中に於いて其の勝れたるを以て及第するなり。之に依りて省試の時、作者多端なり。多端の内、絶勝を以て及第すべきの義なり。上古の例多分なり。

とある。

以上の記事は寮試と省試について一括して述べているため、内容が多岐に渡る。まず寮試については『史記』『漢書』の読書が課せられ、省試については賦詩が課せられていたことを記しているが、「本儀」として、寮試の後に省試が行われること、「近代」は両試が同日に行われている、とする記事が注目される。また、「試衆」には「分」と表現される推薦枠の規定があることが記されている。この「分」については、以下に続く「寮試事」条においてその実態が具体的に示されている。

『桂林遺芳抄』の記事には「上古」における省試の状況がうかがわれる。前掲の記事によれば、「上古」の省試は専ら「御前試」であって、詩を献じる者が多く、最も優れた詩を賦したものを「及第」とする例であったことが記されている。

さらに寮試については、『桂蘂記』の記事に以下のようにある。

旧は史記漢書等を読むか。近例は史記の帝本紀計（ばかり）を読むか（此の事時儀在るべきなり）。

前掲の『家記』に寮試の読書を『史記』『漢書』と記していたが、これは旧例であり、「近例」では『史記』の本紀が課せられていることが記されている。この点について『桂林遺芳抄』は「寮試上古之様」条を別に立てて以下の記事を掲げている。

寮試作法

寮頭以下各一員、博士以下各一員、試庁に参著す。貢挙交名等を出す。博士署を加へ、寮頭に渡す。寮頭見畢り、允以下に下す。簡匣三合を以て試衆の座の前に置く。又読書等を以て頭博士秀才（之を試博士と謂ふ）并びに試衆等の前に置く。次第に試衆を召す。試衆巻を抱きて進む。幔門の下に出づ。允仰せて云ふ、「版に」と。試衆揖立して版に就く。允又仰せて云ふ、「敷居」と。試衆敷居の下に揖して、沓を脱ぎ著座し、帙を置き並ぶ。頭仰せて云ふ、「簡」と。衆唯して簡（三史の間、今日簡を読むなり）を探り膝行して試博士の前に置く。試博士寮頭に対へて云ふ、「史記本紀の帙の三の巻、世家の上帙の五の巻、下帙の一の巻、伝の中帙の七の巻」と。頭仰せて云ふ、「読ましめよ」と。試衆各帙を抜き巻を抱き音を引き之を読む。頭仰せて云ふ、「ここまで（原文「古々末天」）」と。試博士頭に対へて云ふ、「文得たり」と。頭云ふ、「書注せよ」と。寮掌簡を捧じ注由を称し畢んぬ。試衆退出す。堂監幔門の外に於いて登科酒肴の事を仰す。

右、此の作法、本寮に於ける上世の儀なり。本寮退転已後、近代西庁の儀なり。本来の儀を以て近来の儀を行ふ。尤も宜しかるべきなり。作法珍重なり。

登省記登科記已下、尚ほ記を尋ぬべし。

ここには「上世」の寮試の作法が詳述されている。読書の課題は『史記』から四カ所課されている。読むべき箇所は試博士から「巻」の指示がなされ、「試衆各帙を抜き巻を抱き音を引き之を読む（試衆各披レ帙抱レ巻引レ音読レ之）」と見えるように、試衆は持参した秩から該当する巻を取り出して「引レ音読レ之」したことが分かる。寮試は寮頭の「古々末天（ここまで）」の号令で終わり、試博士から「文得たり」と評されれば合格である。尚、「本寮退転」とあるのは、安元三年（一一七七）四月廿八日の大火による大学寮の焼亡（『玉葉』ならびに『清獬眼抄（せいかいがんしょう）』（『群書類従』第七輯所収）「大焼亡事」条）の謂いであり、この大火の後、大学寮は再建されず、「近代西庁之儀」とある「西庁」は太政官庁の「西庁」である。

五、省試をめぐる記事について

次に「省試」に関する記事の検討を行いたい。

『桂蘂記』「省試事」条に割注として、

賦詩なり。旧は賦を作る事もあり。近代は只詩のみ。

とあり、「旧」では「賦」が課された例があったことを伝えているが、「賦」の例については傍証を得ない。但し、長徳三年（九九七）七月の省試について、詩題「既飽以徳」、韻字「君子万年介爾景福」という紀斉名の出題に対して大江匡衡は八字からなる韻字の指定を批判して、

> 此の度の試詩、題は八字を以てす。已に賦の体に同じ。奇法過差の詩なり。往古未だ未八字の例を聞かず。

と述べている（『本朝文粋』巻七「省試詩論」）。省試において「詩」以外の形式を課した例としては、貞観四年（八六二）四月十四日の省試省試における「瑞物賛六首（毎首十六字以上）」の出題が確認されるのみであり（『菅家文草』巻二）、「賦」の出題例については疑問が残る。

『桂林遺芳抄』「題事」条には「詩題」について『口伝抄』からの引用を行っている。

> 口伝抄に云ふ、試詩の時、虚題・実題有り。虚題とは風月題なり。実題とは史書の題なり。試詩実題の時、猶本書置くなりと云々と。
>
> 輔、宣日之を書き儲く。当座に於いて書を以て由りて出すなり。杉原一枚もて之を書く。必ず切韻なり。

省試詩の詩題に「虚題」と「実題」の二様があり、前者は「風月」の題、後者は故事を踏まえた題、ということである。勿論、「実題」の場合は、その出典を踏まえた賦詩を試みる必要がある。

続く記事の出典は未詳であるが、この詩題は輔によって省試の当日に書かれることを述べている如きである。「杉原」は「杉原紙」のこと、韻目は『切韻』に従うことが記されている。

ところでこの後半部分の記事は『桂蘂記』にも見えるが、若干の異同が認められる他、『桂林遺芳抄』と重複しない内容が三条ある。すなわち、

> 輔、当座に書く由して兼ねて書き儲けて出すなり。杉原一枚もて之を書く。毎度必ず切韻なり。
>
> 旧は勅題とて天子の題を給ひて御前にて作りて則ち及第せし事もあり（延長康和康保寛治等例なり）。
>
> 又策の文をも勅（村上天皇なり）作の事あり。

とある。二条目の「勅題」については、延長・康和・康保・寛治等に行われた省試が勅題であったという内容になるが、その具体的な「詩題」について徴する資料は残っていない。平安期の省試を対象とすると、勅題であったことが知られるのは、以下の二例である。

・村上天皇勅題／流鶯遠和琴／『日本紀略』応和元年（九六一）三月五日条

・後朱雀天皇勅題／歌舌不如鶯／『扶桑略記』長久二年（一〇四一）三月四日条

因みに、三条目の村上天皇による「策文」とは、応和三年(九六三)六月の秦氏安への策文「弁散楽」を述べていると考えられる。この策文は『本朝文粋』巻三所収であるが、注に「蔵人文章得業生藤原雅材作云々」と見える。

「詩事」条には省試詩の形式的な側面の記載がある。『桂蘂記』『桂林遺芳抄』ともその内容はほぼ同一で、五言詩で詠じること、「六十字」と指定された場合は「六対十二句」、「八十字」と指定された場合は「八対十六句」となること、罫のある宿紙一枚に書くことが記されている。『桂蘂記』には「書様」を示す引用がなされるが、「六十字成篇」の例として菅原治長の省試詩(応永十六年(一四〇九)十月十六日)と「八十字成篇」の例として菅原時長の省試詩(暦応三年(一三四〇)四月廿六日)を引載するが、『桂林遺芳抄』は更に十一例を追加している点が注目される。

省試詩は「評定」を経て合否が確定するが、『桂林遺芳抄』「判事」条には『家記』から以下の引用が見られる。

> 家記に云ふ、「判儒又耆儒と曰ふ。省官両文章博士の外二人なり。近代は三人なり。擬文章生の詩、方略秀才の策、評判三人に劣るべからざるなり」と。又云ふ、「判儒は三度接せず、判座は他人を召し替ふ、古来の諺なりと云々」と。文は評定と書く、古来の法なり。評判の日、必ず他日と為すべきなり。然りと雖も近例只同日の沙汰なり。仍りて文の日付に於いては、必ず他日を用ふるなり。但し又同日の例、所見有るなり。

右の記事から、「評定」における合否判定に関して、一定の客観性・公平性を担保する措置がなされていることが伺われる。合否の結果を記す「評定文」の引載は、『桂蘂記』は応永十五年(一四〇八)十月廿三日の省試のもの、『桂林遺芳抄』は応永十年(一四〇三)三月廿九日の省試のもの、となっており一致しない。和長が両書で異なる文書を引用する箇所は少なくないが、『桂蘂記』に引く「評定文」は、和長の父益長の省試に関する「評定文」であることを指摘しておきたい(因みに「丁科」による合格であった)。

六、方略試をめぐる記事について

方略試に関する記事は、両書とも膨大な文書の引用を行っている。方略宣旨、問頭博士の申請に関わる先例、方略試の次第等々、その全てをここに検討することはできないので、本稿では二点に限って挙げることとする。

まずは「策文事」条に引く『家記』の記事である。この記事は『桂蘂記』に見え、『桂林遺芳抄』には見えない記事である。

家記に云ふ、「初度の問頭の時、策文の事、父有るの人一条之を作る（口伝有り）、故実なり。試衆又対を作るの事問之有り。徴事の勘文には三史文選を用いざるなり。古皆之に通ずるの故か。未だ施行せざるの書は之を憚らざるなり。菅大卿の徴事に後漢書を引かるるか。指南と為すべからざるか。徴事十六句なり（一の題に八句なり）。八を対して八を対へず（口伝有り）。半通とて中丁に處して及第するなり。方略の策には十六徴事、九を対へて七を対へず。半通に過ぎて上中丁に処して及第するなり。其の心は稽古し誉あるものをば許すべき者なればなり。故に今一対まさるなり。同じ策文に国家美の句、徴事の前後に書く事、当家他家に依りて相替れるなり（古作を見よ）。以上、庭訓なり」と云々と。

右の記事で注目されるのは、「策文」において問う「徴事」についての記述である。方略策は二条の出題となるが、各条ごとに「八句」の「徴事」が設定され、献策する試衆は「十六句」の「徴事」に回答するしなければならない点（平安期の評定文においても「徴事十六」という文言は散見される）、その「徴事」は「三史」すなわち『史記』『漢書』『後漢書』を出典とするものであってはならないという点である。この二点は出題する問頭博士の心得、ということになろう。一方で試衆の対応であるが、「八対八不対」の「半通」「中丁」による及第、あるいは「九対七不対」の「上中丁」による及第に塩梅する点、そして国家を褒める文言を添える点、が記されている。

「徴事」について、「三史」を出典としない理由として「古皆通之故歟」とし、「菅大卿」が徴事に『後漢書』を出典としたことに「不可為指南歟」と記している。「菅大卿」とは恐らくは菅原道真のことであろう。道真が問頭博士を務めた方略試は四度に及び、その「策問」は『菅家文草』巻八に残されている。すなわち、

・問秀才高岳五常策文二条…「叙澆淳」「徴魂魄」
・問秀才三善清行文二条……「音韻清濁」「方伎短長」
・問秀才紀長谷雄文二条……「通風俗」「分感応」
・問秀才小野美材文二条……「明仁孝」「弁和同」

である。これらの「策問」中に『後漢書』を出典とする徴事がある、という指摘になるが、その実情について稿者は最適な解を得るに至っていないが、あるいは「叙澆淳」における、

何を以てか諸侯邦の漸（「漸」字、『本朝文集』に「術」に作る）を為し、仲尼期を一百年に緩くし、天子政の仁を施し、班固義を三九歳に成さん。

傍線部が班固に関わる徴事であるので、ここをもって「被

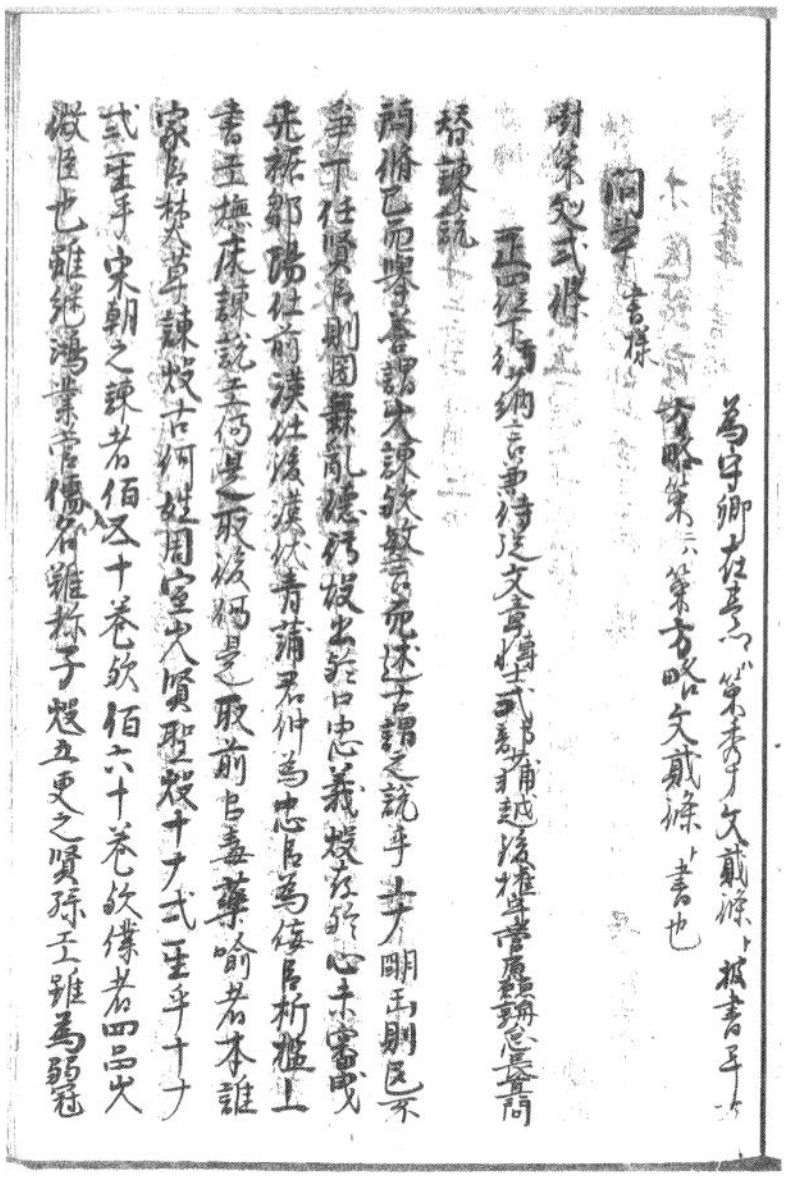

図2　古文字による対策文

引後漢書」と判断されたと考えられなくもないが、右の徴事は『後漢書』班固伝の記事から対文を構成することはできないと考えられる。

また、「及第」の要件として全ての徴事に答えるのではなく、その過半を善しとするのは方略試の「形骸化」を示すものと評せざるを得ないが、両書にともに引用されている方略試の「略次第」によれば、試衆は方略試の当日に「対文」を持参していることから、その「形骸化」も極まると言えよう。

方略試の「策問」とその「対文」について、『桂蘂記』は和長自身の方略試「砦諫説」「賀夢端」二条の全文を引載しているが、『桂林遺芳抄』には引かれていない。両書には方略試においては「古文字」を用いることを記す条（「古文字事」条）があり、具体的に「古文字」の例を挙げている。『桂蘂記』に引用する策問と対文は全て古文字で表記されており、本書の白眉となっている。

『桂蘂記』には和長の方略試の「評定文」が引かれており、「丙科」による及第であったことが知られる。

注

（1）『養老令』の書き下し文については日本思想大系『律令』（岩波書店、一九七六年）に拠り、以下これに従う。

（2）桃裕行氏『上代学制の研究』（目黒書店、一九四七年）。第二章「平安時代初期の大学寮の盛容と大学別曹の設置」を参照されたい。

（3）久木幸男氏『日本古代学校の研究』（玉川大学出版部、一九九〇年）。第二章「八世紀の大学寮改革」・第一節「七三〇年の学制改革」を参照されたい。久木氏は文学科の新設の目的を「宮廷詩人として奉仕するべき人びとを養成する」点にあったと推測された。

（4）『令抄』学令第十一（『群書類従』第六輯所収）。久木氏は前掲書において「文学科の予科的グループが「史学につかんと欲するもの」と呼ばれているところに、元来宮廷詩人養成を目ざした文学科が、やがて史学的なものをも併合して、文学・史学の専攻コースとして発展をとげていく萌芽が見出されるのである」と指摘された（一三二頁）。

（5）『延喜式』の引用は、吉川弘文館・新訂増補国史大系本に拠る。

(6) 久木氏前掲書、一四〇頁。

(7) 文章院の設置時期に関する先行研究については、久木氏前掲書、一四〇—一四三頁において詳細に検証されている。久木氏は文章院が既に八一〇年ごろに存在していたと指摘されている。

(8) 平安時代に実施された方略策についての詳細は濱田寛『平安朝日本漢文学の基底』（武蔵野書院、二〇〇六年）二八一—二八八頁の一覧表を参照されたい。

(9) 伊藤慎吾氏『室町戦国期の公家社会と文事』（三弥井書店、二〇一二年）。第二章「東坊城和長の文事」を参照されたい。また、橋本政宣編『公家事典』（吉川弘文館、二〇一〇年）も参照されたい。

(10) 相田二郎氏『日本の古文書』上（岩波書店、一九四九年）七六八頁。

(11) 『桂蘂記』『桂林遺芳抄』ともに問頭博士の申請年次を「文明十三年」に作る。

(12) 『桂蘂記』と『桂林遺芳抄』の記事の対照については、濱田寛「『桂蘂記』から『桂林遺芳抄』へ」『平安朝文学研究』復刊二六号（通巻五四号）、二〇一八年）を参照されたい。

(13) 伊藤氏前掲書、一五二—一七一頁。

(14) 平安時代の省試の出題状況については濱田寛前掲書、三七—三九頁を参照されたい。

(15) 『桂林遺芳抄』の引用は、『新校群書類従』本により、私に訓読文を掲げた。

平安期における中国古典籍の摂取と利用
――空海撰『秘蔵宝鑰』および藤原敦光撰『秘蔵宝鑰鈔』を例に

河野貴美子

こうの・きみこ――早稲田大学文学学術院教授。専門は和漢比較文学、和漢古文献研究。著書に『日本霊異記と中国の伝承』（勉誠社、一九九六年）、共編著に『日本「文」学史』全三冊（勉誠出版、二〇一五～二〇一九年）などがある。

空海の『秘蔵宝鑰』と、それに対する藤原敦光の注釈書『秘蔵宝鑰抄』をとりあげ、平安期における中国古典籍の摂取と利用の実際をみる。空海は、中国の学術文化をいかに取り入れ、応用することによって、自らの言説を紡ぎ出したのか。また、それに対する敦光の注釈は、空海の漢文の知をいかに読み解き、継承、展開するものであったのか、考察を試みる。

はじめに

平安期の日本において、中国の学術文化の受容に貢献した主要人物の一人として空海をあげることにおそらく大方の異論はなかろう。空海（七七四～八三五）は、はじめ大学に学んだものの、その後仏道に入り、三十一才で得度、延暦二十三年（八〇四）から大同元年（八〇六）まで唐に留学して、さまざまな知識や文物を日本に持ち帰り伝えた。(1)現在も、日本の真言宗の開祖として広く一般にも知られる空海であるが、その業績は真言密教の範疇のみにとどまるものではない。例えば、唐代当時のものを含む数々の文学理論書の内容をまとめて一部の書に編集した『文鏡秘府論』や、梁・顧野王の字書『玉篇』をもとにそのダイジェスト版の体裁をとって編纂した『篆隷万象名義』等、空海が残した著作は、現在の中国古典学研究者にとっても貴重な研究資料とされている。また空海の詩文を集めた『遍照発揮性霊集』は、日本に現存する最も早い個人の「別集」である。空海は、中国古典籍の知と仏道の知、いわゆる外典と内典の双方の知を総合して、自らも大量の著作を生み出した人物なのであった。

一方、平安期の末、文章博士として日本の学知をリードした人物の一人に藤原敦光（一〇六三～一一四四）がいる。同じく文章博士であった明衡（九八九～一〇六六）を父に、敦基（一〇四六～一一〇六）を兄にもつ敦光は、儒者の家の学問を受け継ぎ、その詩文は『本朝続文粋』や『朝野群載』等に多数収載されている。と同時に敦光は、仏教にあつく帰依した人物でもあった。(2) そしてやはり外典と内典の双方の知識を備えた敦光は、その知識と持てる情報を駆使して空海の著作に対する注釈書をも残しているのである。敦光の注釈は、内典を引用しながら空海の仏教思想を説き明かす部分と、外典を引用しながら空海の漢文表現を解説する部分とを合わせ持つものである。

小稿では、両者の著作のうち、空海の『秘蔵宝鑰』およびそれに対する敦光の注釈書『秘蔵宝鑰鈔』を具体的考察対象として、平安期における漢文による述作が特に中国古典籍（外典）をいかに摂取、利用してなされたのかについて、検討を行う。空海が、仏道に身を置きつつも、漢字・漢語・漢文に対するあくなき追究心をもって多数の著作を残したのはなぜか。そこには、漢字漢文によって作り上げられてきた中国の学術と文化を取り入れ、応用することによって、日本の国家や社会の学術文化を新たなステージに導き、牽引していこうとする壮大な意図が働いていたのではないだろうか。また、その空海が残した著作に対する藤原敦光の真摯な取り組みは、平安期を通じて、中国の学術文化、また漢文知識がいかなる意味を持ち、蓄積され、継承され、展開していったのかを伝える、好例であると考えられる。

以下、両者の著作を通して、平安期における中国古典籍の受容と展開の様相を考察していきたい。

一、空海撰『秘蔵宝鑰』について

まず、空海撰『秘蔵宝鑰』の概要についておさえておく。『秘蔵宝鑰』三巻は、人間の心を、善悪すらわきまえず本能のままに生きる凡夫のものから、儒教、小乗、大乗を経て、真言の奥義に至るまでの十の階梯に分けて、それぞれの段階の心のありようを説くものである。(3) 空海は、同様の内容を『秘密曼荼羅十住心論』においてより詳細に述べているが、『秘蔵宝鑰』はその要点を縮約したものであり、この両書にはまさに空海の思想と理想が表されているといってよい。

『秘蔵宝鑰』の内容はこのように、真言密教を最高として、その優位を説くことを主たる目的とするものであるが、それとともにまたその文章表現や構成には、空海の知識と工夫が詰め込まれている。

例えば、さまざまな故事を含む緻密な対句によって構成された四六騈儷文が全編を貫いており、また各「心」の段階の要諦を示す「頌」もが織り込まれているそのスタイルは、後の人びとにとって学ぶべき「文」の成果として受け止められたのではなかろうか。後にも述べるように、藤原敦光の注釈の多くが字句の訓詁や表現の典拠となっている故事の考証に充てられていることは、空海のこの文が、思想的な内容とともに、漢文による作文の一模範としても価値ある学習対象とされたことを示していよう。

なお『秘蔵宝鑰』において特にユニークで注目したいのは、第四段階の「唯蘊無我心」(声聞乗(小乗の教え)を知る段階)において、憂国公子と玄関法師という二人の登場人物による問答を通じて、世俗の教えよりも仏教が優れることを説いていくくだりである。架空の人物を設定して、その登場人物同士の問答によって思想を述べるスタイルは、空海の『聾瞽指帰』や『三教指帰』において既に試みられていたものであるが、『秘蔵宝鑰』で仏教者玄関法師に疑問をなげかける憂国公子は、もともと孔子や老子を師として「五経三史」を学んでいた者と設定されており、[4]出家前の空海の姿に重ねることができる。そしてその憂国公子は玄関法師に対して、国家経営において(儒教ではなく)仏教がいったい貢献しうるものなのかと詰問する。[5]空海自身、もとは憂国公子と同じ立場にあり、学業を終えた後にはそのまま官人として国家に奉仕する道を歩む予定であったわけであるが、空海はその道を選択せず、仏者へと転向したのであった。したがってこの問いは、空海が自身に向けて発した問いにほかならず、玄関法師の回答は転向を決断した空海自身の主張、回答とみることができる。仏教を主軸に据える理想を正当なものとして主張していくためには、中国においても、そしてまた日本においても国家社会を構築する基盤となっていた儒教思想をまずはよく理解し、なおそのうえで仏教の正当性や意義を述べていく必要があったのであり、この「第四唯蘊無我心」の段では、『聾瞽指帰』や『三教指帰』と同様、儒教思想の立場がいかなるものであるのかということについての空海による説明もがきわめて丁寧に述べられている。

実は『秘蔵宝鑰』においては、この「第四唯蘊無我心」の段に最も多くの紙幅がさかれており、[6]また敦光の注釈もこの段に対する記述が他を圧して多い。『秘蔵宝鑰』のそうした面もふまえたうえで、次に、敦光の注釈についてみていきたい。

二、藤原敦光撰『秘蔵宝鑰鈔』の注釈と中国古典籍

『秘蔵宝鑰』に対しては、済暹（一〇二五～一一一五）撰『秘蔵宝鑰顕実鈔』四巻や、頼瑜（一二二六～一三〇四）撰『秘蔵宝鑰勘註』八巻をはじめ、近世までに作成された主要なもののみをあげても二十数部もの注釈書が作成されている。(7) そのようにして現在に至るまで、空海の『秘蔵宝鑰』は読み継がれ、学ばれてきたわけであるが、いま藤原敦光の注釈『秘蔵宝鑰鈔』に注目するのは、まず、他の注釈書と異なり、唯一僧籍の者ではない、文人学者の立場から施された注釈であるためである。また先にも述べたように、敦光は平安末期の日本の学知を牽引していた儒者の家（藤原式家）の出身であり、敦光の注釈は当時の漢文および中国古典籍に関わる学問の水準を示すものと予想されるからである。実際、敦光の注釈には、宋代に成立した比較的新しい書物の情報が含まれるなど、注釈文に資料的価値を持つものが多数見いだせることも重要である。なお『秘蔵宝鑰鈔』については、太田次男氏による平安末写本の詳しい解題があり、(8) また『文選集注』の利用に注目した山崎誠氏の論等があるが、(9) 中国古典籍の利用状況についてはなお注目すべき点が残されているように思われる。

藤原敦光の注釈内容は、大きく分けて、①漢字に対する音義注、②空海の表現の典拠、あるいは関連する中国古典籍（外典）の記事を示す注釈、③仏典（内典）を引いて空海の論を解説する注釈、に分類することができる。そのうち小稿では、①と②の中国古典籍を用いた注釈部分を検討していく。まずは①の音義注についてみていきたい。

音義注について

敦光の『秘蔵宝鑰鈔』においては、『秘蔵宝鑰』中の合計一〇七もの漢字に対して、当該漢字の音義に関する注釈が施されている。(10) これは、空海が綴った漢文の一字一字をおろそかにせず正確に読み、解釈していこうという姿勢を示すものにほかならない。実は『秘蔵宝鑰』は十二世紀以降の古写本や古刊本が複数残っており、そこには『秘蔵宝鑰』の本文を訓読するための訓点も施されている。(11) しかしいわゆる漢唐訓詁学の方法に則って、詳密に漢字の音義を示していく敦光の注釈は、漢字本来の音と意味にさかのぼり、空海の漢文表現を正確に学ぼうとするものといえる。

それでは敦光は、いかなる辞書類によって漢字の音義を説いているのであろうか。音義注一〇九例のうち、反切注の典拠が明記されているものは以下の通りである。

・『玉篇』からの引用であることを明記したうえで反切を記すもの……六十一例[12]

・切韻系韻書からの引用であることを明記したうえで反切を記すもの……三十八例

うち、『切韻』二十三例[13]、『唐韻』四例[14]、『広韻』六例[15]、『宋韻』五例[16]

・その他の資料からの引用……十四例

うち慈恩『法花音訓』三例[17]、『涅槃経音義』三例[18]、『字林』二例[19]、『類音決』一例[20]、『漢書』師古注一例[21]、『後漢書』李賢注一例[22]、『史記』徐広注一例[23]、『文選』注二例。[24]

まず「玉篇云」として示される反切についてみると、そのうち梁・顧野王の原本系『玉篇』(もしくは原本系『玉篇』を節略した空海撰『篆隷万象名義』)所載の反切と宋本『玉篇』(大中祥符六年(一〇一三)重修『大広益会玉篇』)所載の反切が異なる場合、敦光の引く反切は宋本『玉篇』のほうに一致する場合が多い。[25]これは敦光のもう一つの注釈書『三教勘注鈔』(空海の『三教指帰』に対する注釈書)[26]と同じ傾向である。八世紀以降、日本では原本系『玉篇』が盛んに利用され、だからこそ日本においては中国では散佚してしまった原本系『玉篇』写本の一部が伝存していることは周知のことであるが、敦光は、より新しい宋本『玉篇』所載の音義をも参照して、空海の漢文を読み解こうとしているのである。

ただし、敦光が「玉篇云」として引用する反切・訓詁の中には、現在通行の宋本『玉篇』(『大広益会玉篇』)とは異なり、原本系『玉篇』と一致する記述もある。[27]これは敦光が宋本『玉篇』と原本系『玉篇』を合わせて利用したためかもしれず、またあるいは、敦光の手元には現在通行の宋本『玉篇』とは異なるヴァージョンの『玉篇』テキストがあった可能性も考えられる。

なお、敦光が新しい辞書の情報を取り入れていることは、切韻系韻書において宋代成立の『広韻』[28]や『宋韻』から引用した反切・訓詁がみえることにも確認できる。[29]しかしながら同時に敦光は、『切韻』や『唐韻』をも合わせ用いている。[30]このように、敦光の注釈は、旧来の情報と、新しい時代の書物の情報とを合わせ重ねていくものということができる。

例えば次のような注釈がある。

縑緗:『玉篇』云、縑、古嫌反。『説文』、兼、糸繪也。『広雅』、繰謂之縑。又云、緗、思良反。桑初生色。『広韻』云、浅黄。(巻上)

瘡瘀:上、『切韻』曰、楚良反。疾也。『唐韻』曰、痁也。下、『玉篇』云、於預反。王逸曰、身体焦枯被病

也。『説文』、積血也。　（巻上）

前者は、「縑細」という語の二字について『玉篇』を引いて反切・訓詁を示した後、「細」字に対しては『広韻』の「浅黄」という訓をも重ねて示す注釈である。また後者は、「瘡瘀」という語のうち、「瘡」字については『切韻』と『唐韻』の情報を載せ、「瘀」字に対しては『玉篇』の反切・訓詁を載せている。いま『広韻』所載の「瘀」字（去声九御韻飫小韻）の訓詁をみると「血瘀」とのみある。敦光は、「瘀」字については、より本文に即した適当な訓詁を求めて、わざわざ『玉篇』にあたったのかもしれない。敦光の時代は、仮名を用いた和文によって日本語を表記することが可能になってすでに久しい。しかしながら当時においても日本の学問は、漢字や漢語の音義をこのように（中国式に）追究していたのであり、こうしたダブル・スタンダード体制が、やがては現代の「和」「漢」混交の日本語文にまでつながってくることになる。

なお、敦光が引く『切韻』や『唐韻』、あるいは慈恩『法花音訓』や『涅槃経音義』等は、いずれも散佚書の佚文としても貴重な情報であるが、『秘蔵宝鑰鈔』には辞書類以外にも散佚書の佚文がみえる。そこで次にそうした佚文資料を含めて、『秘蔵宝鑰鈔』の中の、②空海の表現の典拠、あるいは関連する中国古典籍（外典）の記事を示す注釈に注目して考察を続ける。

中国古典籍所載の故事や記事を引く注釈
――特に佚文資料について

敦光の『秘蔵宝鑰鈔』は、空海の『秘蔵宝鑰』の文章中の各語彙や表現のもとにある典拠や関連する記述を徹底して求め、さまざまな中国古典籍を引きながら注解を施している。漢文世界においては、古典籍を典拠とする語彙や故事を用いて文章を紡ぎ出していくことがとりわけ重視され、だからこそ漢文を読み解く際には、当該の文章に用いられている漢籍所載の典拠や関連故事、すなわち「本文」の知識を備えている必要があった。日本においても、平安期あるいはその後も、文のリテラシーは漢籍の知と密接不可分の関係が続いていく。[31]空海の作文は、漢籍に関する豊富な知識をもとに構成され、敦光はまたそのもとの典拠を探り出し、漢籍との関係を改めて提示してみせることに力を尽くしているのである。そしてまたその結果、敦光の注釈は、現在は伝わらない散佚書の佚文をも含むものとなり、現代の中国古典籍研究にも資する貴重な資料を提供するものとなっているのである。

例えば、敦光の『秘蔵宝鑰鈔』には、『兼名苑』[32]等、平安期の他の書物にもしばしば引用される佚書からの引用がある。また中には、『仲尼遊方問録』（『孔子遊方問録』）なる書物からの引用など、注目すべき資料も含む。そして同時にまた、他の平安期の著作と同様、中国とは異なり日本において特に頻繁に参照利用された書物、例えば『劉子』の引用などもみえる。敦光の注釈は、空海の文中に現れる文字や語彙に対して、関連する中国古典籍を引用しながら、実に詳密な注解を施していくものであり、これら敦光の注釈を通してみえてくる当時の「学習環境」の実態については全面的な調査と検討が必要ではあるが、以下、敦光の『秘蔵宝鑰鈔』が中国古典籍を引用して注釈を施している箇所の中から釈霊実『年代暦』を引用する部分を一具体例として、その方法と資料的価値について述べたい。

　釈霊実は八世紀前半の唐僧で、「鏡中釈霊実集」の一部が、聖武天皇の書写になる『雑集』に載ることでも知られる人物である。その霊実の『年代暦』なる書物は、中国には伝わらず、正史の目録においても著録すら確認できない書物であるが、『日本国見在書目録』雑史家には「帝王年代暦十巻　釈霊実撰」と著録がみえ、[33]僅かながらその佚文が日本の奈良末から平安期にかけての数種の書物に確認できるものである。[34]ところが『秘蔵宝鑰鈔』には、その『年代暦』からの引用が四箇所もある。そのうちの二箇所を左にあげる。

夏運顚覆：
釈霊実『年代暦』曰、夏桀伐有施。夏桀以妹嬉進焉。有美色。桀大悦納為妃。又多求美女以充後宮。夜与妹嬉及宮女飲酒、常置妹嬉於膝上。妹嬉好聞裂繒之声。桀為之発繒裂之以適其意。婦人衣錦繒文綺綾紈者三百人。又広池苑養禽獣。設鐘鼓之楽。為肉山脯林酒池使可運舟。以縄羈人頸牽詣酒池。一鼓而互飲者三千。飲酔而溺死。桀与妹嬉咲以為楽。与妹嬉及諸嬖妾同舟浮海。奔于南巣山自死矣。

（夏運顚覆：釈霊実『年代暦』に曰く、夏の桀有施を伐つ。夏の桀妹嬉を以て進めらる。美色有り。桀大いに悦び納れて妃と為す。又多く美女を求めて以て後宮に充つ。夜妹嬉及び宮女と飲酒し、常に妹嬉を膝の上に置く。妹嬉繒を裂く声を聞くを好む。桀之が為に繒を発き之を裂き以て其の意に適はんとす。婦人の錦繒文綺綾紈を衣る者三百人なり。又池苑を広げ禽獣を養ふ。鐘鼓の楽を設く。肉山脯林酒池を為して舟を運らすこと可ならしむ。縄を以て人頸に羈ぎて牽きて酒池に詣る。一鼓して互ひに飲む者三千。飲酔して溺死す。桀妹嬉と咲ひて以て楽と為す。妹嬉及び諸嬖妾と舟を同じくして海に浮かぶ。南巣山に奔りて自ら死す。）

殷祚夷滅：

『玉篇』云……。釈霊実『年代暦』曰、殷紂好酒淫楽。嬖於婦人而惑妲己。以使師涓作新淫声北里之舞靡々之楽。以酒為池、以糟為岳、懸肉為林。使男子女裸形相逐其間、為長夜之飲。百姓怨望、諸侯咸叛。乃炮烙之刑。膏銅柱加之以炭。令有罪者昇焉。輒堕炭中。妲己咲以為楽。武王伐紂。紂登鹿台、衣宝玉之衣、赴火而死。斬其頂懸之太白旗。殺妲己矣。

（殷祚夷滅：『玉篇』に云く……。釈霊実『年代暦』に曰く、殷紂酒を好み淫楽す。婦人を嬖して妲己に惑ふ。以て師涓をして新淫声・北里の舞・靡々の楽を作さしむ。酒を以て池と為し、糟を以て岳と為し、肉を懸けて林と為す。男子女をして裸形にして其の間に相ひ逐はしめ、長夜の飲を為す。百姓怨望し、諸侯咸叛く。乃ち炮烙の刑あり。銅柱に膏し之に加ふるに炭を以てす。罪有る者をして昇らしむ。輒ち炭中に堕つ。妲己咲ひて以て楽と為す。武王紂を伐つ。紂鹿台に登りて、宝玉の衣を衣る。火に赴きて死す。其の頂を斬り之を太白旗に懸く。妲己を殺せり。）

（『秘蔵宝鑰鈔』巻中）

夏や殷の滅亡は妹嬉や妲己に原因があったことを説く部分と、それに対する注釈である。桀や紂王に関する記事は『史記』をはじめとする史書類等にも掲載されているものではあるが、敦光はここで奈良時代以降日本において使用されてきた『年代暦』を用いて注釈を施しており、これは中国古典籍の佚文資料として貴重な記事であるとともに、中国の著名な故事の日本における解説のあり方として注目に値する。また右にあげた「第四唯蘊無我心」の当該箇所は、空海が憂国公子と玄関法師との問答を通して儒教のありようと仏教の優位性について持論を展開していく部分であり、憂国公子の口からはさまざまな中国故事に基づく儒教の立場からの主張が重ねられていく。それを受けて敦光は、その文の意図を中国から伝来したさまざまな古典籍を用いて敷衍して説いているわけであるが、ここでいま一点注目したいのは、空海が憂国公子と玄関法師のことばを借りて展開する両者の主張の記述方法である。

三、『秘蔵宝鑰』における中国故事の列挙

ここで再び視線を『秘蔵宝鑰』に戻し、当該部分の本文をみると、敦光が『年代暦』を引用して解説を施しているこの箇所には、実は夏の桀王や殷の紂王ばかりでなく、中国の歴史上の災害や王朝の消滅のことが列挙されている。これは、『秘蔵宝鑰』「第四唯蘊無我心」において、憂国公子が天

下の災難は僧人が招いたものなのではないかと述べた意見に対する玄関法師の回答部分である。ここで玄関法師は、堯の世に洪水が続き、湯王の世には日照りが続いたが、これはまだ僧がいない時代の出来事であり、僧が原因であるはずはないと説く。その後に続くのが右の部分で、玄関法師はさらに、夏・殷・周・秦の王朝が滅亡したのは、女性によってもたらされた災禍によるのであって、やはりまだこの時代に僧はいなかったのだと説く。当該箇所の『秘蔵宝鑰』の本文は次の通りである。

公子先所談旱澇疫癘天下版蕩僧人之所招者、此亦不然。子未見大道妄吐斯言。……若災由非法之僧尼者、堯代九年之水、湯時七載之旱、如是旱澇由誰僧而興。彼時無僧、何必由僧。夏運顛覆、殷祚夷滅、周末絶癈、秦嗣早亡、並皆禍起三女。運随天命。其日無僧、豈預仏法。

（公子先に談せん所の旱澇疫癘天下の版蕩は僧人の招く所とは、此れ亦然らず。子未だ大道を見ずして妄りに斯の言を吐けり。……若し災は非法の僧尼に由るといはば、堯の代の九年の水、湯の時の七載の旱、是くの如き旱澇誰の僧に由りて興りしか。彼の時に僧無し、何ぞ必ずしも僧に由らむ。夏の運顛覆し、殷の祚夷滅し、周の末絶え癈れ、秦の嗣早く亡せしこと、並びに皆禍三女より起る。運を天命に随ふ。其の日僧無し、豈に仏法に預からんや。）（『秘蔵宝鑰』「第四唯蘊無我心」）

強弁とも思えるこの空海の論述方法についてはさておき、ここで空海は「夏運顛覆、殷祚夷滅、周末絶癈、秦嗣早亡」と、各王朝の辿った運命を四字句にそろえて並列する。はじめに述べたように、『秘蔵宝鑰』の目的は、真言密教を最高の理想として、そこに至る人の心の階梯を説くものではあるのだが、特にこの憂国公子と玄関法師の問答においては、仏教の優位を説く過程でこのように中国の歴史的故事が列挙される箇所が続く。そしてこうした箇所には、理想とする思想や信念を説くというのとは若干次元の異なるメッセージが含まれているようにも感じる。

というのは、空海が綴るこうした四六駢儷文の作文方法は、『文選』所載の賦を範とするものと考えられ、そしてまさにそれらの賦においても、ある主題、テーマを述べるために、関連の事例を尽く羅列していく手法が繰り返し現れるからである。故事を羅列し、巧みに対句を構成し、駢儷文を綴っていく手法は、空海の『三教指帰』にもみられる。[35] 空海はこれらにおいて、中国の賦の形式に則り、主題毎に故事を列挙し、読み手に対して百科事典的にそれらの事例を教えてみせるという、いわば教育的配慮を施しているのではないか。空海が、既存の書物を統合編集して『文鏡秘府論』や『篆隷万象名義』を作ったことを思い浮かべると、『三教指帰』、そして『秘蔵宝鑰』にみえる故事の羅列も、純粋に思想を説くという動機ばかりではなく、漢文すなわち中国の学術文化を学ぶ人、そして漢語を駆使して駢儷文を綴ることを目指す人のために事例を集め示す、という意図もあったのではないかとも感じるのである。そして、だからこそ『秘蔵宝鑰』は、敦光のような後世の文人学者にとっても、「文」の手本として、注釈を施し、学習に値する読書対象として継承されることとなったのではないだろうか。

おわりに

『秘蔵宝鑰』冒頭の序部分の頌に、「我今蒙詔撰十住（我今詔を蒙りて十住を撰す）」とあるように、『秘蔵宝鑰』の内容をより詳細に述べる『秘密曼荼羅十住心論』は（淳和）天皇の詔を受けて撰述したものであると記されている。実際にそれがいつ、どのように天皇に奉られたかなど、詳細については知られないものの、空海は嵯峨天皇や淳和天皇と直接深く関わり、とくに淳和天皇の在位時には国家的な仏教行事にもしばしば関与していたことが記録されている。[36] 空海の活動や著作は、当時の日本の国家や社会に大きなインパクトをもたらすものであったことが推察されるのである。そして、小稿が取りあげた『秘蔵宝鑰』は、真言密教を理想とする仏教思想が説かれていることはもちろんではあるが、それのみではなく、儒教を根本とする中国の社会や学術文化への理解の手引きともなっており、そしてまたそれが四六駢儷文や頌などといった手の込んだ漢文表現で数多の故事や中国古典籍の知識とともに綴られているのであった。空海は、漢字漢文を基本とする中国の学術文化の知と、漢字漢文を駆使して文を綴っていくテクニックを備え、そのうえさらに真言密教という新たな思想のステージを開くことを実現したわけであり、大局からみれば、以後の日本の学術文化が、中国の学術文化と緊密な関係を持ちつつも、一方では仏教との関わりを深く持ちながら形成、継承されていく、その流れを決定づけたものともみえる。そして空海の営みは、その卓越した漢文能力と切り離すことはできない。例えば、空海の『遍照発揮性霊集』には、貴人らからの依頼を受けて作成した願文類が多数収められているが、漢文作品に占める願文類の比重の大きさということは、以降の『本朝文粋』や『本朝続文粋』などにも受け継がれていく傾向である。中国伝統の学術文化と仏教思想と、それらを融合する日本文化の形成の一基点として、空海の果たした役割はきわめて大きかったと考えられる。

最後に、こうした空海の著作を受け継ぎ、詳密に読み解いていった敦光の注釈のもう一条を取り上げ、稿を閉じたい。

鉛刀終無鏌耶之績：

『後漢書』伝第一云、駑馬鉛刀不可強扶。……「史記班固」曰、搦朽磨鈍、鉛刀皆能一断。左太沖「詠史詩」曰、鉛刀貴一割。……

（鉛刀は終に鏌耶の績無し：『後漢書』伝第一に云く、駑馬と鉛刀とは強扶すべからず。……「史記班固」曰く、朽ちたるを搦り鈍を磨く、鉛刀皆能く一たび断つ。左太沖「詠史詩」曰く、鉛刀一割を貴ぶ。……）

（『秘蔵宝鑰鈔』巻上）

これは、『秘蔵宝鑰』「第四唯蘊無我心」の冒頭で、切れ味の悪い鉛の刀には名刀鏌耶（莫耶）のような功績は望めない、すなわち物の素質には優劣がある、ということを述べる部分と、それに対する敦光の注釈である。敦光は、「鉛刀」という表現の用例について『後漢書』隗囂伝や『漢書』叙伝上の記述を示した後、所謂「鉛刀一割（愚鈍な者でも一度ならば役に立つ）」という表現を含む『文選』「詠史詩」の一句を引く。ここで敦光は、中国故事を踏まえて漢文表現を構築した空海の知を、今一度もとの中国古典籍に引き戻して説き明かし、さらにはその故事を用いていかに「文学的」表現を作り出すことが可能かということについても『文選』所収の詩を例として示している。こうした注釈は、空海の文を読み解くという方向のみではなく、空海の文を起点として、中国古典籍を絡めながら、漢文表現のあやをいかに紡ぎ出し得るのか、さらに新たな表現の創造へとつなげていくことを目指すものとも見て取れる。中国の学術文化は、日本において消化消費されるばかりではなく、新たな言説や思考を生み出しつつ、日本の学術文化を形成する重要要素として働くことが期待されていたのである。

以上小稿では、平安期の日本において中国古典籍の摂取と利用がいかに行われたのかを、空海の『秘蔵宝鑰』と敦光の『秘蔵宝鑰鈔』を例として、その一端を垣間見た次第である。敦光以後の『秘蔵宝鑰』注釈書についての検討など、残る多くの課題については今後引き続き考察していきたい。

注

（1）『続日本後紀』巻四・承和二年（八三五）三月庚午条等参照。

（2）藤原宗友撰『本朝新修往生伝』（一一五一年）の「式部大輔敦光朝臣伝」に「偏帰三宝、専祷後生（偏へに三宝に帰し、専ら後生を祷る）」とある。『日本思想大系7 往生伝・法華験記』（岩波書店、一九七四年）参照。

（3）弘法大師空海全集編輯委員会編『弘法大師空海全集』第二巻解説（宮坂宥勝執筆）（筑摩書房、一九八三年）。密教文化研究所弘法大師著作研究会編『定本弘法大師全集』第三巻解説（静慈圓・甲田宥吽・跡部正紀執筆）（密教文化研究所、一九九四年）等参照。

（4）『秘蔵宝鑰』巻中「第四唯蘊無我心」に「公子曰、「……吾師孔李……吾亦誦五経三史之文、礼周旦孔丘之像」（公子曰く、「……吾が師孔李……吾も亦五経三史の文を誦し、周旦孔丘の像を礼せむ」）」とある。本文は『定本弘法大師全集』第三巻に拠る（底本は仁和寺蔵建保六年（一二一八）写本）。以下同。

（5）例えば『秘蔵宝鑰』巻中「第四唯蘊無我心」に「公子曰、「……仏法蠹国、僧人蚕食。其益安在乎」。（公子曰く、「……仏法は国を蠹（そこ）なひ、僧人は蚕食す。其の益安くにか在らんや」。）」とある。

（6）『定本弘法大師全集』第三巻によると、「第一異生羝羊心」の本文は三十行、「第二愚童持斎心」は二十八行、「第三嬰童無畏心」は六十行、「第五抜業因種心」は五十一行、「第六他縁大乗心」は三十行、「第七覚心不生心」は三十七行、「第八一道無為心」は五十行、「第九極無自性心」は七十一行、「第十秘密荘厳心」は九十六行であるのに対して、「第四唯蘊無我心」は一七三行と圧倒的に長い。

（7）注3前掲『弘法大師空海全集』第二巻解説（宮坂宥勝執筆）参照。

（8）太田次男「秘蔵宝鑰鈔平安末写零本について」『空海及び白楽天の著作に係わる注釈書類の調査研究』上（勉誠出版、二〇〇七年）。

（9）山崎誠「式家文選学一斑」『中世学問史の基底と展開』（和泉書院、一九九三年）。

（10）『真言宗全書』（真言宗全書刊行会、一九三六年）の本文に拠る（底本は高野山明王院蔵延享五年（一七四八）写本）。以下同。

（11）注8前掲太田次男論文等参照。

（12）巻上：鑰：弋灼反。▲悠、弋周切。緗、古嫌反。▲緗、思良反。杳、於鳥切。▲書、式餘反。▲死、息姉切。聖、舒政切。▲森、所今反。▲睨、魚計反。▲吁、虚于・往付二切。▲呵、計多切。叱、歯逸切。燕、於見切。埋、奴結切。軷、薄秣切。▲羝、丁兮反。冥、莫庭・▲莫定二切。▲漠、摩各切。綱、古昂切。豺、音柴。▲狼、来当切。狻、先凡切。咀、才与切。▲嚼、疾略切。罭、為逼切。隼、以招反・以照反。鷩、俾熱切。鵠、胡篤切。敖、午高反。▲戮、力竹反。奸、古顔切。氷、鄙淩反。瘀、於預反。朦、莫公切。嘰、居祈反。績、子狄反。紈、胡端反。▲綺、袪枝反。▲廓、苦莫反。▲婕、即葉切。風、甫融切。巻中：騃、午駭反。蠹、丁故反。▲蚕、天殄反。素、蘇故反。忙、無方反。▲喟、丘愧反。▲祚、才故切。絡、力各反。纓、於成反。灼、之薬切。妍、吾堅切。▲蚩、尺之切。巻下：征、之盈切。冊、楚責切。蜃、市忍反。萍、部丁切。澄、思二・他外二反。宛、於阮切。▲領、良郢切。▲は原本系『玉篇』あるいは『篆隷万象名義』と一致せず、『大広益会玉篇』と一致する反切。『原本玉篇残巻』中華書局、一九八五年。高山寺典籍文書綜合調査団編『高山寺古辞書資料第一（高山寺資料叢書第六冊）』東京大学出版会、一九七七年。『大広益会玉篇』中華書局、一九八七年参照。

（13）巻上：駢、歩玄切。塡、徒賢反。喝、於芥反。窬、云欲反。郵、禹牛反。歠、昌雪反。禿、他谷反。瘡、楚良反。戸、胡古反。洊、才見反。巻中：穹、丘弓反。昊、何老反。挺、大打反。粋、雖遂反。俙、虚機反。諺、魚変反。糺、居約反。尸、式脂反。捧、敷隴反。俸、方用反。喁、魚容反。巻下：粤、王伐反。爵、即略反。

(14) 巻上：車、尺遮反、又音居。蔦、於旬反。蝘、於殄切、蜓、徒典切、又音廷。

(15) 巻上：窺、去随切。凡、符咸切。咳、戸来切。巻中：率、所律切。嗣、祥史切。巻下：帥、所律切、又所類切。

(16) 巻上：罭、音域。巻中：迂、音于。誕、徒旱反。巻下：済、子礼切、又音霽。离、呂支切。

(17) 巻上：伶、郎丁反。俜、匹丁反。医、於其反。

(18) 巻上：恕、尸預反。搆、掬具反。徐、尽虚反。

(19) 巻上：跉、力生反。跰、補絣反。

(20) 巻上：研、古猛反。

(21) 巻上：錯、千故反。

(22) 巻中：啜、常悦反。

(23) 巻中：彲、勅知反。

(24) 巻上：蝘、鳥典反。蜓、徒顕反。

(25) 六十一例中二十二例。注12にあげた反切のうち▲を付したもの。

(26) 河野貴美子「藤原敦光『三教勘注抄』の方法——音義注を中心に」（河野貴美子・張哲俊編『東アジア世界と中国文化——文学・思想にみる伝播と再創』勉誠出版、二〇一二年）参照。

(27) 「鎌、古嫌反」の反切は『大広益会玉篇』（「古廉切」）とは一致せず、原本系『玉篇』所載の反切と一致する。また「素、蘇故反」の反切も『大広益会玉篇』（「先故切」）とは一致せず、原本系『玉篇』所載の反切と一致する。

(28) 陳彭年等撰『大宋重修広韻』（大中祥符元年（一〇〇八）成立）。

(29) 『秘蔵宝鑰鈔』には辞書類の他にも『事類賦』や『僧史略』等の宋代の書からの引用がある。

(30) 敦光が引く『切韻』は菅原是善（?～八八〇）が十四種の『切韻』を一書に編集した『東宮切韻』であることが指摘されている。上田正『切韻逸文の研究』（汲古書院、一九八四年）参照。

(31) 河野貴美子「「文」とリテラシーの基礎」河野貴美子・Wiebke DENECKE・新川登亀男・陣野英則編『日本「文」学史第一冊「文」の環境——「文学」以前』（勉誠出版、二〇一五年）参照。

(32) 『旧唐書』経籍志・丙部子録名家類に「兼名苑十巻釈遠年撰」と著録がある。

(33) 『日本国見在書目録 宮内庁書陵部所蔵室生寺本』（名著刊行会、一九九六年）参照。

(34) 河野貴美子「奈良・平安期における漢籍受容の一考察——善珠撰『因明論疏明灯抄』を手がかりとして」（『国文学研究』一五一、二〇〇七年三月）参照。

(35) 例えば『三教指帰』巻上で、儒家の亀毛先生が素行不良な蛭牙公子に対して、生活態度を改めるように説く箇所において、次のようなくだりがある。

嚮使、蛭牙公子、【A】若能移翫悪之心、専行孝徳、則流血出瓮、抽笋躍魚之感、軼孟丁之輩、馳蒸蒸美。【B】移于忠義、則折檻壊疎、出肝割心之操、踰比弘之類、流諤諤誉。【C】講論経典、東海西河、結舌辞謝。渉猟史籍、南楚西蜀、閉口揖譲。【D】好書則鵾翔虎臥之字、鍾張王欧、擲毫懐恥。【E】翫射則落烏哭猿之術、羿養更蒲、絶弦含歎。【F】就於戦陣、張良孫子、慨三略之莫術。【G】赴於稼穡、陶朱猗頓、愁九穀之無貯。【H】莅政則跨四知而馳誉。断獄則超三黜而飛美。【I】清慎則孟母孝威之流。廉潔則伯夷許由之侶。【J】若乃、赴神医道、馳心工巧、換心洗胃之術、越扁華以馳奇。【K】斲蝿飛鳶之妙、凌匠輸而翔異。【L】若如是則汪汪万頃、同彼叔度、森森千仞、比此庾嵩。観者深浅不測、仰

者高下不度。（嚮使、蛭牙公子、【A】若し能く悪に翫る心を移し、専に孝徳を行はば、則ち血を流し瓮を出だし、笋を抽き魚を躍らしむる感、孟丁の輩に軼して、蒸蒸たる美れを馳す。【B】忠義に移らば、則ち檻を折り疎を壊し、肝を出だし心を割くる操、比弘の類を踰えて、諤諤たる誉れを流さむ。【C】経典を講論せば、東海西河、舌を結びて辞謝せむ。史籍を渉猟せば、南楚西蜀も、口を閉ぢて揖譲せむ。【D】書を好まば則ち鵰のごとくに翔り虎のごとくに臥せる字、鍾張王欧、毫を擲ちて恥を懐かむ。【E】射を翫はば則ち烏を落とし猿を哭かしむる術、羿養更蒲も、弦を絶ちて歎きを含まむ。【F】戦陣に就かば、張良孫子も、三略の術莫きことを慨かむ。【G】稼穡に赴かば、陶朱猗頓も、九穀の貯無きことを愁へむ。【H】政に莅まば則ち四知を跨えて誉を馳せむ。獄を断ずれば則ち三黜を超えて美れを飛ばさむ。【I】清慎ならば則ち孟母孝威の流ならむ。廉潔ならば則ち伯夷許由の侶ならむ。【J】若し乃ち、神を医道に赴け、馳心を工巧に馳せば、心を換へ胃を洗ふ術、扁華に越えて以て奇を馳せむ。【K】蝿を斲り鳶を飛ばす妙、匠輪を凌ぎて異を翔けらかさむ。【L】若し是くの如くならば則ち汪汪とひろき万頃のつつみ、彼の叔度と同じく、森森といよよかなる千仞のやま、此の庾嵩に比ばむ。観る者は深浅を測らず、仰ぐ者は高下を度らず。）（『定本弘法大師全集』第七巻参照）
ここで亀毛先生は、儒家の立場から、よりよい生き方として、さまざまな道を示す。すなわち、【A】では孝、【B】では忠を尽くすこと、【C】は経史の学問を究めること、【D】では書法に長じること、【E】は射（弓）の技芸、【F】は兵法に通じること、【G】は貨殖の道、【H】は清廉な政治や裁判を行うこと、【I】は身を清く潔白に保つこと、【J】は医者、【K】は工匠としてわざを磨くことを列挙し、【L】において、そのようにして道を極めるのであれば、人びとから幅広く高い評価を得るであろうと結ぶ。しかしここには、古代日本の現実において容易に実践しうるものとは思われない極端な例が並べられている。これは、一つ一つ実現を目指すものというよりは、儒家の理想とする項目を教科書のごとく列挙したものではなかろうか。『三教指帰』のこうした記述は、実践よりもこうしたことがらを知識として知っておくことが目指されているのではないか。

(36) 『遍照発揮性霊集』所収の各作品を参照。また阿部龍一「平安初期天皇の政権交替と灌頂儀礼」サムエル・C・モース、根本誠二編『奈良・南都仏教の伝統と革新』（勉誠出版、二〇一〇年）。同「宗教の言説①――古代的仏教言説の転換」（河野貴美子・Wiebke DENECKE・新川登亀男・陣野英則・谷口眞子・宗像和重編『日本「文」学史 第二冊「文」と人びと――継承と断絶』、勉誠出版、二〇一七年）。同「空海のテクストを再構築する――『十住心論』の歴史的文脈とその現代性をめぐって」（『現代思想』四六―一六、二〇一八年十月）等参照。

附記 小稿は二〇一九年五月二十五日に早稲田大学にて開催された二〇一九年度東アジア知識人文学国際学術大会 檀国大学校早稲田大学共同学術大会「東アジアの知識交流のメカニズム：知識の生産と伝達」（檀国大学校 日本研究所（韓国研究財団二〇一七年度人文韓国プラス支援事業）、早稲田大学 教育・総合科学学術院、早稲田大学 総合人文科学研究センター 角田柳作記念国際日本学研究所、スーパーグローバル大学創成支援事業早稲田大学国際日本学拠点主催）における口頭発表をもとに加筆し成稿したものである。

あとがき

前著『古代中国・日本における学術と支配』から少し時間が経ってしまったが、「学術と支配」研究会の成果をここに公表することができた。榎本淳一先生執筆の序言にもあるように、今回は研究会メンバー外の先生方にも貴重な研究成果をご寄稿頂いたことで、「学術と支配」というテーマを更に多角的に検討することができたのではないかと思う。その当否は読者の皆様にお任せすることとし、ここでは本書成立の経緯について少し書き留めておきたい。

そもそも本研究会は、榎本先生が工学院大学在職中にその研究費から立ち上げた研究会がもとになっている。学術に携わる立場だからこそ、学術とは何かという課題のもとでその歴史を捉えようとした。その研究会当初のメンバーが吉永と河内であった。それから十年以上が経つが、本書にも執筆していただいた方やご理解を示してくださる方も増え、学術と支配というキーワードに対する研究も深化している。これを本書で示した構成をふまえて体系化していくことが今後の課題となろう。

さて、研究会の成果を再び世に問う企画が盛り上がったのは、編集委員の一人である吉永が、金沢に去って以来久々に研究報告を行った二〇一七年十月七日の懇親会であったと記憶している。榎本先生がご都合のため宴半ばでお帰りになった後、場に残されたのは若手のメンバーであった。その際に話に上ったのは、そろそろ研究会の成果を再度一書にまとめたいという思いと、研究会代表者である榎本先生への深い感謝の念である。ちょうど翌年に榎本先生が還暦を迎えられるところであり、研究会メンバーを中心に感謝の気持ちをかたちにしたいというところから企画が立ち上がり、今日に至っている。

本書の刊行にあたって、編集事務のとりまとめは吉永、出版社との連絡は河内がそれぞれ分担した。実際に動き出すようになってからは、榎本先生のお手を煩わせる場面が多々あり、結局頼り切りになってしまったことは反省しきりである。また早々に原稿をお寄せ頂いたにもかかわらず、刊行がここまで延びてしまったことは、すべて編集委員の吉永・河内の責任である。伏してお詫び申し上げたい。

また、本書が成るにあたっては、勉誠出版の吉田祐輔・福井幸両氏に大変ご面倒をおかけした。あつく御礼申し上げる。

本研究会は今後も継続し、学際的な交流を深めていければと考えている。本書に対する忌憚のないご批判・ご意見をお寄せ頂けると幸いである。

二〇一九年十二月

吉永匡史
河内春人

執筆者一覧（掲載順）

榎本淳一	楯身智志	塚本　剛	洲脇武志
梶山智史	会田大輔	江川式部	河内　桂
橋本　繁	柿沼陽平	小林　岳	吉永匡史
河内春人	野田有紀子	濱田　寛	河野貴美子

【アジア遊学242】
中国学術の東アジア伝播と古代日本（ちゅうごくがくじゅつのひがしアジアでんぱとこだいにほん）

2020年1月10日　初版発行

編　者　榎本淳一（えのもとじゅんいち）・吉永匡史（よしながまさふみ）・河内春人（こうちはるひと）
発行者　池嶋洋次
発行所　勉誠出版株式会社
〒101-0051　東京都千代田区神田神保町3-10-2
TEL：(03)5215-9021(代)　FAX：(03)5215-9025
〈出版詳細情報〉http://bensei.jp/

印刷・製本　㈱太平印刷社
組版　デザインオフィス・イメディア（服部隆広）
ISBN978-4-585-22708-3　C1322

240 六朝文化と日本 —謝霊運という視座から

蒋義喬　編著

序言　蒋義喬

Ⅰ　研究方法・文献

謝霊運をどう読むか—中国中世文学研究に対する一つの批判的考察　林暁光

謝霊運作品の編年と注釈について　呉冠文(訳・黄昱)

Ⅱ　思想・宗教—背景としての六朝文化

【コラム】謝霊運と南朝仏教　船山徹

洞天思想と謝霊運　土屋昌明

謝霊運「発帰瀬三瀑布望両渓」詩における「同枝條」について　李静(訳・黄昱)

Ⅲ　自然・山水・隠逸—古代日本の受容

日本の律令官人たちは自然を発見したか　高松寿夫

古代日本の吏隠と謝霊運　山田尚子

平安初期君臣唱和詩群における「山水」表現と謝霊運　蒋義喬

Ⅳ　場・美意識との関わり

平安朝詩文における謝霊運の受容　後藤昭雄

平安時代の詩宴に果たした謝霊運の役割　佐藤道生

Ⅴ　説話・注釈

慧遠・謝霊運の位置付け—源隆国『安養集』の戦略をめぐって　荒木浩

【コラム】日本における謝霊運「述祖徳詩」の受容についての覚え書き　黄昱

『蒙求』「霊運曲笠」をめぐって—日本中近世の抄物、注釈を通してみる謝霊運故事の展開とその意義　河野貴美子

Ⅵ　禅林における展開

日本中世禅林における謝霊運受容　堀川貴司

山居詩の源を辿る—貫休と絶海中津の謝霊運受容を中心に　高兵兵

五山の中の「登池上楼」詩—「春草」か、「芳草」か　岩山泰三

Ⅶ　近世・近代における展開

俳諧における「謝霊運」　深沢眞二・深沢了子

江戸前期文壇の謝霊運受容—林羅山と石川丈山を中心に　陳可冉

【コラム】謝霊運「東陽渓中贈答」と近世・近代日本の漢詩人　合山林太郎

241 源実朝 —虚実を越えて

渡部泰明　編

序言　渡部泰明

鎌倉殿源実朝　菊池紳一

建保年間の源実朝と鎌倉幕府　坂井孝一

文書にみる実朝　高橋典幸

実朝の追善　山家浩樹

実朝像の由来　渡部泰明

実朝の自然詠数首について　久保田淳

実朝の題詠歌—結題(＝四字題)歌を中心に　前田雅之

実朝を読み直す—藤原定家所伝本『金槐和歌集』抄　中川博夫

柳営亜槐本をめぐる問題—編者・部類・成立年代　小川剛生

中世伝承世界の〈実朝〉—『吾妻鏡』唐船出帆記事試論　源健一郎

『沙石集』の実朝伝説—鎌倉時代における源実朝像　小林直樹

源実朝の仏牙舎利将来伝説の基礎的考察—「円覚寺正続院仏牙舎利記」諸本の分析を中心に　中村翼

影の薄い将軍—伝統演劇における実朝　日置貴之

近代歌人による源実朝の発見と活用—文化資源という視点から　松澤俊二

小林秀雄『実朝』論　多田蔵人

239 この世のキワ ―〈自然〉の内と外

山中由里子・山田仁史　編

237 鏡から読み解く2～4世紀の東アジア ―三角縁神獣鏡と関連鏡群の諸問題

實盛良彦　編

238 ユーラシアの大草原を掘る ―草原考古学への道標

草原考古研究会　編

236 上海の戦後 ―人びとの模索・越境・記憶

【コラム】金代の界壕—長城　高橋学而
金代の在地土器と遺跡の諸相　中澤寛将
金代の陶磁器生産と流通　町田吉隆
金代の金属遺物—銅鏡と官印について　高橋学而
Ⅳ　女真から満洲へ
元・明時代の女真(直)とアムール河流域　中村和之
ジュシェンからマンジュへ—明代のマンチュリアと後金国の興起　杉山清彦
【コラム】マンジュ語『金史』の編纂—大金国の記憶とダイチン＝グルン　承志

234 香港の過去・現在・未来 —東アジアのフロンティア

倉田徹　編

序文　日本にとって香港とは何か　倉田徹
Ⅰ　返還後の香港—これまでとこれから
香港民主化への厚い壁　倉田徹
香港は“金の卵を産むニワトリ”でなくなったのか？—特殊な相互依存関係の変貌　曽根康雄
香港終審法院の外国籍裁判官　廣江倫子
香港の高齢化—中国大陸の影で高まるシルバー産業への期待　澤田ゆかり
Ⅱ　香港を客観視する—周辺から見た香港
台湾から見た香港—「今日の香港は、明日の台湾」か、「今日の台湾は、明日の香港」か　福田円
リー・クアンユーの目に映る香港　松岡昌和
ゆたかに抑圧されゆるく開く—ポストモダンを体現する珠江西岸　塩出浩和
日本から見た香港の中国料理　岩間一弘
Ⅲ　香港とは何か—周縁性と独自性
都市・チャリティ・動物—動物虐待防止条例の成立からみる「香港社会」の形成　倉田明子
香港におけるアヘン小売販売制度の域外市場について—十九世紀中葉のオーストラリアに着目して　古泉達矢
植民地行政当局の下層民統制—三門仔水上居民と船灣淡水湖建設　岸佳央理
言語システムの転換と言語の政治問題化　吉川雅之
「香港人」はどのように語られてきたか——九四〇年代後半の『新生晩報』文芸欄を中心に　村井寛志
香港本土派とは—対中幻想からの決別　張彧暋
Ⅳ　香港研究最前線
香港の財界人たち—「商人治港」の伝統　阿部香織
二十世紀転換期の香港と衛生問題—集権化と地方自治・経済的自由主義のはざまで　小堀慎悟
反爆竹キャンペーンに見る一九六〇年代香港の青少年　瀬尾光平
方法としての新界—香港のフロンティア　小栗宏太
香港における「依法治国」の浸透—「参選風波」事件をめぐって　萩原隆太

235 菜の花と人間の文化史 —アブラナ科植物の栽培・利用と食文化

武田和哉・渡辺正夫　編

総論　アブラナ科植物の現在—今、なぜアブラナ科植物なのか　武田和哉・渡辺正夫
Ⅰ　アブラナ科植物とはなにか
アブラナ科植物と人間文化—日本社会を中心に　武田和哉
アブラナ科植物について　渡辺正夫
植物の生殖の仕組みとアブラナ科植物の自家不和合性　渡辺正夫
【コラム1】バイオインフォマティクスとはなにか　矢野健太郎
Ⅱ　アジアにおけるアブラナ科作物と人間社会
アブラナ科栽培植物の伝播と呼称　等々力政彦
中国におけるアブラナ科植物の栽培とその歴史　江川式部
パーリ仏典にみられるカラシナの諸相　清水洋平
アブラナ科作物とイネとの出会い　佐藤雅志

232 東アジア古典演劇の伝統と近代

毛利三彌・天野文雄　編

233 金・女真の歴史とユーラシア東方

古松崇志・臼杵勲・藤原崇人・武田和哉　編

230 世界遺産バリの文化戦略 ―水稲文化と儀礼がつくる地域社会

海老澤衷　編

231 中国雲南の書承文化 ―記録・保存・継承

山田敦士　編

228 ユーラシアのなかの宇宙樹・生命の樹の文化史

山口博　監修／正道寺康子　編

229 文化装置としての日本漢文学

滝川幸司・中本大・福島理子・合山林太郎　編

アジア遊学既刊紹介

226 建築の近代文学誌 ―外地と内地の西洋表象

はじめに　日高佳紀・西川貴子

Ⅰ　モダン都市の建築表象

美しい「光」が差し込む場所――佐藤春夫「美しき町」をめぐって　疋田雅昭

堀辰雄『美しい村』の建築――軽井沢の記憶と変容　笹尾佳代

伊藤整「幽鬼の街」における植民地主義の構造　スティーブン・ドッド（訳：藤原学）

幻影の都市――谷崎潤一郎「肉塊」における建築表象と横浜　日高佳紀

◎日本近代建築小史◎　高木彬

Ⅱ　外地における建築表象

〈中国的支那〉と〈西洋的支那〉のはざまで――武田泰淳「月光都市」にみる上海と建築　木田隆文

『亞』と大連――安西冬衛の紙上建築　高木彬

殖民地の喫茶店で何を〈語れる〉か――日本統治期台湾の都市と若者　和泉司

虚構都市〈哈爾賓〉の〈混沌〉――夢野久作「氷の涯」における建築表象　西川貴子

◎文学の建築空間◎　笹尾佳代・高木彬・西川貴子・日高佳紀

オフィスビル／百貨店／銀行／アパートメント／劇場／美術館／ホテル／病院／工場／駅／橋／監獄

227 アジアとしてのシベリア ―ロシアの中のシベリア先住民世界

はじめに―シベリア～ロシアとアジアの狭間で　吉田睦

ロシア北方シベリア極東先住少数民族一覧表

Ⅰ　シベリアという地域

シベリアの自然環境―地理的背景とその変化　飯島慈裕

【コラム】気候変動とシベリア―永久凍土と文化の相互作用からわかること　高倉浩樹

人類史におけるシベリアとその意義―移住と適応の歴史　加藤博文

シベリア先住民の豊かな言語世界　江畑冬生

【コラム】エウェン語のフィールドワークとサハ共和国の多言語使用　鍛治広真

Ⅱ　ロシアの中のシベリア―「シベリア先住民」の成立とシベリア固有文化

シベリア史における先住民の成立―先住民概念と用語について　吉田睦

シベリア地方主義と「女性問題」―シャシコフの評価をめぐって　渡邊日日

シベリアのロシア人―ロシア人地域集団とその文化的特色　伊賀上菜穂

シベリアと周辺世界のつながり―織物技術の視点から　佐々木史郎

【コラム】シベリアにある「ポーランド」をめぐって　森田耕司

Ⅲ　アジアとしてのシベリア―シベリア先住民：多様な文化空間

シベリアのテュルク系諸民族　山下宗久

東西シベリアの言語の境界―ツングースとサモエードの言語から見る民族接触の可能性　松本亮

シベリア～アジア民族音楽の連続性　直川礼緒

【コラム】古アジア諸語　小野智香子

シベリア先住民文学を紹介する―極北のドルガン詩人オグド・アクショーノワの作品より　藤代節

スィニャ・ハンティの年金生活者の生業活動とその役割　大石侑香

【コラム】モンゴル～シベリアのトナカイ遊牧民を訪ねて　中田篤

サハとアイヌの音楽交流　荏原小百合